石舞台古墳

蘇我馬子の邸宅跡とされる島庄遺跡の東に隣接する．本来は上円下方墳だったといわれる．細川谷古墳群とよばれる群集墳の一部を破壊して造営されていることから，権力の頂点にあった馬子の墓である可能性が高い．

多武峰縁起絵巻

藤原鎌足を祭る談山神社（もと多武嶺寺）の起源を説く『多武峰縁起絵巻』の一部で，中大兄皇子の手で蘇我入鹿の首が刎ねられる有名な場面．御簾の奥には十二単の皇極天皇，弓矢を手にしているのが鎌足である．

入鹿首塚

飛鳥寺の西門に隣接して置かれた中世の供養塔．飛鳥板蓋宮で斬られた入鹿の首がこの地で落下したとの伝承がある．明治時代までは二基の供養塔が並んでいたという．背後が蝦夷・入鹿の邸宅があったという甘樫丘．

甘樫丘東麓遺跡

1994 年の発掘調査により甘樫丘の東南麓で真っ赤に焼けた赤土層，七世紀半ば頃の焼けた壁土，建築部材，土器などが確認された．この上方（写真左手）にあった建物が火災により焼け落ちたのである．

大化改新と蘇我氏

敗者の日本史

1

遠山美都男

吉川弘文館

目次

「敗者」蘇我氏の語られかた　プロローグ　1
蘇我氏は何に敗れ去ったのか？／「稀代の逆臣」創出のプロセス／敗北から見えてくるその実像

I　「敗者＝逆賊」蘇我氏の誕生

1　捏造された蘇我氏の大罪　8
入鹿が討たれた理由／台詞は書き換えられていた／「祖廟」と「八佾の儛」／「大陵」と「小陵」／「紫冠」の譲渡／山背大兄王一族を滅ぼす／「上の宮門」「谷の宮門」と「王子」

2　『日本書紀』と王朝交替　26
倭国における王朝交替の可能性／王朝交替を描く『日本書紀』／『日本書紀』は日本王朝の正史／入鹿は王莽、董卓に似ている？／王莽の生涯／董卓の生涯／「鎌足伝」の史料批判／中国と「共有」される歴史

3　天智天皇像の転回　40
「天命開別」とは王朝の始祖／天智王朝の終焉という虚構／内乱による権力奪取の正当化／「天帝」への上昇・転回／天智はなぜ「天帝」とされたか／逆賊への転落のプロセス

Ⅱ　蘇我氏四代の軌跡

1　蘇我氏の成り立ち　54
武内宿禰後裔氏族の系譜／豪族祖先系譜の構造／三代の「韓人」系譜／葛城氏との接点／葛城氏を継承して得たもの／蘇我氏本家の居所の変遷／「蘇我の田家」とは何か?

2　初代・稲目の軌跡　70
初代大臣の誕生／安閑・宣化に信任される／若き欽明を支えて／仏法伝来をめぐる虚実／委託された「蕃神」祭祀／稲目はシャーマンだった／屯倉への派遣と百済系書記官／稲目、「美女」を得る／五条野丸山古墳に眠る

3　二代・馬子の軌跡　91
二二歳で大臣となる／「烏羽の表」—百済系書記官の実力／額田部皇女、皇后に／穴穂部皇子と物部守屋を討つ／初の女性天皇の誕生／厩戸皇子の登場とその役割／厩戸は厩坂だった／「蕃神」の祭殿を創る

／飛鳥寺の造営過程／「公共事業」としての飛鳥寺造営／対外戦争も「公共事業」／飛鳥寺の外交的効果／道路敷設という「公共事業」／蘇我氏を讃美する歌／新羅からの「幣物」という利権／桃源郷を夢見た「嶋大臣」

4 三代・蝦夷の軌跡 124

「蘇我豊浦蝦夷」―推古女帝の鍾愛／遺詔―推古の真意はどこに／「遺勅をば誤らじ」―蝦夷の立場／「百年の後には」―山背大兄への想い／摩理勢の退場／麻呂の登場／飛鳥に初めての王宮／百済大宮・百済大寺の造営／「天皇記」「国記」の編纂／再び、女性天皇を擁立／飛鳥板蓋宮を造営する／「今来の双墓」―壮大な実験

5 四代・入鹿の軌跡 156

さまざまな名をもつ入鹿／族長位の生前譲渡／斑鳩宮襲撃―入鹿に共犯はいたか／皇極の真意を探る／なぜ甘檮岡に邸宅を造ったか／入鹿、そして蝦夷の最期／古人大兄が出家したのはいつか／勝者が得たもの、めざしたもの

Ⅲ 「大化改新」の実像

1 狭義の「改新」―「改新之詔」をよむ 178

いよいよ、改革の始動／第一条―部・屯倉の廃止／第二条―地方行政・交通制度の創始／第三条―戸籍・計帳と班田収授法／第四条―新

税制の施行／原詔は存在したのか／実際に発布された「改新之詔」とは

2 広義の「改新之詔」をよむ 193

東国国司の詔／鍾匱の制／男女の法／土地兼幷禁止の詔／皇太子の奏請／薄葬令／旧俗矯正の詔／「品部」廃止の詔／「庸調」支給の詔

3 「五十戸」支配の創出 215

改革の実態と方向性／「三十戸」から「五十戸」へ／「五十戸」から「里」へ／「五十戸」支配の創始はいつか／「五十戸」を統括する評／評の官人をめぐる猟官運動

4 「官僚」の創出 227

鎌足の選択／「生きては軍国に務無し」／鎌足の子弟教育の方針／鎌足の先覚／「八省・百官」の創置

蘇我氏「大化改新」の可能性 エピローグ 241

乙巳の変の勝者と敗者／捏造された大義名分／蘇我氏はたんなる敗者ではない／勝者の内訌と分裂

あとがき 249

参考文献 252

飛鳥地域地図 257
蘇我氏系図 258
略　年　表

図版目次

〔口絵〕

石舞台古墳
多武峰縁起絵巻（談山神社所蔵）
入鹿首塚
甘樫丘東麓遺跡（奈良文化財研究所提供）

〔挿図〕

1　伝飛鳥板蓋宮跡……7
2　入鹿暗殺を記す日本書紀（兼右本）（天理大学付属天理図書館提供）……12
3　葛城一言主神社……13
4　宮ヶ原一号墳（橿原市教育委員会提供）……18
5　天智～文武天皇略系図……47
6　飛鳥寺……53
7　蘇我氏勢力圏図（辰巳和弘『聖樹と古代大和の王宮』より）……66
8　宗我坐宗我都比古神社……69
9　継体・欽明天皇略系図……73
10　五条野丸山古墳……90
11　厩坂宮跡……104
12　日本と朝鮮半島の伽藍配置……106
13　飛鳥大仏（飛鳥寺所蔵）……107
14　島庄遺跡（奈良県立橿原考古学研究所提供）……122
15　向原寺下層遺構（豊浦宮跡）（奈良文化財研究所提供）……125
16　田村皇子・山背大兄王略系図……127
17　蘇我倉山田石川麻呂略系図……138
18　山田寺跡（奈良文化財研究所提供）……139
19　吉備池廃寺（奈良文化財研究所提供）……144
20　檜隈坂合陵兆域と檜隈大内陵兆域（石川寿勝・相原嘉之・西光慎治『蘇我氏三代と二つの飛鳥』より）……155

21 入鹿神社……157
22 蘇我氏・山背大兄王・古人大兄皇子略系図……165
23 蝦夷のもとに届けられる入鹿の亡骸（『多武峰縁起絵巻』）（談山神社所蔵）……169
24 軽皇子・蘇我倉山田石川麻呂略系図……174
25 日本書紀（改新之詔）（天理大学付属天理図書館提供）……177
26 鬼の雪隠……206
27 飛鳥京跡出土「白髪部五十戸」木簡（奈良県立橿原考古学研究所提供）……222
28 法隆寺観世音菩薩造像記「大原博士」（拓本）（早稲田大学図書館所蔵）……234
29 「小治田宮」の墨書土器（明日香村教育委員会所蔵）……247

「敗者」蘇我氏の語られかた　プロローグ

飛鳥寺瓦

蘇我氏は何に敗れ去ったのか？

「敗者の日本史」シリーズの第一巻である本書のタイトル、『大化改新と蘇我氏』の説明から始めたい。

タイトルによれば、蘇我氏が「大化改新」という歴史上の出来事における敗者だったというわけだが、「大化改新」は単純な意味での勝者と敗者を生み出す戦争や権力闘争とは異なる。それは国家機構や社会組織の変革というべきものであった。一般的に蘇我氏は、「大化改新」のきっかけとなった皇 極《こうぎよく》天皇四年（六四五）六月の政変（その年の干支をとって乙巳《いつし》の変）の敗者と見なされている。

この場合の敗者は、蘇我氏のなかでも大臣《おおまえつきみ》の地位を世襲してきた蘇我氏の本家、稲目・馬子・蝦夷・入鹿と受け継がれてきた系統を指す。そして、勝者は一般に、中大兄皇子（のちの天智天皇）と中臣鎌足（のちの藤原鎌足）らであったとされている。彼ら勝者によって断行されたのが「大化改新」というわけである。

しかし、勝者の陣営にも蘇我氏がいたことはよく知られている。乙巳の変後に右大臣となった蘇我《そがの》倉山田石川麻呂《くらのやまだのいしかわのまろ》である。麻呂は、同族であり本家にあたる蝦夷や入鹿を裏切ることによって勝者に名を連ねることになった。換言すれば、中大兄らの勝者は蘇我氏の麻呂を味方につけることで歴史の勝者になることができたのである。

このように乙巳の変が蘇我氏の内部闘争であるとする見方は、たしかに事件の本質を衝いている。だが、彼らがたんに蘇我氏の族長位をめぐって争っていたのかといえば、かならずしもそうではない。蘇我氏の内部抗争の焦点を具体的に明らかにすることは、この時期の蘇我氏の政権内部での役割や存在意義を再評価することにつながろう。

大変皮肉なことに、勝者たる麻呂も乙巳の変から約五年後、大化五年（六四九）三月には謀反の容疑を受けて自殺に追い込まれる。勝者から敗者への転落は極めて早いものであった。

「稀代の逆臣」創出のプロセス

では、蘇我氏はどうして結果的に敗者に転落してしまったのであろう。蘇我氏が勝者の座につくチャンスはまったくなかったのであろうか。そもそも、蘇我氏はいかなる理由によって滅ぼされることになったというのであろう。

これについては、乙巳の変から七五年後、養老《ようろう》四年（七二〇）に書かれた『日本書紀』の段階からすでに、蘇我氏は天皇家に取って代わろうとした、すなわち王権簒奪を企てたとされていた。中大兄らは蘇我氏による権力の略奪を阻止するために政変を起こしたのであり、蘇我氏が滅ぼされたのは身のほどを弁えぬ彼らの野心ゆえであり、いわば自業自得というわけである。

だが、蘇我氏による王権簒奪という筋書きが『日本書紀』による脚色・誇張、またはまったくの虚構であるということは、今日の研究ではすでに自明のこととされている。それにもかかわらず、いまもなお蘇我氏による権力奪取の企てを無意識のうちに想定する論調は完全に消え去ったとはいいがたい。

たとえば、蘇我氏が日本列島の外部（朝鮮半島）から渡来した勢力であるとする推論がある（蘇我氏渡来人説）。あるいは近年、蘇我氏が実は天皇家の血を受け継ぐ一族であったという言説も見られる（前田晴人『蘇我氏とは何か』同成社、二〇一一年は、蘇我氏が允恭《いんぎょう》天皇の後裔であったと論ずる）。これら所説が、蘇我氏による王権簒奪計画を史実としてみとめたうえで、なぜそれが可能であったかを説明しようとして発想されたことは否めないであろう。

『日本書紀』がいったいどのようなプロセスをたどって蘇我氏による王権簒奪というストーリーを創り出したのか、この点を改めて考えておかねばならない。これがⅠ「『敗者＝逆賊』蘇我氏の誕生」における課題となる。

敗北から見えてくるその実像

それでは、蘇我氏を滅亡の淵に落とし入れた権力闘争とはいかなるものだったのであろうか。これがつぎの課題となるが、『日本書紀』が蘇我氏滅亡の理由をその野望ゆえの自滅・自壊として、まったく真相を伝えていない以上、それはやはり蘇我氏四代がたどった歴史から探り出していくしかない。蘇我氏がその内部にどのような問題と課題を抱え込んでいたのかを明らかにする必要がある。Ⅱ「蘇我氏四代の軌跡」でこれについて考えてみたい。

そのさいに注意しなければならないのは、一口に蘇我氏四代といっても、当然のことながら、初代稲目の時の蘇我氏と四代の入鹿段階の蘇我氏とでは、同じ蘇我氏とはいえないくらい異なっていたに違いないということである。極論するならば、稲目や馬子の時代の蘇我氏ならば、乙巳の変のような権力闘争に敗れ、滅ぼされるといった事態も起きなかったのではなかろうか。稲目、馬子、蝦夷、入鹿と代を重ねるにしたがい、蘇我氏は変質を余儀なくされたと考えられる。その軌跡を克明にたどらねばならない。

また、蘇我氏は「大化改新」を前に滅ぼされたことから、まさに改革実行の障壁というべき存在であったと見なされてきた。たしかに蘇我氏は乙巳の変という政変・権力闘争の敗者であり、その勝者らが行なった改革が「大化改新」であるから、「大化改新」は蘇我氏が健在のうちは実施できなかったのではないかという見方が生じるのも当然であろう。

しかし、「大化改新」という改革は、ほんとうに蘇我氏がいたならば行ないえないもので、それゆえに蘇我氏は討滅されたといえるのであろうか。もとより、乙巳の変で滅んだのはあくまで蘇我氏の本家であって、蘇我倉氏をはじめ本家以外の蘇我氏はほとんど無傷であった。また、蘇我氏の配下にあった多くの渡来系の諸豪族も健在であった。

周知のように、「大化改新」はその実施の有無をめぐって長い研究と論争の歴史がある。焦点となるのは『日本書紀』大化二年（六四六）正月甲子朔条に載る有名な「改新之詔」四ヵ条である。これに関しては第二章での検討をふまえながら、Ⅲ「『大化改新』の実像」において考えてみたい。「大化改新」の実態を解明することをとおして、蘇我氏の実像や彼らが敗者となった理由、さらには彼らが勝者たりえた可能性も見えてくるに違いない。

そして本書の最後には、敗者への転落だけが唯一のコースとは限らなかった蘇我氏を主役に据えて、「大化改新」前後の歴史を大胆に描き出してみよう。それがエピローグ「蘇我氏『大化改新』の可能性」である。

I

「敗者＝逆賊」蘇我氏の誕生

1 ― 伝飛鳥板蓋宮跡

飛鳥川の東岸，飛鳥寺の南に造営された宮殿の重層的な遺構の最上部で，天武天皇の飛鳥浄御原宮の跡と考えられる．蘇我入鹿暗殺の舞台となった皇極天皇の飛鳥板蓋宮の遺構はこの下層に眠っている．

1　捏造された蘇我氏の大罪

入鹿が討たれた理由

皇極《こうぎょく》天皇四年（六四五）六月十二日、飛鳥板蓋宮《あすかいたぶきのみや》の「大極殿」で行なわれた「三韓進調」（高句麗・百済・新羅の三国による天皇への朝貢）の儀式において、「大臣《おおまえつきみ》」蘇我入鹿が斬殺された。これを決行した中大兄皇子（舒明天皇と皇極天皇の長子）と中臣鎌足（御食子《みけこ》の子）らは直ちに飛鳥寺（法興寺）に入り、甘檮岡《あまかしのおか》にあった入鹿の父蝦夷との決戦に備えた。

翌十三日、蝦夷はあっけなく討たれ、ここに蘇我氏本家は滅亡する。そして、十四日には皇極天皇がにわかに退位を表明、その後紆余曲折はあったが、蘇我氏本家が支援していた古人大兄皇子《ふるひとのおおえのみこ》（中大兄の異母兄）が出家して皇位継承権を放棄、結果的に皇極の同母弟、軽皇子（孝徳天皇）が即位することになった。

以上が、養老四年（七二〇）五月に完成、奏上された『日本書紀』が記す乙巳年の政変（乙巳の変）のてんまつである。

蝦夷・入鹿はどうして滅ぼされたというのか。『日本書紀』は入鹿暗殺の場面でつぎのように描いている（皇極四年六月戊申条）。

入鹿、御座《おもと》に転び就きて、叩頭《の》みて曰《もう》さく、「当《まさ》に嗣位に居すべきは、天子なり。臣罪を知らず。乞ふ、垂審察《あきらめたま》へ」とまうす。天皇、大きに驚きて、中大兄に詔して曰はく、「知らず、作《す》る所、何事有りつるや」とのたまふ。中大兄、地に伏して奏して曰さく、「鞍作《くらつくり》、天宗を尽し滅して、日位を傾けむとす。豈《あに》天孫を以て鞍作に代へむや」とまうす。

入鹿に斬りかかったのは中大兄と鎌足、そして彼らに雇われた刺客の佐伯子麻呂《さえきのこまろ》、葛城稚犬養網田《かづらきのわかいぬかいのあみた》らであった。入鹿は瀕死の重傷を負いながらも、皇極に向かって「皇位にあらせらるべきは天の御子にほかなりませぬ。それがしがいったい何をしたというのでしょう。どうか、ご詮議のほどを」と懇願した。すると、皇極に事情説明をもとめられた中大兄は、「鞍作（入鹿）は天皇家をことごとく滅ぼし、皇位を我が物にしようと企んでおりました」と訴えたことになっている。

入鹿や蘇我氏は天皇家に取って代わろうとしたので、中大兄によって成敗されたと描かれている。だが、後述するように、当時の飛鳥板蓋宮の内部に「大極殿」に相当する建物はまだ存在しなかった。この一点からも明らかなように、『日本書紀』の記述に後世の潤色が大幅に加えられていることはたしかである。したがって、入鹿に率いられた蘇我氏が王権の簒奪を企てたので滅ぼされたというのは、あくまでもこの事件に関する『日本書紀』編纂者の独自の解釈と考えねばならないであろう。

蘇我氏が天皇家乗っ取りを企てていたとすることは、政変勃発よりも以前の場面でも語られていた

（皇極三年正月乙亥朔条）。

中臣鎌子連、人と為り忠正《ただ》しくして、匡《ただ》し済《すく》ふ心有り。乃ち、蘇我臣入鹿が、君臣長幼の序を失ひ、社稷《くに》を闚闟《うかが》ふ権を挟むことを憤《いく》み、歴試《つた》ひて王宗の中に接《まじわ》りて、功名を立つべき哲主をば求む。

これは、政変を起こした中心人物とされる鎌足登場の一節である。厩戸皇子《うまやとのみこ》（聖徳太子）の後継者、山背大兄王《やましろのおおえのみこ》が入鹿によって滅ぼされた事件を記した後にそれは描かれている。これによれば、入鹿は「君臣長幼の序列をないがしろにし、天下国家を我が物にしようとする野望を抱いていた」というのである。

台詞は書き換えられていた

しかし、蘇我氏が天皇家に取って代わろうとする野心を抱いていたとする『日本書紀』の記述を鵜呑みにするわけにはいかない。それは、『日本書紀』の編纂過程に関する森博達氏の研究によっても明らかであろう（『日本書紀の謎を解く―述作者は誰か』中央公論新社、一九九九年など）。

森氏は、『日本書紀』全三十巻に見られる漢字の音韻や漢文の語法の精査を通じて、『日本書紀』の編纂過程に応じて全体を二つのグループに分けて考えるべきであるとして、それらが書かれた順番によりα群とβ群に分類したのである。それは以下のとおり。

【α群】

巻第十四（雄略天皇紀）～巻第二十一（用明天皇・崇峻天皇紀）
巻第二十四（皇極天皇紀）～巻第二十七（天智天皇紀）

【β群】

巻第一（神代上）～巻第十三（允恭天皇・安康天皇紀）
巻第二十二（推古天皇紀）・巻第二十三（舒明天皇紀）
巻第二十八・二十九（天武天皇紀上・下）

＊巻第三十（持統天皇紀）はα群・β群のどちらにも属さない。

入鹿暗殺を記す巻第二十四（皇極天皇紀）は、森氏のいうα群に属する。α群の書き手は中国北方の発音を知悉し、正格の漢文を書くことができる人物であり、それに該当する者を当時の日本の宮廷内にもとめるならば、日本に帰化した中国人、薩弘恪《さつこうかく》、続守言《しょくしゅげん》の二人が考えられるとした。そして、α群の諸巻は彼ら二人の分担作業により持統天皇の時代に書かれたのであろうと推定したのである。他方、β群は中国語の発音に不案内であり、漢語・漢文の奇用・誤用が目立つ、いわゆる和化漢文で書かれている。こちらは文武天皇の時代以降に日本人の手でまとめられたのであろうとする。森氏は山田御方《みかた》をその候補として挙げている。

書き手がだれかはともかくとして、α群とβ群の表記に森氏の指摘する特徴と相違点があることはたしかであろう。それをふまえて注目されるのは、入鹿の罪状を告発する中大兄の台詞が文法的に明らかに間違っていることである。

鞍作尽滅天宗、将傾日位。豈以天孫代鞍作乎。

→鞍作将滅天宗、而傾日位。豈以鞍作代天孫乎。

「豈以天孫代鞍作乎」では「どうして天孫を鞍作に代えることができようか」となるが、この文意は「どうして鞍作を天孫に代えることができようか」なのであるから、語順は「豈以鞍作代天孫乎」が正しい。入鹿暗殺の場面には他にも文法的な間違いが見られる。

正格の漢文を書ける者が書いたα群に属するのに、漢語・漢文の奇用・誤用が多いβ群に見られるような特徴があるということは、この箇所がα群段階でいったん書かれたのちにβ群の段階で書き換えられたことをうかがわせる。

このように、入鹿が王権簒奪を企てていたことを示す台詞が書き換えられたものであることは明らかであり、蘇我氏による王権簒奪という設定自体が文武朝になって新たに書き込まれたものと考えられる。とすれば、持統朝段階では、入鹿や蘇我氏を滅ぼさねばならない理由として、これとはまったく違うものが記されていた可能性があることになろう。

倉山田麻呂臣恐唱表文将盡而子
麻呂等不来流汗浹身乱声動手鞍作
臣怪而問曰何故掉戦山田麻呂對曰
恐近天皇不覚流汗中大兄見子麻呂
等畏入鹿威便旋不進曰咄嗟即共子
麻呂等出其不意以劔傷割入鹿頭肩
入鹿驚起子麻呂運手揮劔傷其一脚
入鹿轉就御座叩頭曰當居嗣位天之
子也臣不知罪乞垂審察天皇大驚詔
中大兄曰不知所作有何事耶中大兄
伏地奏曰鞍作盡滅天宗将傾日位豈
以天孫代鞍作乎 蘇我臣入鹿更名鞍作 天皇即
起入於殿中佐伯連子麻呂稚犬養連
網田斬入鹿臣是日雨下潦水溢庭以
席障子覆鞍作屍古人大兄見走入私
宮謂於人曰韓人殺鞍作臣 謂因韓政而誅 吾

2――入鹿暗殺を記す日本書紀（兼右本）

3―葛城一言主神社

以上のとおりとすれば、『日本書紀』のなかで蘇我氏による王権簒奪を語る一連の記事も書き換えられていることになろう。それらはいったい何をどのように書き直したのであろうか。

「祖廟」と「八佾の儛」

『日本書紀』によれば、蝦夷と入鹿の専横はすでに皇極即位の早々から始まっていたという。『日本書紀』皇極天皇元年（六四二）是歳条にはつぎのように見える。

蘇我大臣蝦夷、己が祖廟を葛城の高宮に立てて、八佾《やつら》の儛《まい》をす。

「葛城の高宮」とは、葛城襲《そ》津《つ》彦《ひこ》の娘の磐之《いわの》媛《ひめ》（仁徳天皇の皇后）が「葛城の高宮 我家のあたり（葛城高宮こそ、吾が生まれ育った家のありか）」（『日本書紀』仁徳天皇三十九年九月乙丑条）と詠んだことで知られる。五世紀に栄えた葛城氏の本拠地というべき地であり、現在の奈良県御所市の名柄から森脇の一帯と考えられている。森脇には有名な一言主《ひとことぬし》神社が鎮座している。

その「高宮」の地に「祖廟」すなわち蘇我氏の祖先を祭る施設が建立されたというのである。「祖廟」がいかなるものだったのか、具体的にはわからない。後述するように、蘇我氏は葛城氏の血脈を受け継いでいることを自己の正当性の根拠としていた。したがって、蘇我氏の族長たる蝦夷が葛城氏の拠点である「高宮」に祖先の霊廟を建てることは実際にありえない話ではない。

さらに、「祖廟」造営に伴ない「八佾の儛」によって祖先祭祀が行なわれたというのである。「八佾の儛」については『論語』巻第二、八佾《はちいつ》第三につぎのように見える。

孔子、季氏を謂ふ。八佾、庭に舞はしむ。是れ忍ぶべくんば、孰《いず》れをか忍ぶべからざらむと。

「佾」は列のことであり、祖先祭祀のさいの舞いについては身分に応じて以下のように定められていた。

八佾（八八、六四人の群舞）　天子
六佾（六六、三六人の群舞）　諸侯
四佾（四四、一六人の群舞）　卿大夫
二佾（二二、四人の群舞）　士

蘇我氏が「季氏」と同じように臣下の分際で「八佾」を舞わせたとするならば、不遜にもみずからを天子（日本では天皇に相当）になぞらえようとしていたことになり、明らかに僭越な行為というべきである。蘇我氏ならば、諸侯の行なう「六佾」が妥当なところであろうか。この『日本書紀』の記事が、蘇我氏による王権簒奪の企ての伏線として書かれていることはいうまでもない。

だが、この記事が蘇我氏滅亡の必然性を説くために捏造された、まったく根も葉もない話かというと、そうではないようである。

というのも、「季氏」とは季孫《きそん》氏のことで、中国の春秋時代、魯国《ろこく》の重臣（卿大夫）の家柄であった。魯国君主だった桓公《かんこう》（諸侯）に始まる分家の一つであり、孟孫《もうそん》氏、叔孫《しゆくそん》氏、季孫氏を三桓といった。ただ、孟孫氏と叔孫氏が側室の子だったのに対し、季孫氏は正妻の子だったので三氏筆頭の位置にあった。だからこそ季孫氏は自邸に桓公の廟を営み、他の二氏とともにそれを祭っていた。

他方、魯国君主も当然のことながら桓公を国廟において祭っていたが、魯国の始祖である周公は周王朝の天子から特別待遇、すなわち天子の舞楽たる「八佾」を祖先祭祀のおりに舞うことが許されていた。桓公はその周公の子孫であるから、季孫氏が彼を祭るのに「八佾」を舞わせることは決して許されないものではなかったはずである。だが、孔子はそれを僭越な行為と批判した。孔子とすれば、周王朝から目を掛けられた君主の縁続きとはいえ君臣の別を厳しくすべきといいたかったのであろう。

しかし、季孫氏はたしかに魯国の重臣の一人にすぎないとはいえ、君主一族の血縁であり、しかもその初代君主が天子から特別な処遇をうけていたのだから、彼らが直接の祖先を祭るにあたって「八佾」を舞うというのは、まったく道理を踏み越えたものとはいえない。それゆえであろうか、孔子は弟子に向かい季孫氏を辛辣に批判しておきながら、他方で季孫氏とは長く友好関係を保ったと伝えられる。

蘇我氏の立場は季孫氏のそれに似ている。後述するように、蘇我氏は武内宿禰《たけしうちのすくね》の後裔を称する豪族の一つであったが、武内宿禰は孝元天皇（第八代）の孫あるいは曾孫といわれる伝承上の人物であった。とすれば、つぎのような対応関係が想定できよう。

周王朝の天子　……孝元天皇

魯国の君主（諸侯）……武内宿禰

季孫氏（卿大夫）　……蘇我氏

もちろん、蘇我氏の祖先系譜はあくまでも造作された系譜であり、蘇我氏が実際に天皇家の血縁に連なるわけではない。だが、蘇我氏に孝元後裔と称する系譜があったことを思えば、その立場は天子に特別扱いをうけた魯国君主の血縁に連なる季孫氏と同等といえよう。蝦夷が祖先にあたるとされた孝元や武内宿禰のために天子と同等の舞踏を行なわせたとしてもおかしくはない。

たしかに孔子は口を極めて批判したが、蘇我氏が天皇家に准ずる処遇をうけていたとすれば、「八佾」を舞わせることはかならずしも不当なことではなく、また絶対にありえないことではない。蘇我氏が祖先祭祀を行なうにあたって、中国における「八佾の儛」に相当する舞いを行なってもよいと天皇家の側から許されたということも十分に考えられる。

蝦夷の段階で蘇我氏が孝元天皇の後裔であるとする系譜がすでに成立していたとすれば、蝦夷が葛城の地に祖先祭祀に関わる施設を造営したのを機に何らかの舞踏を催した事実があり、それが『論語』に見える「八佾の儛」として、臣下の分際を踏み越えた行為に仕立て上げられた可能性も否定できないであろう。

「大陵」と「小陵」

つぎに『日本書紀』皇極天皇元年（六四二）是歳条には、蝦夷が国中の民を動員して自分たち父子の墓を造営しようとしたという記事が見える。

又尽に国挙《こぞ》る民、幷て百八十部曲《ももあまりやそかきのたみ》を発して、預め双墓を今来に造る。一つをば大陵と曰ふ。大臣の墓とす。一つをば小陵と曰ふ。入鹿臣の墓とす。望《ねが》はくは死《みまか》りて後に、人を労《いたわ》らしむること勿《まな》。更に悉に上宮の乳部《みぶ》の民を聚《あつ》めて、乳部、此をば美父といふ。塋兆所《はかどころ》に役使《つか》ふ。

「百八十部曲」とは、「数え切れないほどの私有民」の意味であり、「国挙る民」とほぼ同義といってよい。国中の民衆を根こそぎ動員するわけであるから、「上宮の乳部の民」すなわち厩戸皇子一族の私有民にも徴発がおよぶのは当然であった。これに対し、「上宮大娘姫王」とよばれた舂米《つきしね》女王（厩戸皇子の娘で山背大兄王の妻）が激しい非難をあびせたという。

これも、蝦夷が自分たちの墓を天子や天皇の墳墓を意味する「陵」の名でよばせたということで、蘇我氏が天皇家に取って代わろうとした不遜な行動の一つとされている。また、国中の民を動員したことも、天皇と同等、あるいはそれを超えようという不逞な野心のあらわれとして非難しようとした記事といえよう。しかし、これもまったく事実の片鱗のない話ではなかったようである。

蝦夷・入鹿の墳墓は、消滅した宮ヶ原一号墳・二号墳（奈良県橿原市）がそれにあたるといわれている。推古天皇と竹田皇子の合葬陵ではないかとされる植山古墳の東南にあった古墳であり、石室石材の大半が抜き取られ、その痕跡と転石となった石室石材のみが確認されている。それはもともと切石積みの横穴式石室であり、七世紀中頃の築造と見なされている。

この古墳の造営に国中の民衆を徴発しなければならなかったとは思われないが、蘇我氏の族長の墳墓造営にこのような国家的な労働力の動員が行なわれたことはありえない話ではない。それは後世、臣下とはいいながら最高位にある者の墳墓造営にさいし、天皇家が国家規模の労働力の徴発を許可した例があったからである。

たとえば、養老四年（七二〇）、藤原不比等（文武天皇の夫人宮子の父、聖武天皇の外祖父）の墳墓造営にあたり「養民司」が設置されている。これは、墳墓造営に動員された役夫に給養を行なうための臨時の官司であった。のちに光明皇太后、皇太后高野新笠《たかののにいかさ》、皇后藤原乙牟漏《おとむろ》の葬送のさいにも任命された例がある。他方、天皇の葬礼にあたっては「養役夫司」が置かれる例となっていた。

このように、皇后ではない不比等のために「養民司」が設置されたのは、不比等が「准三后」（三后とは皇后・皇太后・太皇太后を指す）の処遇を受けたためと考えられている（長山泰孝「養民司と養役夫司」『続日本紀研究』二〇〇号、一九七八年）。当時、皇后は皇族から立てられるのが基本であったから、不比等が「三后」と同等とされたことは、彼が皇族に準ずる扱いを受けたことになる。

墳墓造営が天皇や皇族と同等の扱いで行なわれている事例があるということは、その結果出来上が

4―宮ヶ原一号墳

った墳墓についても天皇・皇族の墳墓と同等の扱いをされることもありえたと思われる。『延喜式』諸陵寮に見られるように、不比等や武智麻呂、良継、百川《ももかわ》など、藤原氏で天皇の外祖父などになった者たちの場合も、あくまで墓であり陵とはよばれないが、天皇陵に列して国家的な祭祀の対象とされていることが参考になろう。

以上見たように、蝦夷・入鹿の墳墓造営に国家的規模で動員された労働力が投入され、その墓が天皇や皇族の墳墓に准ずる扱いを受けることは実際にありえたと考えられる。『日本書紀』は、蘇我氏が天皇家に准ずる扱いをうけたことを蘇我氏が不遜にもそれをみずから望んだかのように書き換え、厳しい筆誅を加えようとしたといえよう。

「紫冠」の譲渡

入鹿による山背大兄王殺害の前夜の出来事として、つぎの記事が『日本書紀』皇極天皇二年（六四三）十月壬子条に見える。

> 蘇我大臣蝦夷、病に縁りて朝《つかえまつ》らず。私に紫冠を子入鹿に授けて、大臣の位に擬《なづら》ふ。復《また》其の弟を呼びて、物部大臣と曰ふ。大臣の祖母は、物部弓削大連《もののべのゆげのおおむらじ》の妹なり。故《かれ》母が財に因りて、威を世に取れり。

入鹿に弟がおり、彼が物部氏出身の祖母の財産を相続して「物部大臣」と称されたとは他に傍証が得られないが、問題は前半部分である（入鹿の弟については後述したい）。

たしかに「紫冠」をはじめとした冠位は天皇の臣下の序列をあらわす標識であるから、これを授与するのは基本的に天皇の権限に属する。したがって、蝦夷がそれを公然と無視して、息子の入鹿に独断で「紫冠」をあたえたとすれば、蝦夷が天皇の権限を侵し、ひいては天皇家に取って代わろうとしていたと非難されても仕方がない。『日本書紀』が読者に対し、そのように印象づけようとしていることはたしかである。

しかし、この場合の「紫冠」とは蘇我氏の族長位を象徴するもので、天皇が授与する冠位制の系列外にあるものであったと考えられる。蘇我氏のように有力な豪族にはこのような独自の冠があったのである。詳しくは後述するように、蘇我氏の族長が大臣の地位に就任する慣わしになっていたことを考えるならば、蝦夷は病気を理由に蘇我氏の族長位をひとまず入鹿に譲ったにすぎないことになる。

そして、あくまで「大臣の位に擬ふ」とあるように、蘇我氏の族長とされた入鹿をかりに大臣とし、しかる後に天皇による正式な任命を待とうとしたと見なすことも十分に可能である。したがって、これ自体は決して非難を浴びるような越権行為ではありえない。

これも、実際にあった出来事を記したものであるが、この記事が蝦夷・入鹿が滅ぼされるにいたる皇極紀の文脈に配置されるならば、蘇我氏の越権として非難されるべき行為というように読み取られることになったということができる。

山背大兄王一族を滅ぼす

つぎに入鹿がその野望実現に向けて実際に行動を起こしたといわれるあまりにも有名な事件の記述である（『日本書紀』皇極天皇二年〈六四三〉十月戊午条）。

蘇我臣入鹿、独り謀りて、上宮の王等を廢《す》てて、古人大兄を立てて天皇とせむとす。（中略）蘇我臣入鹿、深く上宮の王等の威名ありて、天下に振《ましま》すことを忌みて、独り僭《ひとところ》ひ立たむことを謨《はか》る。

そして、続く『日本書紀』皇極天皇二年十一月丙子朔条には、

蘇我臣入鹿、小徳巨勢徳太臣《しょうとくこせのとくだのおみ》・大仁土師娑婆連《だいにんはじのさばのむらじ》を遣《や》りて、山背大兄王等を斑鳩に掩《おそ》はしむ。或本に云はく、巨勢徳太臣・倭馬飼首《やまとのうまかいのおびと》を以て将軍とすといふ。是に、奴三成《みなり》、数十の舎人と、出でて拒《ふせ》き戦ふ。土師娑婆連、箭《や》に中《あた》りて死ぬ。軍の衆、恐り退く。

このの ち、山背大兄らはいったん生駒山に避難するのだが、数日後に斑鳩宮の傍らの斑鳩寺にもどり、一族で壮烈な自害を遂げたと描かれる。入鹿は天皇家を絶滅し、それに取って代わろうとする第一歩として、まずは山背大兄一族を襲ったのだといわれている。

『日本書紀』の記述によれば、入鹿が配下の豪族に命じて山背大兄らを滅ぼそうとしたことは間違いない。だが、問題はその動機であろう。彼は決して天皇家を絶滅しようと企てていたのではなく、あくまでも蘇我氏の血を引く古人大兄を天皇に擁立しようとしていたとされる。また、入鹿が他者に命じられて襲撃におよんだと解することも可能である。

というのも、『日本書紀』は、入鹿が「独り謀りて」山背大兄らを滅ぼそうとしたと記しているか

らである。この場合の「独り」とは、「独断で」「その一存により」という意味に解されることが多い。しかし、これが大臣の行動に関わって使われると、おのずと異なるニュアンスを帯びることになるのである。『日本書紀』舒明即位前紀につぎの一節が見える。

九月に、葬礼畢《おわ》りぬ。是の時に当りて、蘇我蝦夷臣、大臣と為て独り嗣位を定めむと欲《おも》へり。顧みて群臣の従はざらむことを畏る。

推古天皇三十六年（六二八）九月、推古女帝の後継を決めるにあたり、大臣蝦夷が大臣の職権において「独り」で次期天皇を決めようとしたが、彼の部下というべき群臣らがそれにしたがわないことを顧慮したというのである。このように大臣が「独り」というのは、群臣らの存在を前提にした語として使われている。

大臣は天皇の命を受けたならば、それを群臣らに諮るのであり、しかるのちに天皇の命は実行されることになっていた。この場合、蝦夷はあくまで次期天皇に関する推古の遺詔（舒明天皇の即位を指示）を尊重し、それを群臣ら一人ひとりに諮ることなく、大臣の職権においてすぐさま実施に移そうとしたが、やはりそれを考えなおしたと理解することができよう。要するに、この場合の「独り」とは、大臣が天皇の命を群臣らに諮るというプロセスを省いて実行に移すことを示す語なのである。

とすれば、蝦夷に譲られ大臣となった入鹿が「独り」で山背大兄らの殺害を謀ったとは、それがほかならぬ時の皇極天皇の命であり、それを群臣個々に諮ることなく直ちに行動に移したということになるであろう。それは、ことが軍事機密に関わるために群臣全員に告げることを避けたものに違いない。

このように、山背大兄らの殺害は実際には大臣たる入鹿が天皇の命令をうけて断行したものであったと考えられる。しかし、それが皇極紀全体のなかに配置されるならば、入鹿が王権簒奪に向けてついに始動したというように読み取られることになるわけである。

「上の宮門」「谷の宮門」と「王子」

つぎの『日本書紀』皇極天皇三年（六四四）十一月条も蘇我氏が滅ぼされるにいたった必然性を説く記事とされている。

> 蘇我大臣蝦夷・児入鹿臣、家を甘檮岡に双《なら》べ起《た》つ。大臣の家を呼びて、上の宮門《みかど》と曰ふ。入鹿が家をば、谷《はさま》の宮門（谷、此をば波佐麻と云ふ。）と曰ふ。男女を呼びて王子《みこ》と曰ふ。家の外に城柵を作り、門の傍に兵庫を作る。門毎に、水盛るる舟一つ、木鉤数十を置きて、火の災に備ふ。恒に力人をして兵を持ちて家を守らしむ。大臣、長直《ながのあたい》をして、大丹《おおに》穂山《ほのやま》に、桙削《ほこぬき》寺《のてら》を造らしむ。更《また》家を畝傍山《うねびのやま》の東に起つ。池を穿《ほ》りて城とせり。庫を起てて箭《や》を儲《つ》む。恒に五十の兵士を将て、身に繞《めぐ》らして出入す。健人を名づけて、東方の儐従者《しとべ》と曰ふ。氏氏の人等、入りて其の門に侍り。名づけて祖子孺者《おやのこわらわ》と曰ふ。漢直等《あやのあたいら》、全《もはら》二つの門に侍り。

いわゆる甘樫丘東麓遺跡において、その中心部と思しき遺構はまだ見つかっていないが、蝦夷・入鹿が甘樫丘に邸宅を築いたことは実際にありえたと考えられる。ただ、当時の甘樫丘の地形は現状とは大きく異なっていたであろう。とはいえ、その立地は天皇の宮殿（飛鳥板蓋宮）を見下ろす位置にあり、それは極めて不敬な行為だったのではないかといわれる。だが、蘇我氏の邸宅の位置が明らかになっていない以上、そのような非難に直ちに同調するべきではあるまい。

「甘檮岡」は、『日本書紀』允恭天皇四年九月戊申条によれば、允恭天皇の時代に氏姓の乱れを正すために「盟神探湯《くがたち》」とよばれる神判が行なわれるなど、いわば王権の聖地であった。したがって、天皇家の許可なしに無断で私邸を造営することなどできるはずがない。天皇家の許可といえば、蝦夷・入鹿の邸宅が「宮門」とよばれ、蘇我氏の子女が「王子」＝「御子」と称されたことは、実際においてありえない話ではない。

一臣下にすぎない蘇我氏が皇族そのものになることと、蘇我氏が天皇家から皇族に准ずる待遇を受けることとは、一見似ているけれども、まったく異なるといわねばならないであろう。後年、不比等や藤原氏が天皇家に准ずる処遇を受けたことが参考になる。前記した「養民司」の設置に見られるように、不比等は皇后に准ずる処遇を受けていた。不比等はそれだけではなく、天皇と同様にその名前が忌諱の対象とされていたのである。

すなわち、天平宝字元年（七五七）三月、「藤原部」が「久須波良部《くすはらべ》」、「君子部」が「吉美侯部《きみこべ》」と改められた。「藤原」のウヂナが天皇を指す「君」と同様に忌諱の対象と見なされたわけである。さらに同年五月には鎌足・不比等の名を称することが禁じられ、首・史のカバネがいずれも「毗登《ひと》」

と改称されることになった。首は聖武天皇の諱であり、史（不比等）の名もそれと同じようにあからさまに称することは不敬とされたのである。

天平宝字三年（七五九）十月にはカバネ「君」が「公」に、同じくカバネの「伊美吉《いみき》」が「忌寸」への改称を強制された。「伊美吉」の場合、それは藤原氏のなかでも南家の仲麻呂に始まる藤原恵美家の「恵美」に抵触するという理由であった。

このように姓やその用字を通じて、天皇家の側が藤原氏という一貴族を天皇と同等の扱いにした事例が後世にみとめられる。したがって、蘇我氏がとくにその呼称や表記などの点において、当時の天皇家から天皇家に准ずる扱いを受けたことも事実としてありえないわけではないといえよう。ただ、『日本書紀』はそれを蘇我氏自身が天皇家に取って代わろうとした話に仕立て上げたのである。あるいは、そのように読み取れるように細工をほどこしたということができよう。

以上、『日本書紀』巻第二十四、皇極天皇紀に見られる蘇我氏の王権簒奪に関わる記事はすべて、この時期に蝦夷・入鹿が実際に天皇家から容認された特別な処遇を、彼ら父子があたかもそれを天皇家から強奪しようとしたかのように印象づけようと書き改められたものと考えるべきである。

2 『日本書紀』と王朝交替

倭国における王朝交替の可能性

以上見たように、『日本書紀』は蘇我氏が王権簒奪を企てていたと描いているが、そもそも当時の倭国においてそのような事態が想定できるだろうか。

王朝とは、同一の血縁集団からえらばれた君主を中心とした支配組織と定義するならば、そもそも六世紀以前の倭国にそのようなものは存在しなかったといわねばならない。当時は王位がまだ特定の血縁集団に固定しておらず、複数の血縁集団のなかから天皇の前身たる大王（治天下王《あめのしたをしろしめすおおきみ》〈大王〉）が選出・擁立されていたからである。それは、王が彼に期待された能力や役割によってえらばれていたためであった。王にもとめられる能力や役割は時代によって変化する。

六世紀初頭にあらわれた継体天皇以降はこのような状況が大きく変わってくる。とくに継体の子とされる欽明天皇以後は、その子孫によって皇位が独占的に継承されていくことになった。ここに、皇族または天皇家とよぶべき実態がようやく誕生したといってよい。

それに伴なって、天皇や皇族に貢納・奉仕する制度（部・屯倉の制度）が列島規模で形成されていく。中央・地方の豪族は、民衆から貢納・奉仕を吸い上げる制度のなかで一定の職務を負わされ、それを世襲していった。天皇・皇族に仕える大小の豪族たちには臣下としての標識である姓（ウジ・カバネ）があたえられた。ここに、姓をあたえる天皇・皇族と、姓をあたえられる豪族との関係が形成されることになった。このような君臣関係は、結果としてウジ・カバネによって固定・強化されることになったのである。

中国における王朝交替を易姓革命（王朝交替によって皇帝の姓が易《か》わる）というが、そもそも倭国の君主には姓がなかった。これでは、中国的な王朝交替は最初から制度的に封印されているのも同然といえよう。このように、倭国とよばれていた日本において実際に王朝交替が起きる可能性はなかったといわねばならない。

王朝交替を描く『日本書紀』

それにもかかわらず、『日本書紀』は我が国において王朝交替があったことをはっきりと描いている。

たとえば、巻第十一において、仁徳天皇は即位前に異母弟の菟道稚郎子《うじのわきいらつこ》と皇位を譲り合い、また即位後は民の暮らしが貧しいのを察して三年にわたって課役を免除したとするなど、王朝の始祖たるに相応しい「聖帝」として描かれている。また、仁徳の誕生時に木菟《つく》（ミミズク）が産屋《うぶや》に飛来し、同日に生まれた武内宿禰の子の産屋には鷦鷯《さざき》（ミソサザイ）が飛び込むという祥瑞があったので、名を交換したという話が伝えられるが、この祥瑞も「聖帝」誕生を言祝《ことほ》ぐものとされているといえよう。

他方、仁徳には嫉妬深い皇后（葛城磐之媛）がいたが、それにもかかわらず彼は実に多くの女性と関係をもったとされている。これも、彼が王朝の始祖とされたことに関係がある。すなわち、王朝の始祖は当然ながら王朝発展の基礎を築いたはずであり、王朝の隆盛は子孫の繁栄によって保証されるから、子孫繁栄の前提として仁徳と大勢の女性とのロマンスが語られることになったわけである。

それに対し巻第十六では、仁徳の子孫である武烈天皇は暴虐で残忍な振る舞いが多く、民の労苦を思いやらずに快楽を追いもとめる王朝末期の典型的な「暴君」であったと描かれる。彼は「聖帝」とされた仁徳と同じ鷦鷯の名をもっており、明らかに仁徳とは対照的な天皇とされているのである。武烈が即位前、想いを寄せる女性（物部影媛《もののべのかげひめ》）に求愛を断わられるという話も、彼を仁徳とは正反対の王朝最後の「暴君」とするところから生まれた話であろう。

このように、明らかに『日本書紀』には仁徳に始まり武烈に終わる中国的な王朝の物語が設定されているのである。そして、それに続く巻第十七では、武烈の没後、「応神天皇の五世孫」という継体天皇が即位することになり、武烈の姉である手白香皇女《たしらかのひめみこ》を皇后に立てたと描かれる。これは、仁徳に始まる王朝最後の天皇である武烈から継体へと「禅譲」がなされたということであり、ここに継体を祖とする新王朝が発足したというわけである。

『日本書紀』巻第二十四で描かれる蘇我氏による王権簒奪とは、この継体に始まる王朝をターゲットにしたものだったとされていることになろう。そして、蘇我氏による王朝の交替は天智天皇の手によって阻止されたというのである。

『日本書紀』は日本王朝の正史

以上のように、『日本書紀』はどうして我が国ではありえないはずの王朝交替を描いているのであろうか。『日本書紀』の成立については、『続日本紀』養老四年（七二〇）五月癸酉条につぎのように見える。

是より先、一品舎人親王、勅を奉《う》けたまはりて日本紀を修《あ》む。是に至りて功成りて奏上《さしあ》ぐ。紀卅巻系図一巻なり。

これによれば、この時に完成し奏上されたのは「日本紀」三十巻と系図一巻であり、それは『日本書』とよぶべき体系的な歴史書の一部だったのである。『日本書紀』とは『日本書』の「紀（本紀）」であったと考えることができよう。

『日本書』とは、中国王朝の正史として著名な『漢書』『後漢書』と同様に、「日本」という名の王朝の正史として構想されたものである。そして、その構成要素である「日本紀」とは、王朝の主である天皇の本紀にほかならない。「日本紀」に続いて「日本志」（テーマ別の歴史）、「日本伝」（個人の伝記）などが編纂され、それらを総合して晴れて『日本書』は完成する予定だったはずである。だが、それはついに完成することはなかった。

中国王朝の正史は、前王朝に取って代わった新王朝によって編まれたから、正史において王朝交替はまさに所与の前提であった。『日本書紀』が『日本書』のなかの「日本紀」である以上、王朝交替は当然のことながら叙述の伏流とならざるをえない。『日本書紀』とはもともと中国的な王朝の存在を前提にして誕生した史書だったのである。

倭改め日本は、朝鮮半島の国家とは異なり中国王朝に朝貢はするが冊封を受けること（皇帝から官職や爵位を賜わり、その臣下となること）は一貫して拒み続け、結果的に中国の諸王朝のごとく周辺の異民族の国家や集団をしたがえる「大国」＝「帝国」たらんとした。その点に限り日本王朝は中国王朝と同格・同質ということで、その王朝の来歴と正統性を語ろうとしたのが『日本書』であり、その第一弾として天皇を中心とした編年体の紀（本紀）が編まれたと考えられよう。

みずからを朝鮮半島の国家より上位に位置づけるという一点において中国とは同格・同質とする認識にもとづき、中国の歴史叙述の方法や概念装置を借用し、自国の歴史を綴ろうとしたわけである。『日本書紀』という我が国最初の史書が、このように中国の歴史やその叙述の仕方に倣って編み上げられた自国史であったことを銘記せねばならない。

入鹿は王莽、董卓に似ている？

以上のように考えるならば、いわゆる「鎌足伝」のつぎの記述が改めて注目されよう。

某の月を以て、遂に山背大兄を斑鳩の寺に誅《ころ》しまつりき。識者傷《いた》みき。父、豊浦大臣慍《いか》りて曰ひしく、「鞍作《くらつくり》、爾《いまし》が如き癡人《おろかなるひと》は、何処にか有らむ。吾が宗《うぢ》滅びむとす」といひき。憂ふること自ら勝《た》へざりき。鞍作、以為《おも》へらく、「已に骨鯁《ほねのき》を除き、方に後悔あること無し」とおもへり。安漢の詭譎《きけつ》、徐《やや》く朝に顕れ、董卓《とうたく》の暴慢、既に国に行はれたり。

「鎌足伝」は、天平宝字四年（七六〇）に藤原仲麻呂（恵美押勝）によって編まれた『家伝』の上巻を指す。仲麻呂は鎌足の曾孫にあたった。『家伝』下巻が仲麻呂の父で藤原南家の祖である武智麻呂の伝となっているのは、『家伝』が『藤原南家伝』または『藤原恵美家伝』にほかならないからであろう。ちなみに『家伝』とは国家に功労のあった貴族の家の伝記であり、それは律令制のもとで有功の貴族にあたえられた功田とともに、式部卿（式部省の長官）の管掌するところであった。

文中の「鞍作」とは入鹿の異称である。彼が山背大兄王一族を滅ぼしたことについて、「豊浦大臣」こと蝦夷が口を極めて罵るのだが、それに対し入鹿は、「すでに障壁は取り除かれた。後悔することなど何もない」とうそぶいたという。それに続けて、「安漢公（新の王莽）の尋常ならざる企ては徐々に世の知るところとなり、後漢の董卓の暴虐は公然と世に行われたのであった」と述べられている。

「詭譎」とは「普通とは異なって怪しい」という意味で、この場合、王莽による前漢王朝の簒奪計画を指している。「安漢」と「董卓」、「詭譎」と「暴慢」、「徐く朝に顕れ」と「既に国に行はれたり」がそれぞれ対句になっているわけである。

ここでは入鹿の所業が、中国の王莽や董卓のそれになぞらえられている。仲麻呂が中国の文化や歴史に人一倍興味と関心を抱いていたことはあまりに有名である。だが、これはたんに入鹿が中国史上の王莽や董卓に似ているということなのであろうか。そもそも、王莽や董卓とはいかなる人物だったのであろう。

王莽の生涯

王莽は、前漢元帝の初元四年（前四五）に生まれた。父は王曼といったが、若くして亡くなった。王曼の異母姉が元帝（在位前四九～前三三）の皇后になったので、王一族は皇帝の外戚として威勢を誇ったが、王莽のみは後ろ盾がないために官に推挙されなかった。

それでも王莽は礼経を極め、元帝と王皇后の子である成帝（在位前三三～前七）の治世、一族の王鳳が病に倒れると、彼をよく看病したので、その推挙をうけて黄門郎、射生校尉などに任官した。その後、叔父の王商に推挙されて新都侯に封じられる。ついで騎都尉、光禄大夫、侍中などを経て、綏和元年（前八）、叔父王根の推薦によって大司馬（武官の最高位）に上りつめる。

綏和二年（前七）、成帝が崩御、元帝の孫の哀帝（在位前七～前一）が即位すると、その生母や祖母の外戚が重用されるようになり、王莽は大司馬を解任され、新都侯国に赴かされることになった。王一族の多くが要職を追われたが、やがて王一族を支持する世論に後押しされ、王莽は都によび戻される。

哀帝は男色におぼれ、董賢なる人物を寵愛するあまり彼を大司馬に任じ、さらに彼に帝位まで譲ろうとした。元寿二年（前一）哀帝が皇太子を定めないまま、二五歳の若さで崩御すると、王太皇太后は直ちに王莽を召し、彼に宮中の軍事力のすべてを掌握させ、群臣・百官の推挙を取りまとめて彼を大司馬領尚書事に任命した。王莽は太皇太后と謀り、やはり元帝の孫にあたる平帝（在位前一～六）

を擁立する。平帝、この時わずかに九歳であったので、政治の実権は太皇太后と王莽の掌握するところとなったのである。

この平帝のもと、元始元年（一）に王莽は「安漢公」とされた。かつて西周を建国した武王の弟、周公（名は旦）は、武王の子の成王が成人するまで摂政を務めたとされ、摂政の地位にありながら王として即位していたともいわれる。王莽はこの周公が生前より周の国号を冠して周公とよばれた故事にならい、「安漢公」を賜わったのである。元始四年（紀元四）には、伊尹が殷王を、周公が周王を輔佐して阿衡・太宰と称されたのに倣い、両者を合わせた宰衡というポストが王莽に用意された。

やがて成人に達した平帝は王莽の干渉を疎ましく感じるようになる。すると、居摂元年（六）、王莽は平帝を毒殺、わずか二歳の孺子嬰（元帝の前代、宣帝の玄孫）を太子に擁立したのである。王莽はみずから「仮皇帝」と称し、民衆には「摂皇帝」とよばせ、事実上、皇帝権力を掌握するにいたる。

王莽は伝説上の帝王、舜の後裔であると主張、同じく伝説の帝王堯の後裔たる漢からの禅譲を正当化しようとはかった。居摂三年（八）、「摂皇帝、まさに真となるべし」との符命が出現、哀章なる人物が天からの命を述べた「金匱図」と前漢の高祖（劉邦）からの命を伝える「金策書」を王莽に献上、これを受け取ることにより王莽はついに皇帝に即位した。ここに莽新とよばれる王朝が誕生する。王莽は天からは天子となることを、そして漢家からは皇帝となることを承認されたのである。中国の王朝交替には二種類があり、武力を発動した放伐と非武力による禅譲である。莽新は史上初の確実な禅譲によって誕生した王朝といわれている。

以後、王莽は中国における古典的な国制の基礎を築くような改革を展開したが（渡邉義浩『王莽改革者の孤独』大修館書店、二〇一二年）、おりから発生・拡大した民衆の反乱（赤眉の乱）を鎮めることができず、結局、更始元年（二三）、反乱軍の手であえなく殺害された。その後、劉秀（光武帝）によって後漢王朝が樹立されることになるのである。

王莽の事跡に関連して、つぎの『日本書紀』皇極天皇二年二月是月条は注目されよう。

国の内の巫覡《かんなき》等、枝葉を折り取りて、木綿《ゆう》に懸掛《しでか》けて、大臣の橋を渡る時を伺候《うかが》ひて、争《いそ》ぎて神語の入微《たえ》なる説を陳《の》ぶ。其の巫甚多にして、悉に聴くべからず。

皇極天皇三年六月是月条にも同様の記述があるが、こちらは

老人等の曰はく、「移風《ときかわ》らむとする兆《きざし》なり」といふ。

という文で結ばれている。巫覡らが口々に唱えたという「神語」の内容は不明であるが、蝦夷や蘇我氏に対する託宣のようなものであろう。これは、王莽が天から下されたという符命を使って王朝の簒奪を企てたことと類似している。

これらの記事は皇極紀の他の記事と同様に、蘇我氏による王権簒奪を強調するために造作された可能性があるが、そのもとになったのが王莽の事跡だったのではあるまいか。そして、仲麻呂が「鎌足伝」において入鹿を王莽に結びつけることになったのもこれらの記事によるのであろう。

董卓の生涯

董卓は字《あざな》を仲潁といい、後漢末期の隴西郡臨洮県に生まれた。生まれつき武芸が得意でとくに騎射に巧みであった。軍の司馬となり幷州征伐にしたがって軍功を立てたが、恩賞をすべて部下に分けあたえたという。広部令、蜀郡北部都尉、西域戊己校尉と累進したが、やがて免官。その後、召し出されて幷州刺史、河東太守に任命され、中郎将に昇進、おりからの黄巾の乱の討伐にあたったが敗北、再び免官となった。

黄巾の乱後、後漢の宮廷は皇帝の外戚と宦官の権力闘争に明け暮れていた。中平六年（一八九）四月、霊帝（在位一六八〜一八九）が崩御すると、大将軍何進《かしん》（霊帝の皇后の兄）が劉弁を擁立、これが少帝となる。これを機に何進は司隷校尉の袁紹と謀り、宦官らを掃討しようとする。

董卓はこの何進によばれ、軍隊を率い洛陽にのぼることになった。だが、何進は董卓が到着する前に宦官らによって殺されてしまう。宦官が少帝を拉致して逃走するが、董卓は宦官を討ち取り、少帝を取り戻すと、御所に帰還を果たす。何進配下の兵は指揮官を失い、すべて董卓に帰属することになった。さらに、董卓は部下の呂布に執金吾の丁原を殺害させ、ここに洛陽は董卓による軍事支配のもとに入ったのである。

董卓は、長期にわたって雨が降らないことの責任を問い、司空の劉弘を免官、これに取って代わる。また、軍事大権を象徴する節（軍旗）と鉞、近衛兵を少帝から貸しあたえられた。そして、少帝を廃して弘農王とし、王とその母である何皇后を容赦なく殺害すると、霊帝の末子で当時まだ八歳の陳留王劉協を皇帝に擁立、これを献帝（在位一八九～二二〇）とした。

董卓は相国に昇進、郿侯に取り立てられた。帝に拝謁する時も名を告げずに帯剣で履をはいたまま昇殿することがゆるされた。また、彼は武器庫の武器や国家の珍宝のすべてを我が物とし、威勢は天下にとどろきわたった。董卓の性格は残忍非情であり、厳刑をもって人びとに脅威をあたえ、わずかな怨みでも数倍にして報復したという。

董卓による献帝擁立は天下の反発を招き、各地で董卓打倒の兵が挙げられた。袁紹・袁術が山東において挙兵すると、董卓は恐怖にとらえられ落ち着きを失った。そして、初平元年（一九〇）二月、天子を移して長安への遷都にふみ切る。そのさい洛陽の宮殿に火を放ち、陵墓をことごとく発《あば》き、宝物の略奪をほしいままにした。

董卓は長安に入ると、太師となり尚父と称した。その一族はいずれも朝廷の高官に取り立てられた。だが、董卓の没落は早かった。初平三年（一九二）四月、司徒（三公の一つ）の王允、尚書僕射の士孫瑞、そして董卓の将呂布が共謀して董卓殺害を計画したのである。おりしも献帝の病気が平癒、大勢の臣下がお祝いを述べに未央宮に参集した。呂布は同郷の騎都尉李粛らに命じ、兵一〇名ほどを率い衛士の服を着せ、にせ衛士に仕立てあげ掖門を固めさせる。呂布は詔書をふところに入れた。

董卓が到着すると、李粛がその入門を阻む。驚いた董卓が「呂布はどこにおる！」とよばわる。すると、呂布が「上意である」と叫んで董卓を殺害、その父母・妻子・兄弟姉妹を皆殺しにした。長安の士人や庶民は慶賀し合い、董卓に取り入っていた者はことごとく獄に下され処断されたという。

この董卓暗殺の場面で偽者の衛士らが門を封鎖したくだりは、『日本書紀』が描く入鹿暗殺の場面との類似が見て取れる。『日本書紀』では中大兄皇子が宮門を守衛する「衛門府」を味方に引き入れ、宮中の諸門を閉鎖させたと描かれている。これはたんなる偶然の一致ではなく、『日本書紀』が入鹿暗殺の場面を書くにあたり、董卓殺害の場面を参考にしたことを推察させる。それだからこそ、仲麻呂は「鎌足伝」のなかで董卓と入鹿を結びつけることになったと考えられよう。

以上見てきたように、王莽は前漢を実際に乗っ取って新という王朝を樹立した人物であり、他方、董卓は後漢を簒奪しようとしたが、配下によって討たれた人物であった。入鹿はどちらかといえば董卓に似ていることになろうか。

「鎌足伝」の史料批判

入鹿を王莽や董卓にたとえる「鎌足伝」の一節は、いったい何に由来するのであろうか。入鹿暗殺に関する『日本書紀』と「鎌足伝」の記述はほぼ同文であって、それは両者が基本的に同一の資料をもとに書かれたからであると考えられている。その資料とは、原「鎌足伝」とよぶべき書物だったのではないかといわれている。だが、そのような原資料の存在を証明することは困難である。それよりも、『日本書紀』完成から約四〇年後に書かれた「鎌足伝」が、『日本書紀』の叙述にその多くを拠ったことは推察に難くない。

他方、入鹿を王莽や董卓になぞらえるくだりのように、「鎌足伝」にはあって『日本書紀』にまったく見えない箇所は、「鎌足伝」の筆を執った藤原仲麻呂が独自に探し出して参照した書物に拠ったのではないかといわれている。たとえば、仲麻呂が天平宝字元年（七五七）閏八月に興福寺の維摩会《ゆいまえ》を再興しようとしたさいに、「古記」とよばれる書物に依拠しながら、天智天皇を偉大な君主として称え、鎌足が天智から功田を賜わった経緯を回顧している。この「古記」がその書物に該当するのではないかというわけである。

しかし、上記の原「鎌足伝」と同様、「古記」もその存在を証明することは難しい。むしろ、入鹿を王莽や董卓にたとえた一節に限っては、『日本書紀』に拠りながら文章を綴っていた仲麻呂自身が、独自に書き加えた評言というべきではないだろうか。

というのは、王莽・董卓が登場する箇所の直前、入鹿が山背大兄王らを討滅しようと「諸王子」によび掛ける一節があるのだが、そのなかで入鹿がつぎのように述べたと描かれているからである。

方《まさ》に今、天子崩殂《かんあが》りたまひて、皇后朝に臨みたまふ。心必ずしも安くあらず。焉《なに》ぞ乱無けむ。

これも『日本書紀』にはなく「鎌足伝」のみに見える記述である。舒明天皇が崩御したあと、その皇后（皇極天皇）が正式に即位せずに天皇大権を行使しているのが心中不安でならず、内乱が起きかねないと入鹿が危惧していたとする。留意すべきは、皇極がこの箇所では正式に即位していなかったとされているのに、その前では「俄にして崗本天皇崩りたまひき。皇后、位に即きたまひき」とあって、彼女が正式に皇位を継承したと描かれていることである。

この入鹿の台詞は、仲麻呂が同時代の人物、同時代の政治状況をもとに創作したものと考えざるをえない。なぜならば、仲麻呂の近くには入鹿の台詞に見られるような、皇太后でありながら天皇権力を自在に操った稀代の女性がいたからである。それが、仲麻呂の叔母であり彼の絶大な権勢を支えた光明皇太后（聖武天皇の皇后で孝謙・称徳天皇の母）にほかならない。

仲麻呂は「鎌足伝」のなかで皇極を描くのに、明らかに光明皇太后を彼女に重ね合わせている。ちなみに、「鎌足伝」の主人公鎌足は仲麻呂本人であり、鎌足に討たれる入鹿は仲麻呂の従弟で彼に刃向かったために討たれた橘奈良麻呂がモデルにされていると考えられる。入鹿に襲われる山背大兄王は、さしずめ奈良麻呂の挙兵計画において標的とされた淳仁天皇ということになろう。

中国と「共有」される歴史

このように、入鹿を王莽や董卓になぞらえる一節に限っては、仲麻呂独自の創作であり評言と見なすべきであろう。仲麻呂は「鎌足伝」を執筆するにあたり、あくまで『日本書紀』の叙述をベースにしたと考えられるが、それゆえに入鹿の所業に言及するにさいし、王莽や董卓の存在が自然と思い浮かんだに違いない。

以上のように考えるならば、仲麻呂が「鎌足伝」のなかで王莽や董卓に言及しているのは、たんに入鹿が彼らに相似しているということにとどまらないであろう。

仲麻呂が「鎌足伝」を書くにあたって参照した『日本書紀』が、「日本」という王朝の正史であり、だからこそ我が国における王朝交替の歴史を描いている以上、中国において前漢末期に王莽が、後漢末期に董卓という梟雄があらわれたのと同様のことが我が国でも起こったのだという意識でそれを書いたと見なすべきであろう。

それは、「日本」王朝が中国の諸王朝と同格・同質であるがゆえに、同じ歴史が生起する、同じ歴史が「共有」されるという独特の歴史意識である。「鎌足伝」に見える仲麻呂の評言からは、『日本書紀』という王朝の正史が発する磁力の強さを読み取ることができよう。そして、この仲麻呂のコメントは「唐風」を好んだという彼独自のものではありえず、同時代人が共鳴しうるものであったと考えねばならない。

3 天智天皇像の転回

「天命開別」とは王朝の始祖

前節では、『日本書紀』が「日本」という王朝の正史にほかならず、それゆえに史実に反して、倭（日本）において王朝とその交替があったと描かれていたことを述べた。それでは、どうしてほかならぬ蘇我氏が王権簒奪を企てたとされることになったのであろうか。

森博達氏によれば、巻第二十四をふくむα群が編纂されたのは持統朝のことと考えられる。当然、巻第二十四には入鹿暗殺の場面があったであろうが、中大兄による入鹿の罪状告発の台詞はまだ書かれてはいなかったはずである。この中大兄の台詞や蘇我氏が天皇家に取って代わろうとしていたことを強調する関連記事は、つぎのβ群の編纂段階、すなわち文武朝以降に加えられたということができよう。

森氏のいうようにβ群が文武朝以後に編纂されたとしても、持統天皇十一年（六九七）に持統天皇（女帝）から皇位を譲られた当時一五歳の文武天皇は、大宝二年（七〇二）の暮れに持統が亡くなるまで、およそ五年間は太上天皇となった彼女の後見をうけていた。したがって、蘇我氏による王権簒奪という虚構が書き加えられるのに、持統が関与していた可能性は極めて高いといわねばならない。

蘇我氏が王権の簒奪を企てていたとされるようになったのは、この持統の実父であり、ほかでもない、蝦夷と入鹿をその手で討った天智天皇に対する歴史的評価が関係しているのではないかと思われる。天智には死後だいぶ経過したのちに「天命開別《あめみことひらかすわけ》」天皇という諡号《しごう》がたてまつられているのである。

この「天命」とは、中国において宇宙を支配する天（天帝）の指令・命令のことであり、これを受けた有徳の者が皇帝（天子）となって王朝を開き、地上世界を支配するとされていた。皇帝による支配はその子孫に受け継がれていくが、皇帝が全世界に君臨する能力や資格を失った時、天命は別の一族に移るのであって、ここに王朝の交替が起こることになる。「別」とは主として豪族の祖先系譜で用いられた尊称の一種である。

天智の諡号「天命開別」とは「天命をうけて新たに王朝を開いた尊貴な御方」という意味であり、「王朝の始祖」すなわち初代皇帝にほかならない。ただ、「王朝の始祖」とはいいながら、天智以前にも歴代の天皇がいたことになっているわけであるから、実際には天智は「王朝中興の祖」と認識されていたことになるであろう。

天智王朝の終焉という虚構

たしかに『日本書紀』巻第二十七、天智天皇紀（これもα群である）を読むならば、天智を中国的な王朝の主と見なしている記述が配置されている。たとえば、天智天皇七年（六六八）七月条には、

又舎人《とねり》等に命して、宴を所所にせしむ。時の人の曰はく、「天皇、天命将及《みいのちおわりなんとす》るか」といふ。

とある。天智の寿命が尽きようとしていると危惧されたというのだが、それが「天命が尽きようとしている」と表現されている。「天命が尽きる」とは、一つの王朝に終焉が訪れ、つぎの新しい王朝に交替しようとしていることを意味する。天智の死によって一つの王朝が終わろうとしているというわけである。また、天智天皇八年（六六九）八月己酉条にはつぎの記事がある。

天皇、高安嶺《たかやすのたけ》に登りまして、議りて城を修《おさ》めむとす。仍《なお》、民の疲れたるを恤《めぐ》みたまひて、止めて作りたまはず。時の人感《め》でて歎《ほ》めて曰はく、「寔《これ》乃ち仁愛の徳、亦寛《ゆたか》ならざらむや」と、云云。

天智が民衆の労苦を思い、河内国の高安城の築造を中止したというのだが、ここでいう「仁愛の徳」は君主とくに王朝の始祖には絶対に必要な資質というべきものである。それが強調されているこ

の記事は、天智が「天命開別」すなわち「王朝の始祖」「王朝中興の祖」にほかならないことを示そうとしたものといえよう。

さらに、天智天皇十年（六七一）是歳条も注目に値する。

又大炊《おおい》の八つの鼎《かなえ》有りて鳴る。或いは一つの鼎鳴る。或いは二つ或いは三つ倶に鳴る。或いは八つながら倶《とも》に鳴る。

鼎とは王朝の祭器であって、王朝の存続・繁栄を象徴するものである。宮中奥深くに蔵されたそれがひとりでに鳴動するとは、王朝存続への危険信号というべきものであり、これも天智の王朝が衰亡に瀕していたことを示す記事となっている。

また、天智天皇十年四月条には「八つの足ある鹿」、同年是歳条では「雞子《とりのこ》の四つの足ある者」が発見されたという記事が見える。中国の史書ではこのような多足の動物は、王朝の存立を揺るがすような逆臣、奸臣の台頭を暗示する記号とされている。要するに天智王朝の衰亡は、天智が結果的に多足の動物に象徴される奸臣の台頭を許してしまったことにもとめられているといえよう。

天智を「王朝の始祖」「王朝中興の祖」としておきながら、他方でその王朝が終焉を迎えつつあった、衰亡の危機に瀕していたと描いたのはいったいどうしてであろうか。それは、天智紀に続く『日本書紀』巻第二十八、天武天皇紀上が描く壬申の乱が関係しているようである（天武紀上は一巻をあてて壬申の乱を描くので「壬申紀」とよばれる）。

内乱による権力奪取の正当化

『日本書紀』の編纂を命じた天武天皇（大海人皇子《おおあまのみこ》）は、壬申の乱において天智の後継者で甥にあたる大友皇子（明治時代になって弘文天皇と追諡された）を打倒して即位することができた。また、天武の跡を継いだ持統天皇（鸕野讃良皇女《うののさららのひめみこ》）は、天武のキサキ（皇后）となることによって天皇になる資格を得た。

天武は舒明・皇極（斉明）夫妻の二男であり、その点で兄天智に較べて皇位継承権が乏しかった。他方、持統も天智を父にもつとはいえ、所詮皇女にすぎなかったから、天皇のキサキにならなければ即位することはできなかった（この時代、皇女に皇位継承権はなかった）。天武と持統は、天智によって次期天皇に指名された大友を武力で倒さない限り、そろって（相次いで）天皇になることはできなかったのである。

彼らは内乱を起こし、それに勝利した。しかし、彼らの手が大友の血に塗《まみ》れていること、彼らが大友からその地位と権力を奪い取ったことを、同時代や後世に向かってそのまま発信するわけにはいかない。彼らによる大友殺害は結果的にやむをえないものであり、正当な理由のある行為であったとしなければならない。そこで彼らが考え出したのが、天智を主とする中国にあったような王朝とその衰亡という設定であった。

「壬申紀」を読むならば、天武が戦うべき相手は「近江朝庭の臣等」「近江の群臣」と明記されている。彼らは「元凶」とも表現されているが、具体的には大友を擁護する左右大臣（蘇我赤兄《あかえ》、中臣金《なかとみのかね》）、御史大夫（蘇我果安《はたやす》、巨勢人《こせのひと》、紀大人《きのうし》）らを指しているのであろう。内乱の前夜、天武が出家して吉野に去るにあたり、宇治まで見送った彼らのうち何者かが「虎に翼を着けて放てり」といったとあることからしても、天智の病床に召された天武を亡き者にしようと画策していたのは彼らであったと「壬申紀」はいわんとしているのである。

『日本書紀』は、壬申の乱を実際とは大きく異なって以上のように描くことで、天武と持統が壬申の乱によって大友からその地位と権力を奪う結果になったのは、まことにやむをえないことであったと主張（弁解）しようとしたのである。すなわち、天武と持統はあくまで天智の王朝に衰亡をもたらす奸臣らを掃討すべく立ち上がったのであるが、大友は不運にも彼らに擁せられてしまった。そこで仕方なく彼とも戦うことになったのであるが、肉親である大友に対しては微塵の敵意も害意もなかったのであり、天智王朝に再び隆盛を取り戻すために大友という尊い犠牲を出したことは仕方ないことであったというわけである。以上のように説明するならば、天武と持統による大友殺害はほぼ免責されることになる。

このように、天智が「天命開別」＝「王朝の始祖」「王朝中興の祖」とされたのは、ひとえに天武と持統による大友からの地位と権力の略奪の事実を隠蔽し、それを彼らの都合のよいように正当化するためにほかならなかった。

「天帝」への上昇・転回

天智の変貌はこれで終わらない。その後、天智は「王朝の始祖」「王朝中興の祖」からさらなる上昇・転回を遂げることになる。その前後の事情を物語るのはつぎの『続日本紀』文武天皇三年（六九九）十月甲午条である。

> 詔したまはく、「天下の罪有る者を赦す。但し十悪・強窃の二盗は、赦の限に在らず」とのたまふ。越智《おち》・山科《やましな》の二の山陵を営造せむと欲するが為なり。

また、同年同月辛丑条には、

> 浄広肆衣縫王《きぬぬいのおおきみ》、直大壱当麻真人国見《たぎまのまひとくにみ》、直広参土師宿禰根麻呂《はじのすくねねまろ》、直大肆田中朝臣法麻呂《たなかのあそみのりまろ》、判官四人、主典二人、大工二人を越智山陵に、浄広肆大石王、直大弐粟田朝臣真人《あわたのあそみまひと》、直広参土師宿禰馬《うま》手《て》、直広肆小治田朝臣当麻《おはりだのあそみたぎま》、判官四人、主典二人、大工二人を山科山陵に遣して、並に功を分ちて修め造らしむ。

と見える。文武天皇（珂瑠《かる》皇子）の即位三年目に、「越智山陵」（斉明天皇陵）と「山科山陵」（天智天皇陵）に大掛かりな改修が加えられたのである。

文武は、持統天皇十一年（六九七）八月、祖母にあたる持統の譲りを受けて即位した。時にわずか一五歳。父は天武と持統とのあいだに生まれた草壁皇子、母は持統の異母妹の阿閇《あへ》皇女（のちの元明天皇）であった。持統と阿閇は天智を父としたから、文武は天智・天武の双方、とくに天智の血を色濃く受け継いでいた。彼が史上初めて皇太子を経て、しかも一五歳という若さで即位することになったのは、ひとえにこの血統ゆえのことであった。

「越智山陵」に眠る斉明は文武にとって曾祖母（祖父天武の母）であり、「山科山陵」の主、天智は文武の曾祖父（祖母持統の父）にあたった。二代の天皇陵の改修がこの時期に行なわれたのは、彼ら二人が文武の天皇としての権威に関わる重要な存在と見なされていたからにほかならない。斉明陵と天智陵がセットで大改修を加えられたのは、天智が斉明の後継者として即位したという事情に関係するのであろう。天智は、北方遠征や百済救援戦争など、斉明が起こした軍事的事業を受け継ぐことにより、その正式な後継者となることができたのである。

藤堂かほる氏によれば、天智陵は壬申の乱のために造営が中断され未完成の状態にあったが、文武天皇三年にいたってまったく新たな場所で造営が開始されたのではないかと推定する（「天智陵の営造と律令国家の先帝意識」『日本歴史』第六〇二号、一九九八年）。しかもその場所は極めて政治的に決定されたもので、文武が君臨する藤原宮の大極殿の中軸線（それはすなわち藤原京の朱雀大路に相当した）のはるか北方の延長線上に位置したのである。南の延長線上には天武天皇陵（のちに天武・持統合葬陵となる）が造営された。

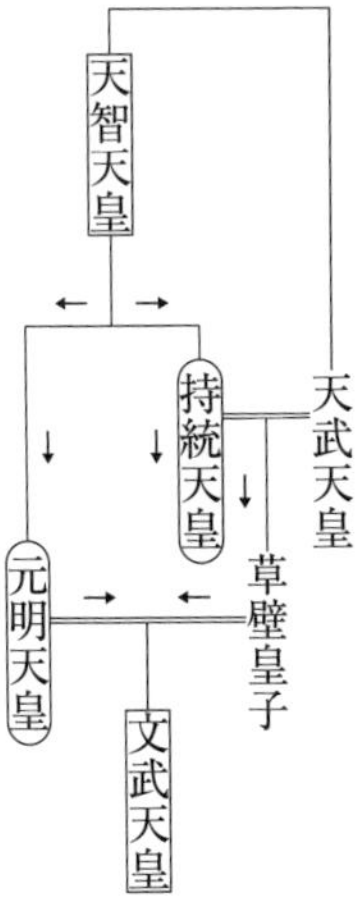

5—天智〜文武天皇略系図

天智陵がこの「聖なるライン」の上に、しかも現天皇の御す藤原宮の真北に造営されたことにより、天智は宇宙を支配する「天帝」の居所とされる「天極」＝北極星に位置する存在と見なされることになった。さらにそののち、大宝二年（七〇二）に天智の崩日が国忌《こき》（国家にとって重要な天皇の命日で国を挙げて法会を営む）とされ、当日は朝廷の政務を停止することが制度化された結果、天智こそは「天命」を受けた初代皇帝、律令国家の初代天皇に高められることになったというのである。

藤堂氏がいうように、天智陵が以前とはまったく異なる場所に造営されたかどうかは断定しがたい。しかし、七世紀末の文武の時代になって天智陵に大規模な改修・整備の手が加えられ、その権威の強化がすすんだことは間違いがないであろう。

しかし、藤堂氏は天智が初代皇帝、律令国家の初代天皇になったとするが、天智は天皇とその居所を北方にあって守護する超越的な存在に高められたわけであるから、それはまさに北極星を居所として宇宙全体を支配する「天帝」にほかならない。天智は「天帝」に匹敵する存在になったということができよう。ただ、天智はいきなり「天帝」になったわけではなく、その前提として「天帝」の指令（天命）を受けて王朝を開いた英雄、すなわち「天命開別」とされていたはずである。とすれば、文武天皇三年までに天智に「天命開別」の諡号が献ぜられていたと考えてよい。

水林彪氏は藤堂説に拠りながら、天智が文武天皇三年以前は墳墓も未完成のまま放置されており、まったく権威ある天皇とは見なされていなかったとする（「律令天皇制の皇統意識と神話（上）」『思想』第九六六号、二〇〇四年）。だが、それは誤りであって、天智はいきなり「天帝」になったのではなく、その天皇権威は段階を追って高められていったのである。文武天皇三年以前は天皇としての権威がまったくみとめられていなかったとは考えがたい。

天智はなぜ「天帝」とされたか

では、文武天皇三年になって天智が「王朝の始祖」「王朝中興の祖」から「天帝」へと昇格されたのはいったいどうしてであろうか。

天智はもともと天武とともに文武の天皇としての血統的な権威を保証する存在であったが、のちになって文武の即位が天智の定めた法によるものであると説明されるようになったことが注目される。文武の後を継いだその母である元明天皇の即位にあたって発せられた宣命《せんみょう》のなかに見える「不改常典」である。すなわち、持統天皇十一年に持統から文武に譲位され、その後、持統が太上天皇として文武を後見したのは、ひとえに「関《かけま》くも威《かしこ》き近江大津宮に御宇しし大倭根子《おおやまとねこ》天皇の、天地《あめつち》と共に長く日月《ひつき》と共に遠く改《かは》るまじき常の典と立て賜ひ敷き賜へる法」によるものであるとされている（『続日本紀』慶雲四年七月壬子条）。

このように文武の即位が天智の命によるものであり、その天皇権威が天智に由来するものであるとされていることからいって、天智が「王朝の始祖」または「王朝中興の祖」から「天帝」へと一挙に上昇を遂げたのは、即位した時にわずか一五歳にすぎず、血統的権威こそ他者の追随をゆるさないが、天皇としての経験や実績に乏しい文武の権威を補うためであったと考えられる。天智の権威をことさらに高めることによって、文武の権威を増強しようとしたのであろう。

天智が「天帝」に祭り上げられた結果、「天帝」たる天智から即位を命ぜられた文武は、かつての天智に代わって「王朝の始祖」の座を占めることになる。以後の皇位継承の課題は、文武の血統カリスマをいかに継承していくかに絞られていく。この後、「不改常典」は文武の血統カリスマを受け継ぐ者（聖武天皇とその子孫）による皇位継承を正当化する法とされることになるのである。

逆賊への転落のプロセス

以上、天智の人物像や評価がその没後に徐々に巨大化していったさまを見た。蘇我氏の転落はまさにそれに反比例するものであった。

天智後継である大友を亡き者にして権力を勝ち得た天武と持統は、彼らの犯罪を巧妙に隠蔽し、さらにその正当性を証明するためにも、天智を「天命開別」天皇、すなわち「王朝の始祖」「王朝中興の祖」に高めねばならなかった。それはα群の編纂段階、主として持統の時代にすすめられたと考えられる。ただ、それが『日本書紀』の内容や叙述に反映されるには多少時間を要したであろう。

このように天智が「王朝の始祖」「王朝中興の祖」となると、彼が若き日にその手で成敗した蘇我蝦夷・入鹿は、必然的に王朝の存立を脅かす大罪を犯したと見なされるようになる。蘇我氏はほかならぬ天智自身によって滅ぼされたがゆえに、王朝の存続を揺るがす悪臣、王権の簒奪を企てた逆臣とされてしまったのである。極論すれば、蝦夷・入鹿が天智によって滅ぼされることがなければ、彼らは天皇家に取って代わろうとしたという逆臣の汚名をこうむることはなかったに違いない。

問題の壬申の乱を描く「壬申紀」の編纂がようやく本格化するのはβ群の編纂段階、すなわち文武の時代に入ってからである。内乱の当事者たる持統が一線から退き、内乱がある程度過去のものになっていなければ、それを正面から取り上げることは難しかったであろう。こうして、天武・持統の義挙により天智王朝が復活・再興したという壮大なフィクションが編み上げられていく。

文武の時代になると、天智はさらに上昇して「天帝」にまで高められていたから、至高の存在たる天智の御手討ちにあった蘇我氏にもはや名誉回復の余地はない。皇極紀の第一稿はすでにα群段階でまとめられていたはずであるが、そのうちの蘇我氏滅亡のくだりを中心に大幅な書き換え、修飾が加えられることになった。蘇我氏は王朝の簒奪を企てた稀代の逆臣であったとする言説がここに確立したのである。

しかし、蘇我氏が天皇家に取って代わろうと企んでいたというのは、一片たりとも史実を伝えてはいない。それが、あくまで中国史の枠組みや概念装置に拠りながら、特定の権力者が自己を正当化する目的で自国の歴史を編み上げるプロセスで生み出された虚構にすぎないことを銘記しなければならない。

蘇我氏はあくまでも支配階級内部の熾烈な権力闘争に敗れ去ったのである。では、それはいったい何をめぐるどのような闘争だったのであろうか。つぎに章を改めて蘇我氏四代の軌跡をたどるなかからそれを明らかにしたい。

Ⅱ　蘇我氏四代の軌跡

6――飛 鳥 寺

蘇我馬子が中心となり造営された飛鳥寺の中金堂跡に江戸時代に建てられた安居院．内部に鞍作鳥作の丈六釈迦如来坐像（飛鳥大仏）が安置される．飛鳥寺はかつて一塔を三金堂が取り囲む特別な伽藍配置であった．

1　蘇我氏の成り立ち

武内宿禰後裔氏族の系譜

蘇我氏は、孝元天皇の子孫である武内宿禰《たけしうちのすくね》（『日本書紀』による表記。『古事記』では建内宿禰）を始祖とする豪族の一つであり、直接には武内宿禰の子、蘇我石川宿禰に始まるとされている。蘇我石川宿禰の子が満智《まち》であり、その子が韓子《からこ》、その子が高麗《こま》と続いて稲目にいたるわけであるが、このうち稲目以前は実在の人物とは考えがたい（蘇我氏の系譜は「蘇我氏系図」〈二五八・二五九頁〉を参照）。

武内宿禰は、『古事記』によれば、孝元皇子の比古布都押之信命《ひこふつおしのまことのみこと》が木国造《きのくにのみやつこ》の祖である宇豆比古《うづひこ》の妹、山下影日売《やましたかげひめ》を娶《めと》ってもうけた子であり、孝元の皇孫とされている。他方、『日本書紀』では孝元の皇子、彦太忍信命《ひこふつおしのまことのみこと》の子の屋主忍男武雄心命《やぬしおしおたけおごころのみこと》が紀直の遠祖たる菟道彦《うじひこ》の妹の影姫を娶り、武内宿禰をもうけたと伝えられる。これによれば、武内宿禰は孝元天皇の孫ではなく曾孫だったことになる。

このように武内宿禰は、『古事記』と『日本書紀』のあいだで所伝が異なるが、景行・成務・仲哀・応神・仁徳という五代の天皇に仕えた長寿の忠臣と伝承されている。この武内宿禰には大勢のむすこがおり、つぎに示すようにそれぞれが有力な豪族の祖になったといわれている（括弧内はその後裔氏族。ゴシックはそのうちの最上位氏族）。

波多八代宿禰《はたのやしろ》（**波多臣**、林臣、波美臣、星川臣、近江臣、長谷部君）

許勢雄柄宿禰《こせのおがら》（**巨勢臣**、雀部臣《ささきべのおみ》、軽部臣、鵜甘部首《うかいべのおびと》）

蘇我石川宿禰（**蘇我臣**、川辺臣、田中臣、高向臣、小治田臣、桜井臣、岸田臣、御炊《みかしき》臣、箭口《やぐち》臣、久米臣）

平群木菟宿禰《へぐりのつく》（**平群臣**、佐和良臣、馬御樴連《うまのみくいのむらじ》、平群味酒首《うまざけのおびと》）

紀角宿禰《きのつの》（**紀臣**、都奴《つぬ》臣、坂本臣）

葛城襲津彦《かづらきのそつひこ》（**葛城臣**、玉手臣、的《いくわ》臣、生江臣、阿芸那《あぎな》臣）

若子宿禰《わくご》（**江沼臣**《えぬ》）

この時代、天皇（治天下王《あめのしたをしろしめすおおきみ》〈大王〉）のもとに結集した豪族たちは、それぞれ朝廷での職掌や地縁・姻戚関係などによって豪族連合を形成していた。大小さまざまな豪族はかならずいずれかの豪族連合に所属しており、彼らの個々の利益を守るにはこのような連合の結成が不可欠であった。そして、各豪族連合ではその結束をより強化するために、彼らが共通の始祖から分かれた同族であるとする祖先系譜を形成したのである。その意味で古代豪族の系譜、とくにその上部は事実関係を正確に伝えたものではありえない。

蘇我氏の属する豪族連合の場合、武内宿禰は蘇我氏とそれ以外の諸豪族とを同じ先祖から分かれた同族（同祖同族）として結びつけるために必要とされ作られた共通の始祖であった。宿禰とは七世紀末に天武天皇が新しいカバネ制度（八色《やくさ》の姓）の一環に取り込む以前は、もっぱら豪族の祖先系譜のうえで亡き先祖に付す称号として用いられた。したがって、蘇我氏の直接の祖とされる蘇我石川宿禰も系譜上で作り出された存在だったことになる。

この武内宿禰を始祖とする豪族連合は、波多氏、巨勢氏、蘇我氏、平群氏、紀氏など、大和・河内を基盤とした有力豪族を中心に構成されており、そのため数ある豪族連合のなかでも最大最強の勢力を誇っていた。このように蘇我氏は、もともと天皇の朝廷におけるいわば最大の派閥に属していたのである。

豪族祖先系譜の構造

この武内宿禰を頂点とした祖先系譜と同様の構造は、埼玉県行田《ぎょうだ》市の稲荷山古墳から出土した鉄剣銘文（辛亥年＝四七一年の銘をもつ）の系譜からも見て取ることができる。その系譜は代々の大王（のちの天皇）に「杖刀人の首」（大王護衛兵の長か）として仕えた乎獲居臣《おわけのしん》（乎獲居巨《おわけこ》の可能性もある）の祖先系譜であり、「上祖」とされる意冨比垝《おおひこ》に始まって多加利足尼《たかりのすくね》―弖已加利獲居《てよかりわけ》―多加披次獲居《たかはしわけ》―多沙鬼獲居《たさきわけ》―半弖比《はてひ》―加差披《かさは》―乎獲居臣というように、「杖下人の首」という職位が父から子へと受け継がれていったことが記されている。乎獲居臣は獲加《わか》多支鹵大王《たけるのおおきみ》（五世紀後半の雄略天皇にあたるとされる）に仕えて天下を治めるのを補佐したと誇示している。

意冨比垝から多沙鬼獲居までは比垝・足尼・獲居などの称号が付されているが、半弖比・加差披には称号がない。乎獲居臣の場合は獲居という称号が個人名のなかにふくまれている。多沙鬼獲居と半弖比とのあいだに切れ目があることは明らかである。弖已加利獲居は「豊韓別」であり、複数の豪族の祖とされている人物であった。したがって、何らかの称号をもつ多沙鬼獲居までは、乎獲居臣の一族の系譜を他の豪族の系譜と結合させるために造作されたものと考えられる。半弖比以下が実在の人物の系譜ということになる。

　意冨比垝は蘇我氏の祖先系譜における武内宿禰に相当する存在といえよう。彼は武内宿禰と同じように、乎獲居臣の一族だけでなく複数の豪族の始祖でもあったはずである。実際に意冨比垝、すなわち「大彦命」は孝元天皇の皇子であり、阿倍《あへ》氏や膳《かしわで》氏・宍人《ししひと》氏など複数の豪族の祖と伝えられている。

　それに続く多加利足尼が、蘇我氏における蘇我石川宿禰にあたると考えられる。名前にふくまれる加利という語は、この一族の職掌（おそらく王の狩猟への供奉）に関わるようである。蘇我石川宿禰が蘇我を冠して蘇我氏の直接の祖とされているように、多加利足尼は乎獲居臣の一族で初めて「杖刀人の首」という職務で大王に仕えた人物、すなわち一族の直接の祖として作り出された人物なのであろう。「杖刀人の首」という職位は加利であらわされた大王の狩猟活動への供奉に起源をもつようである。

とすれば、つぎの弖已加利獲居以下の三代は一族の直接の祖である多加利足尼に連なる先祖として、やはり造作されたものと考えられよう。弖已加利獲居の加利、そして三代が共有する獲居など、この一族の職掌・奉仕に関わるとみられる語がふくまれているのはそのためにほかならない。

そして、蘇我氏の祖先系譜のなかでこの三代に相当するのが満智以下の三代ということになろう。そのように考えてよければ、満智以下の三代は実在の人物ではありえず、その名前は蘇我氏の職掌や奉仕内容を反映していることになる。

三代の「韓人」系譜

周知のように、満智以下の三代の名前はいずれも朝鮮半島と関わり深いものになっている。満智は百済の有力貴族、木満致《もくまんち》（木劦《もくらい》満致）の名前と酷似している。韓子は倭韓の夫婦のあいだに生まれた子の通称であり、高麗は高句麗を指した。かつて、満智の前身は百済の木満致その人であり、蘇我氏は百済系の渡来人であったとする説が唱えられた。韓子や高麗も彼らの出自に由来する名前だというのである。しかし、豪族の祖先系譜の構造からいって、満智らが実在の人物であったとは考えがたいので、いわゆる蘇我氏渡来人説は成立しえない。

満智以下の三代は蘇我石川宿禰に連なる存在と見られるが、蘇我石川宿禰にふくまれる石川は河内国石川を指した。この地は蘇我氏の本家・本流とは直接の関係がなく、蘇我氏のなかでも蘇我倉氏（のちの石川氏）が本居とした地域であった。したがって、蘇我石川宿禰とそれに連なる満智ら三代は、稲目・馬子・蝦夷・入鹿と続いた蘇我氏の本家・本流ではなく、蘇我倉氏が彼らの独自の祖先系譜として造作したものであったと考えられる。

後述するように、蘇我倉氏は皇極天皇四年（六四五）六月に起きた政変（乙巳の変）を機に蝦夷・入鹿の蘇我氏本家に取って代わることになる。おそらくはそれ以後、蘇我倉氏は本来の蘇我氏系譜を大幅に改竄し、その一部に蘇我石川宿禰とそれに続く三代を挿入したのではないかとみられる。とすれば、満智ら三代の名が朝鮮半島風であるのは、蘇我氏全体ではなく蘇我倉氏の職掌や奉仕に由来することになるであろう。

乙巳の変のおりに蘇我倉氏の当主であった麻呂（蘇我倉山田石川麻呂《そがのくらのやまだのいしかわのまろ》）が、朝鮮三国による朝貢に伴う外交文書の読唱を行なったことはあまりに有名である。これからも明らかなように、蘇我倉氏は列島内部だけでなく朝鮮半島からの貢納物について天皇に奏上する職務を管掌していたと考えられる。蘇我石川宿禰に続く三代の名前がいずれも朝鮮半島に関わるものとなっているのは、蘇我倉氏のこのような職掌に由来するということができよう。

入鹿暗殺の直後、舒明天皇の皇子で蘇我氏の血を引く古人大兄《ふるひとのおおえ》（母が蘇我馬子のむすめ）が「韓人、鞍作臣《くらつくりのおみ》（入鹿のこと）を殺しつ」という謎のことばを遺している（『日本書紀』皇極天皇四年六月戊申条）。これは「韓人」とよばれる人物が入鹿殺害に加担したことを物語っているとみられる。「韓政」（朝鮮半島との外交問題）により入鹿が殺害されたとする註の説明は牽強付会といわざるをえない。

入鹿暗殺の現場にいた者のなかに「韓人」をもとめるならば、満智・韓子・高麗など「韓人」というべき先祖をふくんだ系譜を形成していた蘇我倉氏を代表する麻呂以外には考えにくい。ただ、彼が当時「韓人」とよばれていたのは、たんに彼の一族の職掌が朝鮮半島と深い関わりをもつことだけによるのではなかったと思われる。これに関しては、麻呂の系譜的位置や出自などをふまえて後述することにしたい。

葛城氏との接点

武内宿禰を始祖とする最大最強の豪族連合において、当初筆頭の地位を占めていたのが葛城襲津彦《かづらきのそつひこ》を祖とする葛城氏であった。いわゆる葛城氏は五世紀段階において天皇に次ぐほどの威勢を誇ったと伝えられる。しかし、五世紀後半に葛城氏は雄略天皇と対立し、その本家・本流は大打撃をうけて没落することになった。

この葛城氏に代わって武内宿禰後裔の豪族連合の首座に躍り出たのが蘇我氏であった。いったいどうしてそれが可能になったのか。その点で、つぎの『日本書紀』推古天皇三十二年（六二四）十月癸卯朔条が語るところは傾聴に値する。

大臣、阿曇連《あづみのむらじ》名を闕《もら》せり。阿倍臣摩侶《あへのおみまろ》、二の臣を遣して、天皇に奏さしめて曰さく、「葛城県《あがた》は、元臣が本居《うぶすな》なり。故《かれ》、其の県に因りて姓名を為せり。是を以て、冀《ねが》はくは、常に其の県を得《たまわ》りて、臣が封県とせむと欲《ねが》ふ」とまうす。是に、天皇、詔して曰はく、「今朕は蘇何《そが》より出でたり。大臣は亦朕が舅《おじ》たり。故、大臣の言をば、夜に言さば夜も明さず、日に言さば日も晩《くら》さず。何の辞をか用ゐざらむ。然るに今朕が世にして、頓《ひたふる》に是の県を失ひてば、後の君の曰はく、『愚に痴《かたくな》しき婦人、天下に臨みて頓に其の県を亡せり』とのたまはむ。豈《あに》独り朕不賢《おさなき》のみならむや。大臣も不忠《つたな》くなりなむ。是後の葉《よ》の悪しき名なり」とのたまひて、聴《ゆる》したまはず。

葛城県とは大倭国にあった天皇家の直轄領の一つである。伝承では雄略天皇に敵対した葛城氏が贖罪のために差し出した邸宅と土地がその起源とされている。馬子はそれを拝領したいと願い出たというのである。推古天皇は馬子の姪にあたった（馬子の姉堅塩媛《きたしひめ》が推古の母）。結局、馬子の申し出は推古によって断られてしまう。推古は「今朕は蘇何より出でたり」として、彼女自身が蘇我氏の血を引く者であるとはいっても、それだけを理由に天皇家の重要な所領を蘇我氏に下賜することは筋がとおらないとしたのである。

それはともかく、馬子が語るところによれば、葛城は彼の「本居」すなわち生まれ育った場所であり、馬子は幼少年期を葛城の地で過ごしたというのである。それは、馬子の母親の実家が葛城にあったということであろう。当時、豪族層の子女は母親のもとで生まれ養育されたと考えられるからである。

稲目は武内宿禰を始祖とする豪族連合の筆頭格である葛城氏の女性と結婚し、やがて二人のあいだに馬子が誕生する。馬子は推古天皇三十四年（六二六）に亡くなった時に七六歳だったと伝えられるので、欽明天皇十二年（五五一）の生まれということになる。それは奇しくも『日本書紀』が伝える仏法伝来の前年である。

葛城氏は雄略天皇に敵対したために往時の勢いこそ失っていたが、稲目はこの結婚によって名家・名門たる葛城氏に姻戚（入り婿）として連なることになった。とはいいながら、葛城氏との繋がりの強さという点で稲目は馬子におよばなかった。馬子は葛城を「姓名」にしたというから、彼は葛城馬子とも名乗っていたことになる。

これに関しては、馬子のライバル、物部守屋が物部弓削《ゆげ》守屋と名乗ったことが参考になろう。物部は守屋の父親の実家のウジナ、弓削は彼の母親の実家のウジナであった。古代においては政治的・社会的に有力な個人の地位は、父方・母方いかなる一族に属するかによってあらわされた。彼は父方・母方の双方から勢力や財産を受け継ぐことができたのである。

葛城氏を継承して得たもの

馬子は父を通じて蘇我氏、母を介して葛城氏の双方に所属したから、蘇我氏のみならず葛城氏の勢力や財産も受け継ぐことができた。葛城氏に有力な個人があらわれなければ、その勢力や財産はやがては馬子によって相承されることになる。稲目は馬子という後継者を得たことによって、たんなる葛城氏の姻戚にとどまらず、葛城氏の勢力や財産の継承に干渉することが可能になったのである。

このように、稲目・馬子という父子二代にわたって葛城氏とのあいだに強固な繋がりが築かれたことによって、蘇我氏は結果的に葛城氏の勢力と財産を受け継ぐ存在になり、それによって武内宿禰を祖とする最大最強の豪族連合の首座を占めるようになったと考えられる。五世紀末葉から六世紀初頭にかけて、葛城を名乗る有力な個人がみえないこともあり、葛城氏の主要な勢力や財産は蘇我氏に流れ込むことになったのであろう。

葛城氏の支配領域には、伝承によれば神功皇后の時代に葛城襲津彦が新羅から強制的に連行したという「漢人《あやひと》」の子孫が居住していた。彼らは桑原・佐糜《さび》・高宮・忍海《おしぬみ》の四ヵ所に住まわされた。このようなかつて葛城氏の支配下にあった渡来人集団も蘇我氏の管理のもとに入ることになったであろう。有力な渡来系氏族、東漢《やまとのあや》氏の配下には漢人村主《すぐり》や桑原村主があったというから、蘇我氏が葛城氏の領域内にいた「漢人」を吸収したことにより、東漢氏との接点も生ずることになったとみられる。大同二年（八〇七）に斎部広成《いんべのひろなり》が撰上した『古語拾遺』によれば、雄略天皇の時代に蘇我麻智（満智）宿禰が朝廷の三蔵（斎蔵・内蔵・大蔵）を検校したが、その配下には秦・漢の両氏があったという。しかし、これは上記した蘇我倉氏の独自の系譜伝承とみるべきであって、これによって蘇我氏と東（倭）漢氏との結び付きが五世紀にまでさかのぼると断定することはできないと思われる。

蘇我氏本家の居所の変遷

蘇我氏は同祖同族と称する波多氏、巨勢氏、平群氏、紀氏、葛城氏などと同様に、ウジナは本拠地とされる地名を名乗り、カバネは臣を称していた。蘇我氏の本拠地は大和国高市郡の曾我だったことになる。一口に本拠地といっても、この地は蘇我氏にとっていったいどのような場所だったのであろうか。

蘇我氏の本家・本流の居宅に関する史料を時代順に並べるとつぎのとおりである（いずれも『日本

書紀』による)。

① 欽明天皇十三年(五五二)十月条

稲目は百済から送られた仏像を下賜され、それを「小墾田《おはりだ》の家」に安置した。

② 同条

稲目は「向原《むくはら》の家」を清めて喜捨し寺とした。

③ 欽明天皇二十三年(五六二)八月条

稲目は、大伴狭手彦《さでひこ》が高句麗王から得た美女媛《おみなひめ》とその従女の吾田子《あたこ》を妻として「軽の曲殿《まがりどの》」に住まわせた。

④ 敏達天皇十三年(五八四)是歳条

馬子は司馬《しば》達等《たつと》が仏舎利を得たのを機に「石川の宅」に仏殿を造った。「仏法の初、茲《これ》より作《おこ》れり」とされる。

⑤ 敏達天皇十四年(五八五)二月壬寅条

馬子は「大野丘の北」に「塔」を建て、達等が得た仏舎利を「柱頭」に納めた。

⑥ 用明天皇二年(五八七)四月丙午条

物部守屋との対決を前にして、大伴毗羅夫《ひらふ》らは馬子の「槻曲《つきくま》の家」を昼夜警備した。

⑦ 推古天皇十八年(六一〇)十月丁酉条

「蘇我豊浦蝦夷臣」らは新羅・任那の使者を小墾田宮の庭中に迎えた。蝦夷の邸宅は「豊浦」にあったのであろう。

⑧ 推古天皇三十四年（六二六）五月丁未条

馬子は「飛鳥河の傍《ほとり》」に「家」をかまえ、庭のなかに池をもうけ、そこに嶋を造ったので「嶋大臣」とよばれたという。

⑨ 舒明天皇即位前紀

蝦夷の病気見舞いに訪れた山背大兄王は「豊浦寺」で休息をとった。蝦夷の邸宅は「豊浦寺」の近傍にあったようである。

⑩ 舒明天皇八年（六三六）七月

大派王《おおまたのおおきみ》は官人の朝参時刻の乱れについて「豊浦大臣」蝦夷に提言を行なった。「豊浦大臣」の通称はその居所によるのであろう。

⑪ 皇極天皇元年（六四二）四月乙未条

蝦夷は「畝傍《うねび》の家」に百済の翹岐《ぎょうき》（余豊璋か）を迎えて親しく談話した。

⑫ 皇極天皇三年（六四四）三月条

休留《いいどよ》（ふくろう）が「豊浦大臣」蝦夷の「大津の宅の倉」に子を産んだという。大津は難波津を指すようである。

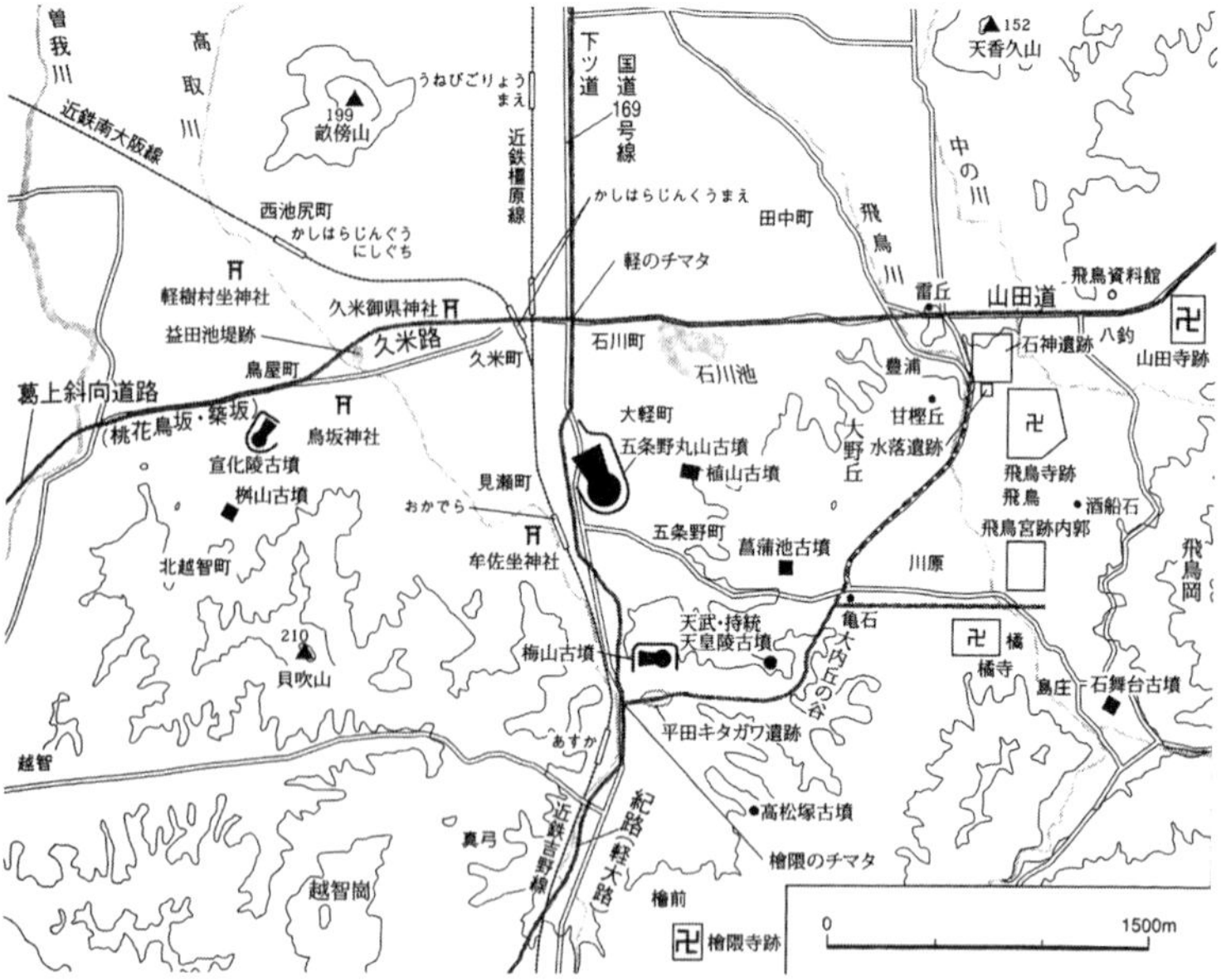

7――蘇我氏勢力圏図

⑬皇極天皇三年十一月条
蝦夷・入鹿は「甘檮岡《あまかしのおか》」に「家」を並べ建てたが、火災への警戒を厳重にした。また、「畝傍山の東」にも「家」を営んだ。

①は、のちに推古天皇が営んだ小墾田宮の前身をなす建物と考えられる。とすれば、雷丘東方遺跡か、それに隣接する施設がこれに該当しよう。②は、豊浦寺跡とされる明日香村豊浦《とようら》にある向原寺《こうげんじ》付近にあったとみられる。推古の最初の宮殿、豊浦宮もこのあたりに営まれた。

③と⑥はおそらく同じ建物であり、山田道―久米道という東西道路とのちの下つ道という南北道路が交わる交差点、いわゆる軽のチマタに面して建てられてい

たようである（辰巳和弘『聖樹と古代大和の王宮』中央公論新社、二〇〇九年）。これは③稲目から⑥馬子へと相続されたのであろう。

④は、軽のチマタに相当する現在の丈六交差点の東一帯、橿原市石川町にあった邸宅ということになる。⑤からは「大野丘」が蘇我氏の勢力圏であったことが明らかである。「大野丘」は甘樫丘の南西に展開した丘陵を指すと考えられる。以上、おそらく稲目の代には畝傍《うねび》山《やま》の東南麓の軽から大野丘の北一帯にかけて居をかまえていたことが明らかである。

つぎに、⑧はいうまでもなく明日香村の島庄遺跡である。「嶋」とは地名ではなく、邸内の苑池のなかに築かれた島に由来する呼称であった。馬子の代になって、いわゆる飛鳥の南端を占める位置に本居を移したことになる。それは推古が飛鳥北端に位置する豊浦宮、ついで小墾田宮を営んだことに対応するようである。

⑦⑨⑩さらに⑫からは明日香村の豊浦に蝦夷邸があり、その近傍に豊浦寺（尼寺）が営まれたことがわかる。蝦夷は父馬子の存命の時から別宅を営んでいたことになる。そして、後述するように、父の没後はその邸宅（⑧）を天皇家に献上し、それを嶋宮に改造している。

その一方で蝦夷は、⑪⑬に見られるように稲目以来の畝傍山やその周辺に引き続き邸宅（おそらく別邸）をかまえている。「上の宮門」「谷《はざま》の宮門」で有名な⑬は、「甘檮岡」が現在の甘樫丘を指すとすれば、王宮を見下ろす丘の上という立地条件からいって、①〜⑫の一連の邸宅とは異なる極めて特殊なものであり、蘇我氏が自力で得たものとは考えにくいのではないかと思われる。

「蘇我の田家」とは何か？

以上見たように、蘇我氏は蘇我をウジナにしながらも、その本家・本流が蘇我（曾我）の地を本居にしたことはなかった。現在、橿原市曽我町には宗我坐宗我《そがにいますそが》都比古《つひこ》神社が鎮座する。『延喜式』神名上、「大和国高市郡五十四座」のなかにみえる「宗我坐宗我都比古神社二座」がこれにあたるとみられる。

それでは、大倭国高市郡の曾我の地にはいったい何があったのであろうか。これについては、つぎの史料が手掛かりになる。

是の時に適《あた》りて、蘇我氏の諸族等悉に集ひて、嶋大臣の為に墓を造りて、墓所に次《やど》れり。爰《ここ》に摩《ま》理勢臣《りせのおみ》、墓所の廬《いお》を壊ちて、蘇我の田家《なりどころ》に退《まか》りて、仕へず。（『日本書紀』舒明天皇即位前紀）

これによれば、推古天皇三十四年（六二六）五月に死去した「嶋大臣」馬子の墳墓造営が、推古天皇の葬礼が終了した推古天皇三十六年（六二八）九月以後も営々と行なわれていたという。蘇我氏は一族の総力を挙げて前族長たる馬子の墓造りに取り組んでいたのだが、蘇我氏の長老というべき境部《さかいべ》摩理勢が現族長の蝦夷と激しい口論となり、それがきっかけで墳墓の近くに作られた仮設住居を壊し、墳墓造営の義務を放棄して「蘇我の田家」を占拠したというのである。

摩理勢は馬子の弟とする説が一般的であるが、彼は蝦夷の尊属ということなので、馬子の従兄弟（稲目の兄弟の子）である可能性ものこる。蘇我氏の族長位は馬子からその子である蝦夷に受け継がれたが、馬子と同世代である摩理勢にも蘇我氏の族長になる資格は十分にあったとみられる。また後述するように、蘇我氏のなかでも境部を称した摩理勢の一族は、蘇我氏の存立にとってなくてはならぬ独自の役割を果たしてきたという実績もあった。

一族を挙げて前族長の墓を造ることは、新しい族長のもとで一族が改めて結束を確認する行為であり、蘇我氏に属するすべての者が新族長にいわば服属を誓う行為でもある。摩理勢が蝦夷との口論をきっかけにそれを放棄したということは、彼が蝦夷を新族長として承認しておらず、自身による族長位の継承をアピールしようとしたのに等しい。

8―宗我坐宗我都比古神社

そのような決意を秘めた摩理勢が立てこもったのが「蘇我の田家」であるならば、そこは蘇我氏の族長位継承に関わる特別な場所、あるいは蘇我氏の族長が一族を束ねるのに必要なセレモニーを行なう神聖な空間だったのであろう。そのような神聖性もあったためであろう、蝦夷は摩理勢がここに立てこもっているあいだはいっさい手出しができなかった。

「田家」というと、豪族による農業経営の拠点となるような建物、生産施設といったイメージが先行する。しかし、蘇我氏の人びとがウジナとして等しく負う蘇我の名の由来となる場所に建つ施設であるから、それは蘇我氏が同族としての結束を確認する特別な空間であったに違いない。「蘇我の田家」とは、蘇我氏の結集の象徴というべき建物だったのであろう。

2　初代・稲目の軌跡

蘇我氏の初代、稲目が歴史の表舞台に登場するのは六世紀前半のことであった。それは『日本書紀』宣化天皇元年（五三六）二月壬申朔条につぎのようにあらわれる。

初代大臣の誕生

大伴金村《おおとものかなむらのおおむらじ》大連を以て大連とし、物部麁鹿火《もののべのあらかい》大連をもて大連とすること、並に故《もと》の如し。又蘇我稲目宿禰を以て大臣《おおまえつきみ》とす。阿倍大麻呂臣をもて大夫《まえつきみ》とす。

これは『日本書紀』の各巻冒頭にかならずある天皇即位にともなう記事で、新天皇の誕生により朝廷の重臣の任命（再任）が行なわれたことを記している。『日本書紀』は、これ以前より大臣・大連が並んで朝廷を取り仕切ってきたと描いているが、その実在性については疑わしい部分が多い。とくに大連は連のカバネを称する豪族の有力者に付された尊称の一種であって、職権をともなう地位（官職）ではなかったと考えられる。

だが、ここでは大臣の任命と同時に大夫（群臣または群卿とも。以下、群臣の称を用いる）も任命されており、これは大臣―群臣という制度の初見であり、その創始を伝えているとみられる。宣化の即位にともなって大臣という新設のポストに稲目が、同じく創設された群臣の地位に阿倍氏の大麻呂という人物が任命されたのである。

この大臣―群臣制とは、天皇の政治を天皇のもとに結集した有力豪族の代表者たちが共同で支えていくシステムであり、有力な豪族の代表たる群臣を大臣が統括するものであった。では、この制度がなぜ六世紀前半のこの段階で創始されたのであろうか。それは、この前後の皇位継承の事情に関係する。

六世紀初頭、近江・越前を基盤とする継体天皇が皇位を継承した。継体は応神天皇の五世孫といわれるが、『古事記』『日本書紀』にその祖先系譜の詳細は記されていない。鎌倉時代の『釈日本紀』が引く「上宮記」逸文には凡牟都和希《ほむつわけ》王（応神か）―若野毛二俣《わかぬけふたまた》王―意富富等《おおほど》王（大郎子《おおいらつこ》）―乎非《おひ》王―汙斯《うし》王―乎富等《おほど》大公王（継体）という系譜がみえ、これによればたしかに継体は応神の五世孫ということになる。しかし、先にみたように豪族の祖先系譜の構造からいって乎非王以下が実在の人物であり、それより上部は他の一族との接合のために造作された系譜とみなすべきであろう。

先に述べたように、五世紀段階では天皇の地位はまだ特定の一族に固定しておらず、天皇を出す一族はなお複数存在したと考えられる。継体はそのような有力な一族の一つの出身とみられよう。五世紀末、雄略天皇の没後、皇位継承は大きく混迷したようであるが、その混乱を制して即位したのが継体だったのである。継体は何よりも権力の安定した継承をはからねばならなかった。継体が系譜上で応神五世孫とされているのは継体の直前の天皇である武烈が応神の五世孫とされているからであろう。武烈の後継天皇である以上、彼と同世代か、または次世代でなければならないとされたわけである。継体と、その子である安閑天皇や宣化天皇（母は尾張の豪族の娘）がそろって前々天皇とされる仁賢天皇の皇女を娶っているのもひとえに権力の安定的な継承のためにほかならない。

安閑・宣化に信任される

継体の正式な後継者としては、彼と仁賢皇女たる手白香皇女《たしらかのひめみこ》とのあいだに生まれた欽明天皇がいた。しかし、継体が死去した時点において、その嫡子というべき欽明はまだ年若く、直ちに即位することは困難であった。当時は、一定以上の年齢に達していなければ即位はみとめられていなかった。天皇たる者には年齢的な成熟がもとめられたのである。

そこで欽明の異母兄にあたる安閑・宣化が相次いで即位することになった。安閑・宣化は欽明即位までのいわば中継ぎであったといえよう。継体没後、欽明が直ちに皇位を継承したという伝えもあるが、欽明の推定される年齢（二〇歳代）からいって、そのように考えるのは無理である。ましてや、欽明に対抗して安閑・宣化が即位したため、二朝対立という状態が生まれたというのはありえないことといえよう。

大臣―群臣制は欽明の中継ぎたる宣化によって創始された。そのことから考えれば、大臣―群臣という制度は、血統こそ天皇として申し分がないが、まだ年若く政治的経験や実績の乏しい欽明を政治的に支えるために創設されたということができよう。この大臣や群臣らの支えも手伝って、やがて欽明以後はその子孫が固定的・安定的に皇位を継承していくことになり、ここにようやく天皇家や皇族というべき実態が形成されることになったのである。

では、群臣を統括する大臣の初代に稲目が抜擢されたのはいったいどうしてであろうか。この時点で稲目と葛城氏の女性とのあいだにまだ馬子は生まれていなかったが、すでに稲目はかつて武内宿禰を始祖とする最大最強の豪族連合の首座を占めた葛城氏の一門に連なる存在となり、事実上葛城氏を代表する立場にあった。稲目が初代の大臣に選任されたのは、そうした点が評価されたためと考えられよう。

9―継体・欽明天皇略系図

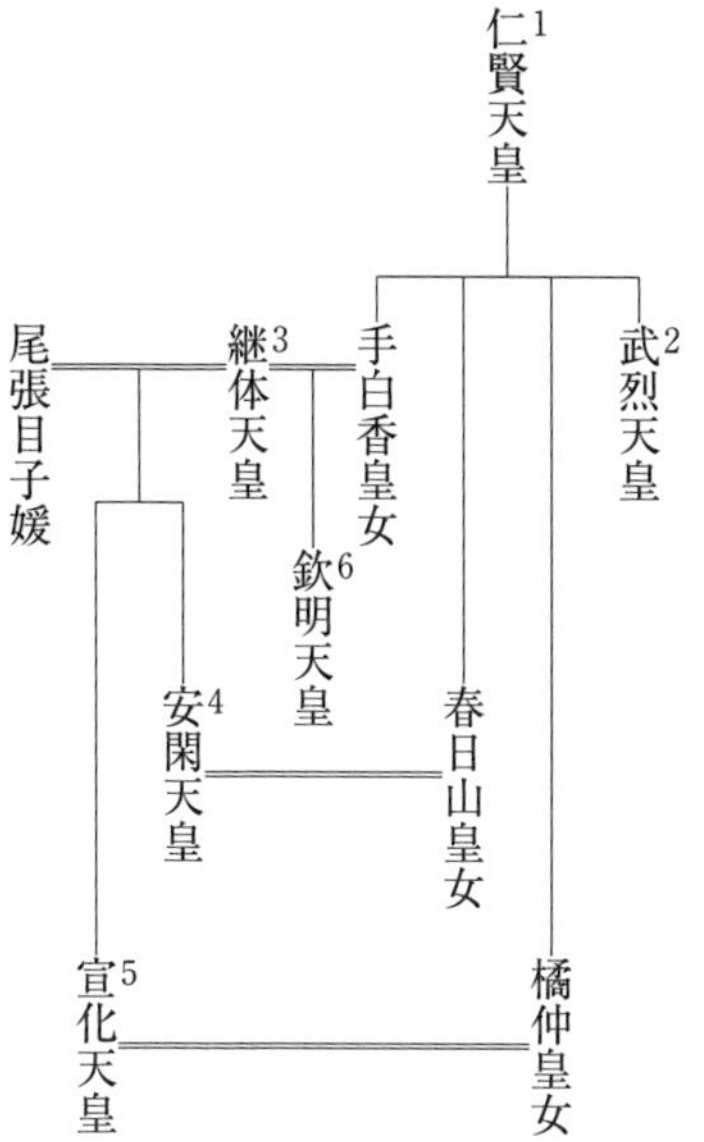

稲目は宣化と同じく中継ぎ天皇であった安閑の信任も得ていた形跡がある。というのは、安閑の名前は勾大兄《まがりのおおえ》皇子であり、その王宮は勾金橋宮《まがりのかなはしのみや》といったが、勾とは現在の橿原市曲川町であり、蘇我氏の

ウジナの由来となる曾我の地（橿原市曽我町）に隣接する場所であった。安閑は即位する前から蘇我氏と親密な関係にあり、安閑の治世を蘇我氏が強力にバックアップしたのではないかとみられる。

なお、稲目の子の馬子はその母を通じて葛城氏に属している。それゆえ葛城氏の勢力や財産を継承する権利・資格をもっていたから、父の後を継ぎ大臣となることが生まれながらにして決まっていたといってよい。このように大臣となるには葛城氏との繋がりが問題とされた。馬子がその晩年において、かつて葛城氏の領有下にあった葛城県を欲したのはこの点に関係したのである。

若き欽明を支えて

欽明は安閑・宣化という二人の異母兄を中継ぎにして即位し、磯城島金刺宮《しきしまのかなさしのみや》を皇居と定めた。安閑・宣化の信任をうけていた稲目は、当然のことながら欽明によって大臣に再任され、引き続き群臣らを統率して国政を輔佐することになった。

欽明は宣化皇女である石姫を娶ったが、これは一つには欽明が前天皇をたしかに受け継いでいることを示すことにより権力の安定した継承をはかるためであった。欽明はそれ以外に稲目の二人の娘、堅塩媛《きたしひめ》と小姉君《おあねのきみ》をその後宮に迎えた。『日本書紀』欽明天皇二年三月条によれば、小姉君は堅塩媛の「同母弟」（弟は年少の兄弟姉妹を指す）といっているので、二人は同母の姉妹ということになる。

堅塩媛は一三人、小姉君は五人の皇子・皇女を生んでいる。二人は年の差が開いていたとしても、堅塩媛のほうがだいぶ早くに入内したのであろうか。堅塩媛所生の皇子・皇女のなかから大兄皇子（用明天皇）・額田部《ぬかたべ》皇女（推古天皇）が、小姉君の皇子・皇女からは泊瀬部《はっせべ》皇子（崇峻天皇）が擁立されることになった。稲目と蘇我氏は、結果的に欽明とその皇統を支えるという使命を果たしたといえよう。

ところで、欽明が稲目の娘を一人ならず二人も娶ることになったのはいったいどうしてであろうか。考えられるのは、この姉妹が馬子と同様に葛城氏の血を受け継いでいたためではないかということである。葛城氏はかつて武内宿禰を祖とする最大最強の豪族連合のトップとして、天皇家とのあいだに幾重にも姻戚関係を結んだ実績があった。稲目の娘が二人までも欽明の後宮に迎えられたのは、彼女たちがそのような名家・名門たる葛城氏の血脈を受け継いでいたからであろう。

ただ、問題となるのは堅塩媛・小姉君と馬子が同母の姉弟であったとすると、葛城氏出身の稲目の妻はかなり高齢で馬子を出産したことになる点である。堅塩媛は第四子となる推古天皇を欽明天皇十五年（五五四）に生んでいる。これは、推古が推古天皇三十六年（六二八）に七五歳で亡くなっていることから明らかである。とすれば、この時、堅塩媛が二〇歳前後だったとして、彼女は安閑天皇元年（五三四）頃の生まれとなる（稲目が大臣に任命される約二年前）。

葛城氏出身の稲目の妻が堅塩媛を一五歳ほどで出産したとしても、欽明天皇十二年に馬子を生んだ時には三二歳だったことになる。かりに堅塩媛を生んだ時に二〇歳としても馬子の出産時は三七歳となる。いずれも当時とすれば高齢出産ということになるが、まったくありえない話ではない。堅塩媛・小姉君と馬子とは母親を同じくすると考えても問題はないだろう。

先に述べたように、欽明は血統的な権威こそあるものの、まだ年若く政治的な経験・実績が乏しく、その点で天皇権威に欠けるところがあった。だからこそ、後宮にはできる限り権威ある豪族の娘を迎え入れたかったはずである。葛城氏の血脈を受け継ぐ稲目の娘は、欽明からすれば何としてでも娶りたい存在だったに違いない。このように姉妹そろっての入内には欽明サイドの事情も考慮されねばならないと思われる。

仏法伝来をめぐる虚実

稲目が大臣として奉仕した欽明の治世には百済から仏法が伝えられた。それは『日本書紀』欽明天皇十三年（五五二）十月条につぎのようにみえる。

> 百済の聖明王、更《また》の名は聖王。西部《せいほう》姫《き》氏《し》達率《だちそち》怒唎斯致契《ぬりしちけい》等を遣して、釈迦仏の金銅像一軀・幡蓋若干・経論若干巻を献る。……是の日に、天皇、聞《きこしめ》し已《おわ》りて、歓喜び踊躍《ほどはし》りたまひて、使者に詔して云はく、「朕、昔より来《このかた》、未だ曾て是の如く微妙《くわ》しき法を聞くこと得ず。然れども朕、自ら決《さだ》むまじ」とのたまふ。乃ち群臣に歴問《となめと》ひて曰はく、「西蕃《にしのとなりのくに》の献れる仏の相貌《かお》端厳《きらぎら》し。全《もは》ら未だ曾て有ず。礼《いやま》ふべきや不《いな》や」とのたまふ。

吉田一彦氏によれば、ここに記されているように、五五二年に仏教が伝来したこと、さらに仏法興隆派と廃仏派との対立が起こり、廃仏が断行されたこと、その後、敏達天皇の時代に再度の廃仏が断行されたこと、ついに興隆派と廃仏派との最終決戦が行なわれ、若き日の聖徳太子（厩戸皇子）が参戦、四天王の加護により大勝利を収めたこと、等々はすべて『日本書紀』の創作史話にすぎず、歴史的事実を伝えたものではないとする（「『日本書紀』仏教伝来記事と末法思想」『仏教伝来の研究』所収、吉川弘文館、二〇一二年）。

他方、『元興寺伽藍縁起幷流記資財帳』や『上宮聖徳法王帝説』によれば、仏法伝来は欽明の治世のうちの戊午年（宣化天皇三年〈五三八〉）の出来事であったと伝えられる。これら仏法伝来の年次に関して吉田氏は、仏法伝来を五五二年とする説は末法思想によって設定されたものであり、それに対し仏法が五三八年に伝来したとする説は元興寺に端を発するもので、元興寺の前身である飛鳥寺や蘇我氏の内部で語られてきた歴史の系譜を引いた説であったとする（「仏教伝来戊午年説の系譜」前掲『仏教伝来の研究』所収）。要するに、両説ともに歴史的事実を正確に伝えているものではありえないというわけである。

以上をふまえて吉田氏は、仏法の個別的な伝来ではなく国家的伝来がいつだったかについて、五五二年説、五三八年説のいずれも採ることはできないとしたうえで、崇峻天皇元年（五八八）、百済から蘇我馬子に対して仏舎利や僧・技術者が贈与されていることに注目し、これをもって仏法の国家的な伝来、すなわち仏教公伝と見なすべきと推断している。この結果、完成した飛鳥寺こそは仏教の国家的な伝来を象徴する記念碑的な建造物であったとし、百済王からこのような贈与を受けた馬子は、実質的な最高権力者であっただけでなく形式的にも最高権力者だったのではないかとする（「飛鳥寺成立の歴史的意義」前掲『仏教伝来の研究』所収）。

五五二年や五三八年という年代の設定、さらに仏教伝来後の崇仏派と廃仏派との対立・抗争の物語が史実として疑わしいことは吉田氏の指摘するとおりであろう。しかし、欽明の時代に百済から仏法が伝えられたことの意義まで否定し去り、仏教の国家的な伝来を崇峻天皇の時代まで下げてしまうのは誤りといわざるをえない。また、馬子を倭国の実質的な権力者、すなわち倭国王であったとすることも疑問とせざるをえない。

当時、高句麗・新羅との戦争を優位にすすめようとした百済は中国南朝の梁王朝より冊封をうけてその臣下となっていたが、さらに、倭国との軍事同盟を強化するためにも、梁の武帝が信奉する仏法を倭国に贈与することによって倭国を自国と同じく梁に臣属させようとしたことは史実として疑いようがない。たしかに五五二年、あるいは五三八年という年代はいずれも信用できないが、欽明の時代に百済から仏法が王権から王権へという公式ルートによって贈与されたことは否定できないといえよう。

このように仏法は倭王権が百済王権から公式に贈与されたものであるから、これを受け取ることは所与の前提であって、不要であるとして突き返すわけにはいかなかったと考えられる。仏法を受容するか否かという対立・争論などは実際に起こるべくもなかった。問題は仏法をどのように受容するかだったのである。

前掲『日本書紀』欽明天皇十三年十月条は以下のように続く。

蘇我大臣稲目宿禰奏して曰さく、「西蕃の諸国、一に皆礼《いやま》ふ。豊秋日本《とよあきづやまと》、豈《あに》独り背《そむ》かむや」とまうす。物部大連尾輿・中臣連鎌子、同じく奏して曰さく、「我が国家の、天下に王とましますは、恒に天地社稷の百八十神を以て、春夏秋冬、祭拝《まつ》りたまふことを事とす。方《まさ》に今改めて蕃神《あたしくにのかみ》を拝《おが》みたまはば、恐るらくは国神の怒を致したまはぬ」とまうす。天皇曰はく、「情願《ねが》ふ人稲目宿禰に付けて、試に礼ひ拝ましむべし」とのたまふ。大臣、跪きて受けたまはりて忻悦《よろこ》ぶ。小墾田の家に安置《ま》せまつる。懃《ねんごろ》に、世を出づる業を修めて因《よすが》とす。向原の家を浄め捨《はら》ひて寺とす。

委託された「蕃神」祭祀

ここで注目すべきは、仏法受容に反対したという物部尾輿らによって、仏法の中心にある仏（釈迦如来）が「蕃神」（外来の神）とよばれていることである。仏は「国神」と表現された在来の神々と基本的には同種・同質の存在とされていたといえよう。そもそも、神とは何であるかということであるが、在来の神々への信仰は、山や岩・樹木などの自然物を神として直接拝むのではなく、それらを神が降臨する目印（依り代）として礼拝するものであった。

神はその巨大な力によって豊饒をもたらす反面、「祟り」とよばれる甚大な被害や災厄をもたらす畏怖すべき対象であった。そして、神々とは人間の目にはみえず、霊魂と同様に一ヵ所にとどまることなく、つねに浮遊する存在であって、時に応じて特定の場所に降臨するものとされていた。

そのような神をどのようにして祭ってきたかについては、つぎの『日本書紀』崇神天皇七年二月辛卯条が参考になろう。

是に、天皇、乃ち神浅茅原に幸して、八十万《やそよろず》の神を会《つど》へて、卜問《うらと》ふ。是の時に、神明倭迹迹日百《かみやまとととびもも》襲《そ》姫命《ひめのみこと》に憑《かか》りて曰はく、「天皇、何ぞ国の治まらざることを憂ふる。若し能く我を敬ひ祭らば、必ず当に自平《たいら》ぎなむ」とのたまふ。天皇、問ひて曰はく、「如此《かく》教《のたま》ふは誰の神ぞ」とのたまふ。答へて曰はく、「我は是倭国の域《さかい》の内に所居《お》る神、名を大物主神と為《い》ふ」とのたまふ。時に、神の語を得て、教の随《まにま》に祭祀《いわいまつ》る。然れども猶事に於て験無し。天皇、乃ち沐浴斎戒して、殿の内を潔浄《きよまわ》りて、祈《の》みて曰さく、「朕、神を礼ふこと尚未だ尽《ことごとく》ならずや。何ぞ享《う》けたまはぬことの甚だしき。冀《ねが》はくは亦夢の裏《うち》に教へて、神恩を畢《つく》したまへ」とまうす。是の夜の夢に、一の貴人有り。殿戸に対《むか》ひ立ちて、自ら大物主神と称《なの》りて曰はく、「天皇、復《また》な愁《うれ》へましそ。国の治らざるは、是吾が意ぞ。若し吾が児大田田根子《おおたたねこ》を以て、吾を祭りたまはば、立《たちどころ》に平《たひら》ぎなむ。亦海外の国有りて、自づからに帰伏《もうしたが》ひなむ」とのたまふ。

ここに描かれていることは直ちに歴史的事実とはいえない。だが、古代において祭るべき神は王（天皇）によって発見され、しかるべき人物・氏族にその祭祀が委託されるという形式が採られていたことがわかる。時に巨大な災害をもたらす自然の力に対する畏怖の念は、神の「祟り」を恐れる信仰を生み出したのであり、天皇によって多くの祭らなければならない神々が見いだされ、それぞれに奉仕者・奉仕集団が設定されたわけである（三橋正「神祇信仰の展開」『日本思想史講座』1古代 所収、ぺりかん社、二〇一二年）。

したがって、欽明が稲目に仏像などを下賜して、試みにそれを拝ませたというのは、「蕃神」が在来の神々と同様に恐ろしい「崇り」をなす危険性があるので、これを祭るべきであると判断し、その祭祀を稲目に委託したと解することができよう。仏＝「蕃神」とされた以上、仏法は委託祭祀の方式を下敷きに受容されたのである。

それは、つぎの『日本書紀』大化元年（六四五）八月癸卯条からも窺うことができる。

> 使を大寺に遣して、僧尼を喚《め》し聚《つど》へて、詔して曰はく、「磯城嶋宮御宇天皇の十三年の中に、百済の明王、仏法を我が大倭に伝へ奉る。是の時に、群臣、倶に伝へまく欲せず。而るを蘇我稲目宿禰、独り其の法を信《う》けたり。天皇、乃ち稲目宿禰に詔して、其の法を奉《あが》めしむ。訳語《おさ》田宮《たのみや》御宇天皇の世に、蘇我馬子宿禰、追ひて考父《かぞ》の風《のり》を遵《とうと》びて、猶能仁《ほとけ》の教を重《あが》む。而して余臣は信《う》けず。此の典幾《ほとほと》に亡びなむとす。天皇、馬子宿禰に詔して、其の法を奉めしむ。（後略）」とのたまふ。

これは、蘇我氏本家（蝦夷・入鹿）の滅亡後、孝徳天皇がこれからは蘇我氏に代わって仏法を直接管理すること（具体的には寺院造営を天皇家が援助すること）を宣言した時に出された詔の一節である。そのなかにあって、欽明や敏達がかつて稲目や馬子に対し、「其の法を奉めしむ」、すなわち仏法を崇拝させたとみえることは注目に値しよう。これまでは蘇我氏が行なっていた仏法の管理、換言すれば

「蕃神」の祭祀を天皇家がいわば回収するということは、天皇家がかつてそれを蘇我氏に委託したことを物語っている。蘇我氏は一般にいわれるように、みずからすすんで外来の宗教である仏法を信仰したのではなく、あくまでも天皇の命をうけて仏法を管理・主宰することになったのである。

稲目はシャーマンだった

では、欽明はどうして祭祀を専門とする物部氏や中臣氏ではなく稲目に「蕃神」の祭祀を委ねたのであろうか。それは、「蕃神」が在来の神々と同種・同類とはいいながら、姿形をもち、安置される祭殿（寺）があることから、在来の神々以上の巨大な力をもつことを恐れて、欽明自身がより信頼のおける者にその祭祀をまかせようと考えたからであろう。

稲目は、かつて武内宿禰を始祖とする最大最強の豪族連合の筆頭の座にあった葛城氏に代わる存在であり、それゆえに大臣の要職にあり、欽明の後宮に娘を二人も入れていた。欽明の宮廷において「蕃神」の祭祀をまかせられるのは稲目を措いてほかにいなかったといえよう。

さらにいえば、これには稲目の個人的な資質も関係しているのではあるまいか。というのは、稲目自身がシャーマンであったと考えられるからである。稲目のように名前の末尾に目を称する者は神を祭るシャーマンであった可能性が高い（前之園亮一『古代王朝交替説批判』吉川弘文館、一九八六年）。古代中国において目とは呪力や威力の発するところとされており、目こそはシャーマンの能力を象徴するところであった。女性のシャーマンを巫《ふ》というのに対し、男性シャーマンを覡《げき》と呼んだ。稲目は覡としての資質をそなえていたのではないか。

敏達天皇十三年（五八四）に渡来系の司馬達等の娘である嶋女《しまめ》とその弟子二人が出家したが、善信《ぜんしん》尼《に》となった嶋女はまだ一一歳の少女にすぎなかった。このように我が国最初の出家者が女性であったのは、彼女らが「蕃神」とよばれる神に仕えるシャーマン（巫女）としての役割を期待されていたためとみられる。とくに善信尼が当時一一歳だったというのは、神の依り代としてその言葉を伝える巫女（神の媒介者）には初潮前の少女が多くえらばれたことと関係するといわれる（高木豊『仏教史のなかの女人』平凡社、一九八八年）。

このことからいえば、欽明が、「蕃神」の祭祀を主宰する者にシャーマンとはおよそ無縁の人物を起用するとは考えがたい。欽明は、稲目が最も信任に値する人物であると同時に有能なシャーマンでもあったので、彼とその一族に仏法の管理、「蕃神」祭祀を委託することになったということができよう。

なお、先にみたように仏法受容の可否をめぐって蘇我氏と物部氏・中臣氏のあいだで対立・争論があったことは事実とはいえないが、仏法の受容の在りかたをめぐって両者間に確執が生じた可能性はある。とくに在来の神々の祭祀をまかされていた物部氏や中臣氏が、欽明の判断で「蕃神」の祭祀が彼らではなく蘇我氏に委託されたことに憤懣を抱き、さりとて欽明の決定にいつまでも不平を鳴らすわけにもいかないことから、結果的に両氏の稲目や蘇我氏に対する敵愾心だけが遺ることになったのではないだろうか。

屯倉への派遣と百済系書記官

稲目とその一族が「蕃神」の祭祀を委託されたことは、彼らが「蕃神」祭祀に付随する外来の文化や技術を管理する責任者とされたことを意味した。具体的にはさまざまな外来の文化・技術を身につけ、それらを一族内部で伝習していた渡来人集団が正式に蘇我氏の指揮下に編成されていくことになったのである。

たとえば、渡来系豪族を代表する東（倭）漢氏であるが、かつて葛城氏の支配下にあったとみられる渡来人集団（桑原村主・漢人村主など）が東漢氏の統率のもとに編成されていたことから、葛城氏を相承した蘇我氏と東漢氏とのあいだにはすでに接点が生じていた。それが仏法伝来以後は、東漢氏を初めとした主な渡来系豪族の多くが蘇我氏の指揮・管轄のもとに入ることになったのである。

このように蘇我氏は、「蕃神」の祭祀を天皇家から委託されたことにより、朝廷内部での勢力を拡大する契機を得たといえよう。物部氏や中臣氏が蘇我氏による「蕃神」祭祀に反対・抵抗したというのも、実際はこのような大きな権益を蘇我氏が独占する結果になることを警戒・危惧したためだったかもしれない。

『日本書紀』欽明天皇十四年（五五三）七月甲子条によれば、仏法伝来の翌年、つぎのように記されている。

樟勾宮《くすのまがりのみや》に幸す。蘇我大臣稲目宿禰、勅を奉《うけたまわ》りて王辰爾《おうじんに》を遣して、船の賦《みつき》を数へ録す。即ち王辰爾を以て船長とす。因りて姓を賜ひて船史《ふねのふひと》とす。今の船連の先なり。

欽明が樟勾宮（橿原市曲川町にあった王宮か）に行幸したさいに、稲目が百済系の渡来人である王辰爾に命じて、船によって運ばれた貢物を管理・記録させたというのである。これにより辰爾とその一族は船史のウジ・カバネを賜わったという。

彼らは漢字・漢文に習熟しており、そのような文字技能によって貢物の内容や数量などを帳簿に記録することにあたったとみられる。彼らは百済系の書記官（フミヒト）というべき存在であって、王《わ》仁《に》を始祖と称する系統と、のちに辰孫王の後裔と名乗る辰爾を出した系統とがあった。いずれも河内国の古市・丹比・志紀地域をその居地としていた。

つぎの『日本書紀』欽明天皇十六年（五五五）七月壬午条には、

蘇我大臣稲目宿禰・穂積磐弓臣《ほずみのいわゆみのおみ》等を遣して、吉備の五つの郡に、白猪屯倉《しらいのみやけ》を置かしむ。

とあり、『日本書紀』欽明天皇十七年（五五六）七月己卯条によれば、つぎのようにみえる。

蘇我大臣稲目宿禰等を備前の児島郡に遣して、屯倉を置かしむ。葛城山田直瑞子《かづらきのやまだのあたいみずこ》を以て田令《たつかい》にす。

田令、此をば陀豆歌毗といふ。

稲目が吉備地方に遣わされ、現地に白猪屯倉や児島屯倉などを設置したことが伝えられる。屯倉とは「ミ（御）＋ヤケ（宅・家）」であり、天皇に服属した地方豪族である国造（クニノミヤツコ）の支配領域内に設けられた天皇への貢納・奉仕の拠点となる建物のことを指した。その経営・維持の費用には屯倉に付属した水田からの収穫が充てられた。屯倉は、天皇や皇族への貢納と奉仕を負わされた集団を意味する部の制度とともに、六世紀における民衆支配の根幹を成した。六世紀は全国規模で部と屯倉による民衆支配が拡大・展開していった時代であった。

『日本書紀』によれば、稲目を輔佐して児島屯倉に付属する田の経営・維持にあたったのは葛城山田瑞子であり、彼は稲目が一門として連なる葛城氏の配下にあった豪族の出であろう。吉備地方の屯倉の設置や経営に百済系の書記官が関与したことは『日本書紀』にはみえないが、彼らが稲目に同行し、その職務遂行を支えたことは想像に難くない。また、『日本書紀』欽明天皇十七年十月条にはつぎのようにみえる。

> 蘇我大臣稲目宿禰等を倭国の高市郡に遣して、韓人大身狭屯倉《からひとのおおむさのみやけ》 言ふこころは韓人は百済なり。 高麗人《こまびとの》小身狭屯倉《おむさのみやけ》を置かしむ。紀国に海部屯倉《あまのみやけ》を置く。 一本に云はく、処処の韓人を以て、大身狭屯倉の田部にす。高麗人を小身狭屯倉の田部にす。是は韓人・高麗人を以て田部にす。故因りて屯倉の号とすといふ。

これによれば、稲目がその勢力圏というべき畝傍山東南麓に隣接する高市の地において、百済や高句麗から渡来した集団を「田部」（耕作労働者）として使役して水田を造り出し、その田からの収穫によって経営・維持される屯倉の設置を推し進めている。稲目が百済・高句麗からの渡来人を指揮・動員しているのは、彼に渡来人の統括が委ねられているからであろう。これら屯倉の経営にも百済系書記官の伝習する文字技能は不可欠だったはずである。

『日本書紀』欽明天皇三十年（五六九）正月辛卯朔条にはつぎのように見える。

詔して曰はく、「田部を量《はか》り置くこと、其の来ること尚《ひさ》し。年甫《はじ》めて十余、籍《なのふみた》に脱《も》りて課に免《のが》る者衆《おお》し。胆津《いつ》（胆津は王辰爾が甥なり。）を遣して、白猪田部の丁《よほろ》の籍を検《かんが》へ定めしむべし」とのたまふ。

百済系書記官を代表する王辰爾の甥にあたる胆津が、白猪屯倉に付属する田の耕作集団である「田部」に関する帳簿の内容がだいぶ現実とは齟齬するようになっていたので、新たに「田部」の正確な台帳を作成したという。この「丁の籍」は「田部」として耕作にあたる男性労働者の名前や年齢だけを登録した程度のものであって、これをのちの律令制下の戸籍の先駆とみなすのはやはり過大な評価であろう。だが、たとえ「丁の籍」であろうとも、これを作成するのには稲目配下の百済系書記官の力がなくてはならなかったのである。

続いて『日本書紀』欽明天皇三十年四月条には、

胆津、白猪田部の丁者を検《かんが》へ閲《み》て、詔の依《まま》に籍を定む。果して田戸を成す。天皇、胆津が籍を定めし功を嘉《よみ》して、姓を賜ひて白猪史とす。尋《すなわ》ち田令に拝《ま》けたまひて、瑞子の副《すけ》としたまふ。（瑞子は上に見えたり。）

とある。胆津の尽力によって、白猪屯倉の「田部」が戸を単位に把握されて「田戸」とされたというのだが、これも律令制下の行政単位としての戸と同一視することはできない。ともあれ胆津は、稲目の指揮・統括のもとにおいて、葛城山田瑞子を輔佐して白猪屯倉の経営にあたることになったのである。

以上みたように、稲目が「蕃神」の祭祀を委託されたことによってその指揮下に編成されることになった、百済系の書記官に代表される渡来系豪族や渡来人集団は、やがて稲目の子の馬子に受け継がれ、蘇我氏のさらなる飛躍を約束することになる。

稲目、「美女」を得る

『日本書紀』欽明天皇二十三年（五六二）正月条によれば、「任那の官家《みやけ》」が新羅のために滅ぼされたとある。「任那の官家」とは、朝鮮半島南部に置かれた天皇への貢納の拠点となる施設を意味した。

この場合、任那とは伽耶《かや》地域（現在の慶尚南道に相当する）にあった諸国の総称として使われているが、狭義の任那とはそのなかの一国であり金官国ともよばれた。伽耶にはついに百済・新羅のような統一国家が形成されることはなく、任那国など多数の小国が並び立つ状態が続いていた。

伽耶は鉄の産地として知られており、倭国は任那国から鉄資源を輸入していた。任那国も倭国との交易によって大いに栄え、伽耶諸国の盟主の座を占めてきた。ところが、任那国は『日本書紀』によれば継体天皇が死去したという翌年の五三二年に新羅の併合するところとなってしまう。それから約三〇年後、任那国に代わって伽耶諸国の盟主であった大伽耶国が新羅に制圧され、かつての伽耶地域は新羅領となったのである。

倭国が任那国から得ていた鉄は王権の存立・強化には不可欠の資源であったから、任那国が新羅の支配下になったからといって、そのまま見過ごすわけにはいかない。欽明は百済の聖王と協力して、任那国を新羅の支配から切り離し、その独立を回復しようとつとめた。『日本書紀』には欽明と聖王との遣り取りが詳細に語り伝えられている。しかし、倭国から現地に派遣されていた集団の一部が新羅と気脈を通じていたこともあり、任那復興は容易に進展しなかった。結局、任那の独立回復は欽明の次世代に課題として先送りされることになる。

稲目が大臣として任那再興問題にどのように関与したか不明であるが、『日本書紀』欽明天皇二十三年（五六二）八月条にはつぎの記事がみえる。

天皇、大将軍大伴連狭手彦《さでひこ》を遣して、兵数万を領《い》て、高麗を伐《う》たしむ。狭手彦、乃ち百済の計を用《も》て、高麗を打ち破りつ。（中略）七織帳《ななえのおりもののとばり》を以て、天皇に奉献《たてまつ》る。甲二領・金飾の刀二口・銅鏤鍾《あかがねのえりたるかね》三口・五色の幡二竿・美女《おみな》媛《ひめ》 媛は名なり。 并て其の従女吾田子《あたこ》を以て、蘇我稲目宿禰大臣に送る。是に、大臣、遂に二の女を納《めしい》れて、妻として、軽の曲殿に居らしむ。（後略）

百済の北方の脅威である高句麗に出兵を命じられた大伴狭手彦が戦利品を欽明と稲目とに献上したというのであるが、稲目には武具・武器や仏法の荘厳具のほかに美女が献じられている。この女性の素性は不明であるが、美女とはたんなる普通名詞ではなかった可能性がある。

というのは、『三国史記』によれば、朝鮮三国の王が中国の皇帝に「美女」という名の人質を送る

10―五条野丸山古墳

という外交を展開しているからである。「美女」とは一種の人質であり、媛とよばれた彼女は略奪され、結果として高句麗から倭国への人質となったので「美女」と表現されているのであろう。その彼女を倭国の王たる欽明ではなくその岳父である稲目が得ているのはどうしてなのか不明であるが、これはおそらく稲目が欽明に次ぐ位置にあったことが関係しているのではあるまいか。

五条野丸山古墳に眠る

このように稲目が欽明に次ぐ位置にあったことに関しては、その墳墓の問題が絡んでくる。『日本書紀』によれば、稲目は欽明天皇三十一年（五七〇）三月一日に死去したという。享年は不明である。稲目はいったいどこに葬られたのであろうか。それは、かつて欽明天皇陵といわれた五条野丸山古墳（全長三一八メートル）である可能性が高い。

まず、丸山古墳は欽明陵ではありえない。欽明陵の名称は「檜隈《ひのくまの》坂合陵《さかいのみささぎ》」であったが、丸山古墳の所在地が「檜隈」の範囲にふくまれるとは考えがたい。丸山古墳があるのは軽とよばれた地域である。また、伝承によれば、欽明陵は葺石で覆われていたというが、その点でも葺石のない丸山古墳は欽明陵に相当しない。欽明陵によりふさわしいのは丸山古墳の南にある平田梅山古墳（全長一三八メートル。現在宮内庁が欽明陵とする）であろう。

丸山古墳は畝傍山の東南麓に位置するが、ここは先にみたように蘇我氏の初期の勢力圏というべき地域であった。その範囲内に蘇我氏の前族長の墓が営まれるのは当然であろう。また、偶然の経緯により明らかになった丸山古墳の石室内部には二つの石棺があり、手前に置かれている旧い石棺の年代は六世紀の第3四半期とされており、それは稲目の死去した年代と齟齬しない。となると、奥の新しい石棺（七世紀の第1四半期といわれる）の主が誰であるかが問題になるが、稲目の娘で欽明の後宮に入り大勢の皇子・皇女を生んだ堅塩媛が欽明陵に改葬される前に葬られていたとする可能性は極めて高い。

欽明陵を凌駕する丸山古墳の主は、生前において欽明に次ぐ位置を占め、畝傍山の東南麓を勢力圏としていた蘇我氏の族長、稲目を措いてほかには考えがたいのではないだろうか。

3　二代・馬子の軌跡

二二歳で大臣となる

馬子は、推古天皇三十四年（六二六）に死去した時に七六歳だったと伝えられる。したがって、彼は欽明天皇十二年（五五一）の生まれだったことになる。ただ、馬子の享年が七六というのは平安末期に成った『扶桑略記』の所伝なので、これを全面的に信用することはできない。あくまで一つの目安としておくことにしたい。

とすれば、欽明天皇三十一年（五七〇）三月に稲目が亡くなった時、馬子は数え二〇歳であったことになる。おそらく稲目の死去直後に馬子は蘇我氏の族長位を継承したはずであるが、稲目の跡を追うように欽明も翌年五月に死去しているので、はたして馬子が欽明から正式に大臣に任命されたかどうかは明らかではない。

ただ、翌五七二年の四月には敏達天皇が即位しているので、この新天皇によって馬子が大臣に任命されたことは間違いないであろう。時に馬子は二二歳である。群臣らを統括する大臣の重職を担うにはあまりにも若すぎるようにみえる。

しかし、葛城氏の姻戚として葛城という名門に連なる存在にすぎなかった父稲目とは異なり、馬子は母を通じて葛城氏に属し、その勢力や財産の継承に与かることができる権利・資格をもっていた。彼はまさに葛城氏を継承する存在であり、それゆえに彼に率いられた蘇我氏は武内宿禰を祖とする最大最強の豪族連合において筆頭の座を不動のものとしていた。その限りにおいて、たとえ二〇代の若者であろうとも馬子以上に大臣に相応しい者はいなかったといえよう。

それでも、若くして大臣となった馬子が困らないようにと、稲目は生前に手を打っていたようである。それは、馬子が群臣の一人である物部守屋の妹を娶っていることである。その名は鎌姫大刀自《かまひめのおおとじ》といったと伝えられる（『先代旧事本紀』天孫本紀）。馬子の後継者、蝦夷はこの女性を母として生まれたのではないかとみられる。

かつて仏法伝来のおり、欽明がその主宰を蘇我氏に一任したことで、物部氏や中臣氏は蘇我氏への敵愾心を募らせた。その限りにおいて蘇我氏と物部氏とのあいだに確執が生じていたことはたしかである。だが、晩年の稲目はそれを承知で息子の嫁に守屋の妹を望んだようである。

この縁談がまとまるならば、守屋はいずれ大臣となる馬子の義兄という立場を得ることになる。前に述べたように、当時大臣と並ぶ大連というポストが実在したわけではなく、守屋はあくまで群臣の一人にすぎなかった。だが、彼が大臣の義兄ともなれば、群臣筆頭の座を占めることは確実であった。守屋としてはそのようなメリットを得るために、父の代において生じた蘇我氏との対立・確執を帳消しにする道をえらんだといえよう。こうして、蘇我氏と物部氏とのあいだに和議は成り、馬子は亡父の晩年の布石の御蔭で、守屋を筆頭とする群臣らを統括して円滑な国政運営を行なうことが可能となったのである。

「烏羽の表」—百済系書記官の実力

先に述べたように、稲目は仏法の主宰・管理、すなわち「蕃神」の祭祀を委託されたために、仏法に付随する外来の文化・技術を身につけ、それらを伝習する渡来人集団をその指揮・統率のもとにおくことになった。それが稲目から馬子に確実に受け継がれたことは、つぎの『日本書紀』敏達天皇元年（五七二）五月丙辰条から明らかといえよう。

天皇、高麗の表疏《ふみ》を執りたまひて、大臣に授けたまふ。諸の史《ふびと》を召し聚《つど》へて、読み解かしむ。是の時に、諸の史、三日の内に、皆読むこと能《あた》はず。爰《ここ》に船史の祖王辰爾有りて、能く読み釈《と》き奉る。是に由りて、天皇と倶に為讃《ほ》美めたまひて曰はく、「勤《いそ》しきかな、辰爾。懿《よ》きかな、辰爾。汝若し学ぶることを愛《この》まざらましかば、誰か能く読み解かまし。今より始めて殿の中に侍れ」とのたまふ。既にして、東西《やまとかわち》の諸の史に詔して曰はく、「汝等習ふ業、何故か就《な》らざる。汝等衆《おお》しと雖も、辰爾に及《し》かず」とのたまふ。又高麗の上れる表疏《ふみ》、烏の羽に書けり。字、羽の黒き随《まま》に、既に識る者無し。辰爾、乃ち羽を飯の気に蒸して、帛《ねりきぬ》を以て羽に印して、悉に其の字を写す。朝庭悉に異《あや》しがる。

これによれば、敏達天皇は高句麗からの国書を大臣たる馬子に授け、その解読を命じている。大臣馬子のもとには「諸の史」とよばれる漢字・漢文に通暁した渡来系の書記官がいた。これは馬子が父稲目から受け継いでいた専属のスタッフと考えてよかろう。

この時、百済系の書記官である王辰爾も馬子の指揮下にあったようである。このエピソードは、百済式の漢文に慣れた書記官らが多いなかにあって、辰爾が高句麗式の漢文にも習熟していたので高句麗の国書を難なく解読できたことを物語っている。これ以後、馬子に率いられた「諸の史」のなかで辰爾とその一族が頭角をあらわすきっかけになったのがこの一件であったといえよう。

『日本書紀』敏達天皇二年（五七三）十月丙申条に、

蘇我馬子大臣を吉備国に遣して、白猪屯倉と田部とを増益《ま》さしむ。即ち田部の名籍を以て、白猪史胆津に授く。

とあるように、馬子は辰爾の甥にあたる胆津を配下として吉備に遣わされ、稲目によって設置された白猪屯倉の施設拡大と屯倉に付属する水田を耕作する民の増員・補充を行なっている。「田部の名籍」とは今回増員された耕作民の名簿であり、それが「田令」の副官たる胆津の管理にまかされたというのである。

また、『日本書紀』敏達天皇三年十月戊戌条にはつぎのようにみえる。

船史王辰爾が弟牛に詔して、姓を賜ひて津史とす。

辰爾の弟である牛に港湾の支配に関する文書の管理を委任したので、それに因んで津史の姓を賜わったとある。このように辰爾の一族に代表される百済系の書記官らは、大臣馬子の指揮下にあって、屯倉や港湾といった当時の国家が管理する公的施設に関わる活動を記録・管理する業務を担わされたのであった。

おりしも中国では大きな政治的変動が起きようとしていた。南北に王朝が並び立つ状態が長らく続いてきたが、それにようやく統一の機運が生じたのである。敏達天皇十年（五八一）には北朝の周が臣下の楊氏に乗っ取られ、ここに隋が誕生する。さらに崇峻天皇二年（五八九）には、隋は南朝の陳を滅ぼし、ついに中国の統一が成し遂げられた。

このように中国に久しぶりに統一帝国が誕生したことは周辺諸国にとって大きな軍事的脅威とならざるをえない。若き大臣馬子は父稲目の時とは大きく異なる苛酷な国際情勢に立ち向かわねばならなかった。だが、それが蘇我氏をさらに大きく飛躍させることになるのである。

額田部皇女、皇后に

敏達天皇五年（五七六）五月、堅塩媛が生んだ額田部皇女が創始されたばかりの皇后（当時は大后と表記された）に立てられた。彼女は推古天皇三十六年（六二八）に七五歳で亡くなっているので欽明天皇十五年（五五四）の生まれであり、この時二三歳。その叔父にあたる馬子はわずか三歳上の二六歳であった。額田部が異母兄にあたる敏達と結婚したのは、彼女が一八歳の時だったという。

皇后はキサキあるいはオオキサキと訓ぜられ、天皇の後方にあってその国政を輔佐するという「しりへの政」（『続日本紀』天平元年〈七二九〉八月壬午条の宣命にみえる）を担う政治的な地位として創設された。皇后に天皇の正当な跡継ぎを生むという役割が明確に付与されるようになるのは、これより一六〇年ほどのち、聖武天皇の時代のことである。

皇后は天皇の政治を輔佐するわけであるから、天皇の身内であることが不可欠の条件とされた。それは、天皇の権力行使に関与する皇后を一般の豪族の娘からえらんだならば政治的な混乱を招くもとになることが懸念されたからであろう。さらにいえば、実際に国政を動かした天皇の皇女であるならば、優れた政治的な資質を受け継いでいることが期待されたためと考えることができる。

馬子の三歳違いの姪がこのような重要なポストに就いたのは、彼女の個人的な資質が評価されたことはもちろん、それに加えて馬子や蘇我氏による強力な後押しがあったことは想像に難くない。以後、馬子は群臣らを率い、額田部の助力を仰ぎながら敏達の治世を強力に支え続けたのである。

敏達天皇十四年（五八五）八月、敏達が亡くなり、次期天皇を誰にするかが問題となった。欽明以後は、大臣や群臣らがしかるべき皇子に即位を要請、それを承諾した皇子が皇位の象徴となる神器をうけて即位にいたるという手続きが取られていた。敏達が欽明の跡を継いだのは、彼が欽明の皇子たちのなかで最年長だったからとみられる。当時は後世よりも、年齢という条件が重視されていたのである。

したがって、次期天皇としては敏達の異母弟で額田部の同母兄だった大兄皇子（堅塩媛の第一皇子）が順当であった。ところが、これに穴穂部皇子《あなほべのみこ》が異を唱え、自身の即位を強硬に主張した。穴穂部は堅塩媛の妹の小姉君が生んだ皇子であり、その姉の穴穂部間人皇女《はしひとのひめみこ》が大兄皇子と結婚していた。ゆえに、穴穂部は大兄よりは年少であったと思われる。

穴穂部は馬子には甥にあたり、馬子とすればこの皇子の将来を嘱望するところもあったようであるが、結局、同年九月に大兄皇子が即位、用明天皇となる。これは蘇我氏の血を受け継ぐ最初の天皇の誕生であった。用明と穴穂部間人夫妻の第一子が厩戸皇子、のちの聖徳太子である。

用明天皇元年（五八六）五月、穴穂部が前皇后たる額田部皇女に迫って強引に夫婦関係を結ぼうとするという前代未聞の事件が起きた。穴穂部とすれば、かつて皇后として天皇の権力行使に関与したことのある額田部と結婚すれば、すぐさま天皇になれないまでも天皇の地位に近づくことができると考えたのであろう。少なくとも、皇后に天皇の政治を輔佐したという経験・実績が客観的に評価されていなければ、このような騒動も起きなかったに違いない。

穴穂部皇子と物部守屋を討つ

穴穂部の行動は敏達の寵臣であった三輪逆《みわのさかう》によって阻止された。すると、穴穂部はこれを皇子である自身への無礼として、物部守屋とその私兵を率い、逆を討ち果たすにいたる。その過程で穴穂部は、逆が一時逃げ込んだ用明の王宮（磐余池辺双槻宮《なみつき》）を守屋の兵によって包囲するという暴挙に出た。これにより用明はその健康を著しく損なうことになってしまう。

この間、馬子は穴穂部が守屋と行動するのを懸命にとめようとした。そして、翌用明天皇二年（五八七）四月、用明の病状が突如悪化し、穴穂部と守屋の責任が問われると、馬子は穴穂部に豊国法師《とよくにのほうし》とよばれる僧侶をともなって用明に謝罪を入れるように示唆、用明の病が重篤となった責任をすべて守屋にかぶせてしまおうとした。馬子は穴穂部を守るために、かつて自分を後見してくれた義兄守屋を切り捨てざるをえなかった。

このように馬子は、一貫して甥の穴穂部を何とか救おうと努力したのであるが、額田部皇女はまったく考えが違っていた。彼女は自身に乱暴を働こうとし、夫である敏達の寵臣を殺害した穴穂部と彼に肩入れした守屋を断じて許そうとはしなかったのである。さすがの馬子も前皇后の意向は無視しがたい。

そして、ついに用明が亡くなると、その病死の原因を作った逆賊として守屋は群臣の中で完全に孤立することになる。馬子の指示でいったんは守屋を裏切った穴穂部であったが、守屋が再び穴穂部と手を組もうと画策しているのを知るや、額田部は前皇后の名において容赦なく穴穂部の誅殺を厳命した。

こうして穴穂部は討たれ、このの ち馬子は大臣の名において諸皇子や群臣らを総動員、前皇后額田部のためにという形式を取って守屋とその一族を討ち平らげることになる。『日本書紀』によれば、仏法をめぐる蘇我氏と物部氏との対立・抗争として描かれる戦争（丁未の役）の実態はおよそ上記のようなものだったのである。

戦後、次期天皇として推戴されたのは敏達・用明の異母弟であった泊瀬部皇子、すなわち崇峻天皇であった。注目すべきなのは崇峻の即位が従来のように大臣・群臣らの要請だけでなく、前皇后の額田部の要請によって実現していることである。

これまで天皇自身もふくめ天皇家の人間が次期天皇の決定に関与したことはなかったが、額田部は史上初めて天皇家を代表して新天皇の擁立に加担した。後述するように、彼女がやがて史上初の女性天皇となり、三六年におよぶ長期在位ののちに次期天皇をみずから指名・決定することになる起点はここにあったと断言してよい。

初の女性天皇の誕生

こうして即位した崇峻であったが、崇峻天皇五年（五九二）十一月、蘇我馬子の刺客とされる東漢直駒《やまとのあやのあたいこま》の手で暗殺されることになる。これは従来、『日本書紀』崇峻天皇五年十月丙子条に崇峻が献上された猪を前に馬子への憎悪・殺意を口にしたのが事件の発端と描かれていることから、甥にあたる崇峻と対立を深めた馬子による単独犯行とされているが、それは事件の真相からは程遠いといわざるをえない。

生前譲位というシステムのない当時においては、天皇の強制退位は暗殺という強硬手段を取らざるをえなかった。同時代の朝鮮三国においては、王としての資質に問題のある人物の排除・殺害は数多く伝えられており、倭国だけがその例外でいられるはずもない。

先に述べたように、崇峻即位は前皇后額田部と大臣・群臣らの要請によって実現したわけであるから、その強制退位にも前皇后以下、大臣・群臣らの全体的な同意がなければならなかったはずである。ましてや強制退位を断行しようとするにあたり、代わって擁立すべき人物が未定であったとはおよそ考えがたい。

崇峻暗殺の直後にさしたる混乱や騒擾もなく、前皇后たる額田部の即位がスムーズに実現しているのは、当初より彼女の即位が予定されて崇峻の強制退位が実行された可能性が高い。これは、大臣馬子と群臣らの総意にもとづく決断というべきであって、ここに倭国史上初の女性天皇、推古が誕生することになったのである。

崇峻没後において即位資格のある皇子は敏達皇子の押坂彦人大兄《おしさかのひこひとのおおえ》や竹田、それに用明皇子である厩戸ら複数名がいたのであるが、いずれもまだ若年であった。彼らが束になってかかっても、前皇后額田部の政治的な経験と実績には遠くおよばなかったといってよい。

馬子は群臣らを統括して、崇峻の強制退位、そして初の女性天皇の擁立を成し遂げたのである。彼は四二歳になっていた。

厩戸皇子の登場とその役割

『日本書紀』によれば、推古天皇即位の翌年（五九三）四月にその甥にあたる厩戸皇子を皇太子に立て、彼に政治の全権を委ねたことは有名である。推古の同母兄である用明天皇と彼女には異母姉妹にあたる穴穂部間人皇女とのあいだに生まれた厩戸は用明の嫡子というべき存在であり、将来における皇位継承が期待されていた。

だが、この時代にまだ皇太子の制度は存在しなかった（成立したのは七世紀末のこと）。厩戸に即位資格があったことはたしかだが、この段階で将来確実に天皇になることが決められていたわけではない。それに、政治の全権を委任されたといっても、おそらく二〇歳前後にすぎなかった彼にこのような大任が委ねられたとはにわかに信じがたい。

だが、かつて天皇による統治を皇后が輔佐したように、皇后から天皇になった推古の政治をしかるべき近親者が輔佐する必要があった。厩戸のような推古の近親で有力な皇位継承資格者が天皇の権力行使をサポートすることは考えられない話ではない。それでも推古即位の直後に厩戸が起用されたとは考えがたいであろう。

厩戸が将来の天皇候補として国政に関わるようになったのは、これより後年のことと考えるべきである。『日本書紀』によれば、推古天皇九年（六〇一）二月、厩戸は斑鳩宮の造営を開始している。斑鳩宮は法隆寺の東院周辺に造営された大規模な王宮であり、その造営は厩戸の地位・身分の上昇にともなうものと考えられる。あるいは、厩戸に新たに委ねられた使命・役割によって、このような王宮が必要になったとみなすことも可能である。

そのように理解するならば、厩戸が斑鳩宮の造営を始めた推古天皇九年頃に彼は国政に参画し、推古による政治を輔佐するようになったことになる。そして、彼に新たにあたえられた使命・役割を果たすために斑鳩宮が必要だったわけであるから、その使命・役割とは当時推古の王宮や馬子の邸宅があった飛鳥よりも斑鳩において遂行しやすいものだったといえよう。

斑鳩の地は陸路・水路ともに難波津へのアクセスという点で内陸の飛鳥に勝る場所であった。難波津が中国や朝鮮半島の使節を迎える当時の国際玄関だったことを思えば、斑鳩宮造営の開始前後に厩戸にあたえられた使命・役割とは中国・朝鮮半島との外交を主管することであったに違いない。その意味において厩戸はいわば外務大臣、斑鳩宮は外相官邸だったのである。

外交交渉の実務にあたったのは百済系書記官に代表される渡来人集団であり、彼らは蘇我氏の指揮下にあったから、厩戸も馬子や蘇我氏の支援なくして外交活動を推進することはできなかったに違いない。そもそも、厩戸自身が蘇我氏の血を色濃く受けた皇子であったことを考えれば、彼が外交をまかされることになったのも、その血縁や人脈によるところが大きかったといえよう。

厩戸という彼の名前も、このような蘇我氏との関わりの深さを物語っているようである。『日本書紀』によれば、厩戸の名は彼の母穴穂部間人皇女が宮中の厩の戸にあたった時に彼を出産したことに由来するというが、それは荒唐無稽であり牽強付会の説にすぎない。厩戸の名義がわからなくなっていたので、このような解釈にとびついたのであろう。

厩戸は厩坂だった

皇子・皇女の名前は氏族名や地名（氏族の本拠地名）に由来するのが一般的であるが、厩戸という氏族名も地名も知られていない。したがって、厩戸とは彼を超人化するために創られた名前であって、本名は別にあったはずであるともいわれている。ところが近年、古市晃氏は大倭国にあった厩坂という地名に着目している（「聖徳太子の名号と王宮」『日本歴史』第七六八号、二〇一二年）。

『古事記』垂仁天皇段によると、奈良坂（大倭と山背の境の奈良山の出入り口）を「那良戸」、大坂道（大倭と河内の境にある穴虫峠）を「大坂戸」といったというので、戸は坂と同様の地形をあらわす語として使用されており（坂戸＝坂門という地名もあった）、厩戸とは厩坂と同義ではないかとするのである。そうであるとすれば、のちに舒明天皇が一時滞在したという厩坂宮（軽衢の近傍）は、厩戸にゆかりのある宮殿であった可能性がある。

たとえば、稲目の娘小姉君が生んだ穴穂部間人皇女が居住していたのが厩坂宮であり、厩戸はそこで幼少年期を過ごしたのかもしれない。厩坂は現在の近鉄橿原神宮前駅の東方にあたり、そこは畝傍山東南麓である。その一帯が蘇我氏の勢力圏であったことは前に述べたとおりである。

蘇我氏の勢力圏内に同氏の血を濃密に受け継いだ厩戸の最初の居所があったことは十分に想定できることであろう。厩戸はこの厩坂宮から外相就任を契機に斑鳩宮を造営し、そこに遷ったことになる。

11――厩坂宮跡

「蕃神」の祭殿を創る

馬子が推古擁立にふみ切る以前、彼はある壮大な国家的事業に取り組んでいた。それが「蕃神」の祭殿というべき寺院の造営、のちに飛鳥寺（法興寺）となって完成する我が国最初の本格的な仏教寺院の創建であった。

物部守屋との戦いのおりに、馬子がまだ少年だった厩戸皇子にならって仏神に戦勝を祈願したのが飛鳥寺創建の起源というのは創作された物語の一齣にすぎない。飛鳥寺創建の始まりを示すのはつぎの『日本書紀』敏達天皇十四年（五八五）二月壬寅条ではないかと思われる。

蘇我大臣馬子宿禰、塔を大野丘の北に起てて、大会《だいえ》の設斎《おがみ》す。即ち達等が前に獲たる舎利を以て、塔の柱頭に蔵《おさ》む。

大野丘（現在の甘樫丘の南西の丘陵）に舎利を、地下の心礎ではなく、柱の頂に納めるタイプのいわゆる刹柱塔を建立したというのであるが、これは飛鳥寺造営に先立って行われたものと考えられる。刹柱塔を建立したのちに、その近傍の好所をえらんで本格的に伽藍の造営に取り掛かるわけである。

飛鳥寺造営が本格化するのは崇峻天皇の時代に入ってからであった。『日本書紀』崇峻天皇元年（五八八）是歳条にはつぎのようにみえる。

百済国、使幷て僧恵総・令斤・恵寔《えしょく》等を遣して、仏の舎利を献る。百済国、恩率首信・徳率蓋文・那率福富味身《ふくふみしん》等を遣して、調進《みつきたてまつ》り、幷て仏の舎利、僧、聆照律師・令威・恵衆・恵宿・道厳・令開等、寺工太良未太《だらみだ》・文賈古子《もんけこし》、鑪盤博士将徳白昧淳《はくまいじゅん》、瓦博士麻奈文奴《まなもんぬ》・陽貴文・㥄貴文・昔麻帝弥《しゃくまたいみ》、画工白加《びゃくか》を献る。（中略）飛鳥衣縫造《あすかのきぬぬいのみやつこ》が祖樹葉《このは》の家を壊ちて、始めて法興寺を作る。此の地を飛鳥の真神原《まかみのはら》と名く。亦は飛鳥の苫田《とまた》と名く。

飛鳥寺がここにみえるように百済に加えて、高句麗の国家的な援助を受けて造営されたことはあまりに有名である。高句麗王からは黄金三〇〇両の提供があったと伝えられる。それだけではない。発掘の結果判明したように飛鳥寺は一塔三金堂の伽藍配置であり、三金堂がいずれも塔を正面としていることは高句麗寺院との共通性がみとめられる。

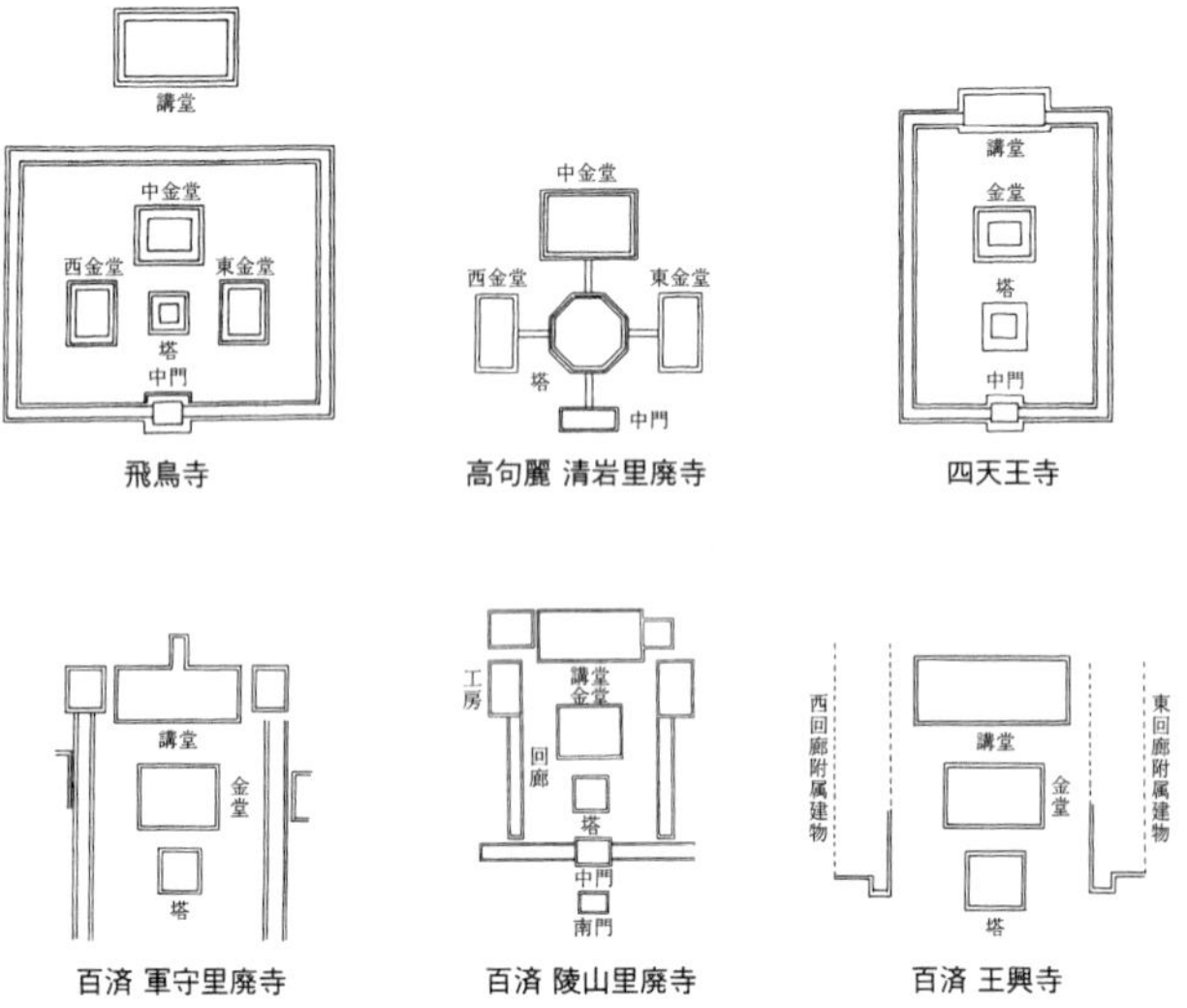

12―日本と朝鮮半島の伽藍配置

また、東金堂と西金堂の基壇は二重基壇となっており、上成基壇と下成基壇の両方に礎石が配されていたのは、百済や新羅の寺院の影響が考えられるという。さらに塔の心礎が地下式であったのは百済寺院と共通し、舎利などが埋納されていたのは百済、新羅の寺院と共通するものであった。瓦は百済から派遣されたという「瓦博士」の存在を裏付けるように、たしかに百済様式であったことが明らかになっている。

このような国際的な援助を受けていることからいっても、飛鳥寺造営が蘇我氏による蘇我氏のための私的な事業でなかったことは明らかである。もちろん、馬子や蘇我氏が飛鳥寺造営を主導したことはたしかであるが、それはあくまで蘇我氏が仏法の管理・主宰、すなわち「蕃神」の祭祀を天皇家から委託されていたからであるといえよう。

飛鳥寺の性質はいったい誰が建立を発願したかということによって決まるであろう。その意味で寺院の本尊の発願者が問題となる。飛鳥寺の本尊である丈六釈迦如来坐像（いわゆる飛鳥大仏）の発願主こそがこの寺の造営主ということになるであろう。『日本書紀』推古天皇十三年（六〇五）四月辛酉朔条によれば、「天皇、皇太子・大臣及び諸王・諸臣に詔して、共に同じく誓願《こいちか》ふことを発てて」とあるように、飛鳥大仏は推古天皇が厩戸皇子や馬子、それに諸王・諸臣によびかけ、ともに発願して造立されている。天皇推古を発願の主体とする仏像を安置する飛鳥寺は、やはり官寺（国家の寺）であったといわざるをえない。

13── 飛鳥大仏

そのような施設がこの時点で国家的事業として造営されたのはいったいどうしてであろうか。仏は当時「蕃神」と認識されており、在来の神々と同様に時に「祟り」とよばれる甚大な被害や災厄をもたらす存在として畏怖されていた。だが、その「蕃神」は在来の神々とは異なって寺院というそれを収納・安置する祭殿をそなえていた。

その点をとらえて「蕃神」をしかるべき祭殿の内部に安置し、常時礼拝の対象とすることにより、その測り知れぬパワーを国家による制御のもとにおこうとしたのではあるまいか。これは「蕃神」とは異なり姿を拝することができず、つねに空中を浮遊しているとされた在来の神々ではおよそ考えがたいことであった。在来の神々を特定の祭殿に安置し、常時礼拝の対象とするようになるのはこれよりはるか後年、七世紀末葉の天武天皇の時代以降であったと考えられる。

飛鳥寺の造営過程

『元興寺伽藍縁起并流記資財帳』所引「塔露盤銘」によれば、塔の造営にあたった工人としてつぎの名前があげられている。

作り奉らしむる者
　山東漢大費直《やまとのあやのおおあたい》麻高垢鬼
　同意等《おと》加《か》斯費直《しのあたい》
作金せしむる人等（四部の首を将として諸の手をして作り奉らしむ）
　意奴《おしぬ》弥首《みのおびと》 辰星
　阿《あ》沙《さ》都《つ》麻首《まのおびと》 未沙乃
　鞍部首《くらつくりのおびと》 加羅爾
　山西首《かわちのおびと》 都鬼

最初の二人、山東漢大費直とは倭（東）漢直であり、阿知使主《あちのおみ》・都《つ》加使主《かのおみ》父子を祖とした渡来系を代表する豪族の出である。意奴弥首は忍海首であり、これも渡来系であった。忍海は大倭国忍海郡の地名に由来する。新羅に出自をもつ忍海漢人を統括した豪族ではないかと考えられる。阿沙都麻首は朝妻首であり、のちにカバネは造に改められた。これは大倭国葛上郡朝妻を本拠とした渡来系豪族である。

つぎの鞍部首とはいわゆる鞍作氏であり、渡来系の鞍作集団はもと東漢氏の支配下にあったと伝えられる。鞍作集団に属した司馬達等とその一族が馬子に直属奉仕していたことは有名である。最後の山西首は西文首であり、百済から渡来した王仁《わに》の後裔を称する豪族であった。このように飛鳥寺の造営に蘇我氏配下にあった渡来人集団が動員・組織されたことは間違いあるまい。百済王より派遣された技術者たちが彼らの指導・教育にあたったことはいうまでもない。

飛鳥寺の造営に関して、つぎの『日本書紀』推古天皇四年（五九六）十一月条は注目されよう。

法興寺、造り竟《おわ》りぬ。則ち大臣の男善徳《ぜんとく》を以て寺司《てらのつかさ》に拝す。

これは飛鳥寺全体の完成ではなく、この三年前に心礎に仏舎利を納めた塔の建設完了を示すようである。三金堂やそれらを取り囲む歩廊などは未完成であったとみられるので、この時に馬子の息子の善徳が任命された「寺司」とは、すでに完成した寺院の経営・維持にあたる機構ではなく、おそらく飛鳥寺の造営を推進するために設けられた機関であったと考えられる。善徳は「寺司」の長官というべきポストに就任したのであろう。彼が統括する機構の職員に多数の渡来人が登用されていたことは想像に難くない。

なお、善徳はその名前からして僧侶なのか俗人なのか明らかではないが、『元興寺伽藍縁起幷流記資財帳』によれば馬子の長子であったという。このように、大臣馬子の息子がみずから寺院建設の指揮にあたっているのは、後年、蘇我氏の一族の蘇我倉氏が飛鳥の一画に山田寺を建設したさいに、当主麻呂の息子の興志《こごし》が造営指揮にあたっていた例もあるので、この時代は族長の後継者が寺院造営の指揮を取るのが一般的だったためと考えることができよう。

「公共事業」としての飛鳥寺造営

このように飛鳥寺は蘇我氏の族長たる馬子を中心にして、百済から派遣された技術者らに加えて、蘇我氏の配下にあった渡来人集団を大規模に動員・組織して造営されたといえよう。飛鳥寺は結果的に蘇我氏によって建設された公共建造物の第一号となった。このような国家的事業が必要になったのは六世紀末における隋帝国の成立が契機となったと考えられる。中国におよそ三〇〇年ぶりに統一帝国が誕生するとは、稲目の時代には考えられなかった事態であるといってよい。

朝鮮三国や倭国は、隋帝国の圧倒的な軍事力や影響力に対抗しながら自国の立場や権益を主張し、それらを確保していかねばならなかった。そのためには自国の威厳や経済力・軍事力を相手に目にみえる形で示す必要がある。王宮や寺院、都城などの造営といった国家権力が必要とする「公共事業」を積極的に推進しなければならない。馬子は父稲目から受け継いだ渡来人集団を動員・組織して、このような事業をすすんで請け負うことになったのである。これが蘇我氏のさらなる発展の基礎になった。

飛鳥寺が一塔三金堂という当時の北東アジアにおいて決して類例の多くない伽藍配置を採用したのも、それが倭国の国家的威容を外国の使者に向かって誇示できると考えたためであった。とくに高句麗に固有の伽藍配置である一塔三金堂は、倭国が戦略的に高句麗と深く結び付いていることを示すのに十分だったに違いない。

これ以後、蘇我氏は渡来人集団を動員・組織して飛鳥寺のような寺院ばかりではなく王宮や墳墓、さらには都城などの造営工事も主管するようになっていく。このような王権が必要とする「公共事業」を主宰することにより、蘇我氏は宮廷内部で不動の地位を築き上げることになるのである。「公共事業」を主宰する蘇我氏のもとには列島各地から人や物が集まってくる。これら労働力や物資は部（天皇への貢納・奉仕を負わされた集団）や屯倉（天皇への貢納・奉仕の拠点となる建物）の制度を通じて吸い上げられたが、労働力や物資の差配は蘇我氏の手に委ねられたのである。このようにして「公共事業」のために集められた労働力や物資に関する情報の保存・管理は、百済系書記官に代表される渡来人集団が受けもつことになった。

このように馬子以後の蘇我氏は、たんに大臣の地位を世襲したことや天皇家の外戚であったことだけでその地位を維持していたわけではなかったといわねばならない。

対外戦争も「公共事業」

当時の国家が必要とした「公共事業」は、国家的な威容を誇示するための巨大な公共建造物の建設だけに限らなかった。国家の総力を結集して実行される対外戦争もそのような「公共事業」の一環であった。

前に述べたように、倭国が鉄資源を入手していた任那国は六世紀前半に新羅によって制圧されてしまったので、倭国としては新羅に軍事的な圧力を掛けてでも鉄資源を確保しなければならなかった。崇峻天皇が暗殺される前夜、筑紫に軍勢を進駐させたのもそのためであった。

それは推古天皇の時代になっても基本的に変わらない。

推古天皇八年（六〇〇）　境部臣を大将軍、穂積臣を副将軍に任命。
推古天皇十年（六〇二）　来目皇子《くめのみこ》を撃新羅将軍に任命。
推古天皇十一年（六〇三）　当摩皇子《たいまのみこ》を征新羅将軍に任命。

このように、蘇我氏の分家というべき境部氏や、蘇我氏の血を引く来目や当摩といった皇子たち（いずれも用明天皇の皇子）を将軍に起用して新羅出兵が計画されている。推古天皇八年の場合は実際に渡海して新羅に攻め入ったようだが、蘇我系の皇子を将軍とした出兵は結局実現しなかった。来目皇子や当摩皇子の将軍登用が、外交を主管した厩戸皇子の企図によることは想像に難くない。

蘇我氏のなかでも境部氏がこのような対外戦争において将軍に起用されたのには理由があった。境部氏は馬子の弟、あるいは彼の従兄弟（稲目の兄弟の子）にあたる摩理勢に始まるとみられるが、境部というウジナからもうかがえるように、もともと境界の確定やそれにともなう境界祭祀をまかされてきた。その境部氏が、どうして対外戦争に関与するようになったかといえば、古代において戦争で敵地に踏み込むにあたっては境界祭祀が不可欠であり、また戦争終結後には境界の画定がともなうからであったとみられる。

境部氏はその本来の職掌を活かして、王権による「公共事業」を請け負う蘇我氏のなかにあっても、主に対外戦争という部門を管掌することになったのである。境部氏はそのような重責を担うがゆえに、蘇我氏のなかでも本家・本流に次ぐ位置を占めることになった。

飛鳥寺の外交的効果

推古天皇十四年（六〇六）四月、飛鳥寺の本尊たる飛鳥大仏が完成した。これをもって飛鳥寺の造営が完了したといってよいが、その翌年、隋への使節（第二次遣隋使）が派遣されている。

推古天皇八年（六〇〇）の第一次遣隋使は『日本書紀』にみえず、本来の外交目的を達することができず、事実上失敗に終わったようである。遣隋使による対中国外交がいったい何をめざしていたかについては、第二次遣隋使が差し出した国書冒頭の「日出処の天子、書を日没処の天子に致す」（『隋書』倭国伝）という文言が手掛かりになる。

この国書が煬帝《ようだい》の不興をかったことはよく知られている。国書は、外交を主管していた厩戸皇子が外交顧問の高句麗僧慧慈《えじ》を使って起草したものとみられる。煬帝を不快にさせたのは、一般にいわれるように「日出処」や「日没処」などの文言ではなかった。これらはそれぞれ中国からみて東方・西方を指す慣用句にすぎない。ただ、倭国を東方、隋を西方にある国というのは、倭国と隋とのあいだに位置する高句麗出身の慧慈の発想になるというのはたしかにありうる話であろう。

むしろ問題となるのは「天子」であった。これは天命をうけて全世界に君臨する皇帝ただ一人を指す語であるから、極東の島国の王が用いるのは明らかに不遜となる。それでも突厥国王が隋への国書のなかで「天子」の呼称を使ったことがあり、その場合、隋の皇帝の機嫌を損ねることはなかった。その時は突厥の「天子」から大隋国の「皇帝」へ国書を贈ると書かれていたのである。「天子」と「皇帝」というように書面において両者間に差をもうければ問題は生じない。

ところが、厩戸や慧慈はそのような書式の存在を知っているはずなのに、あえて「天子」から「天子」へというように、隋と倭があたかも対等の関係にあるかのように主張したのである。これが煬帝を不快にさせた。彼らはどうして超大国である隋と対等であると主張したのであろうか。

もちろん、それは倭があらゆる意味において隋と対等であるというのではなかった。あくまで特定の一点のみにおいて、両国は対等であるということを隋にみとめてもらいたいがために、遣隋使はこの国書をもたらしたのである。それは、隋と倭が新羅の上位にあるという一点においてのみ対等の位置にあるということであった。

新羅王は隋の皇帝に朝貢し、その冊封（官職や爵位の授与）を受けており、隋に臣従する立場にあった。倭とすれば、新羅とは異なり隋に朝貢はするが冊封は拒否することによって、自国が新羅の上位にあり、その限りにおいて隋と対等であるといいたかったわけである。

倭国はこれまで、新羅により制圧された伽耶地域にあった任那国からの貢納を従来どおり確保したいがために新羅と直接交渉を行なったが、倭国の要請が新羅に容れられることはなかった。そこで倭国としては発想を転換し、隋の皇帝に働き掛け、皇帝の命によって新羅王に任那国からの貢納を倭国に差し出させようとしたのである。

その企ては成功した。推古天皇十八年（六一〇）七月、新羅使は任那の使者を同道して倭国に朝貢して来たのである。新羅はその支配下にある任那国をあたかも独立国のように装い、そろって推古天皇に従属する姿勢を示した。

このように結果的に隋の皇帝が倭国の要求を受け容れたのは、第二次遣隋使の帰国にともない倭国に派遣された裴世清《はいせいせい》が小墾田宮を訪れたさいに、飛鳥寺の壮麗な伽藍をその目にしたことが大きく影響していると考えられる。飛鳥寺があるのとないのとでは、隋による倭国の国力に対する評価が大きく変わったことは間違いない。

道路敷設という「公共事業」

なお、『日本書紀』推古天皇二十一年（六一三）十一月条には、

又難波より京に至るまでに大道を置く。

とみえ、この時期、難波津と小墾田宮のある大倭を結ぶ直線道路が敷設・整備さ

れたようである。これは、『隋書』倭国伝に倭王が裴世清に向かって「今故《ことさら》に道を清め館を飾り、以て大使を待つ」と述べたとあるように、隋や朝鮮諸国などの外国使節を迎えるためにほかならなかった。

このように河内と大倭とを結ぶ直線道路や奈良盆地を南北に走る三道（上つ道、中つ道、下つ道）などは、この時期に蘇我氏の主導によって建設されたとみられる。道路工事も蘇我氏による「公共事業」の一環だったのである。境界の画定や境界祭祀を職掌とした境部氏が、その工事において中心的な役割を果たしたのではないだろうか。

小墾田宮に新羅・任那両国の使節を迎えた時のようすは『日本書紀』推古天皇十八年十月丁酉条につぎのようにみえる。

是に、両《ふた》つの国の客等、各再拝《おが》みて、使の旨を奏す。乃ち四の大夫、起ち進みて大臣に啓《もう》す。時に大臣、位より起ちて、庁の前に立ちて聴く。

このように、小墾田宮の朝庭において新羅・任那の使者の前にあらわれた最高位の人物が大臣たる馬子であった。隋使は倭国王が女性であるとは知らなかったようだから、馬子を倭国王と見誤った可能性は高い。王権が必要とする「公共事業」を主宰する蘇我氏の族長、馬子の姿はさながら倭国王のようにみえたことであろう。推古や厩戸皇子らは、朝庭の北にある大門の奥にいて使者たちには姿をみせなかったようである。

以上のように、馬子と蘇我氏が主宰する「公共事業」の第一号として建設された飛鳥寺は、隋に倭国の国力を示すことになり、結果的に新羅・任那両国の同時朝貢を引き出すという外交的な成果をあげることができた。推古天皇からすれば蘇我氏はその母の実家であるから、もともと特別な存在であったが、今後このような「公共事業」を主宰するという点でも特別な存在であり続けることを宣揚する必要があった。

蘇我氏を讃美する歌

『日本書紀』推古天皇二十年（六一二）正月丁亥条には、正月七日に行なわれた人日儀礼において推古と馬子とのあいだで歌が詠み交わされたことが伝えられている。

置酒《おおみきをめ》して群卿に宴す。是の日に、大臣、寿《おおみさかづきたてまつ》上りて歌して曰さく、

やすみしし　我が大君の　隠ります　天の八十蔭《やそかげ》　出で立たす　御空を見れば　万代《よろずよ》に　斯《か》くしもがも　千代にも　斯くしもがも　畏《かしこ》みて　仕へ奉らむ　拝《おろが》みて　仕へまつらむ　歌献《うたづ》きまつる

天皇、和《こた》へて曰はく、

真蘇我よ　蘇我の子らは　馬ならば　日向《ひむか》の駒　太刀ならば　呉《くれ》の真刀《まさい》　諾《うべ》しかも　蘇我の子らを　大君の　使はすらしき

馬子が盃を献じながら天皇統治の永遠を讃美して、蘇我氏が永久に天皇に奉仕することを誓った。それに対し推古は、「蘇我の子ら」すなわち蘇我氏の人びとが「日向の駒」や「呉の真刀」のように特別な能力をもっているから、天皇は彼らを頼りにしているのだと応える。蘇我氏がこのように「日

向の駒」「呉の真刀」にたとえられたのは、彼らが王権の必要とする「公共事業」を主宰する実力をそなえ、その「公共事業」の第一弾として飛鳥寺をみごとに完成させた実績をふまえているのであろう。

さらに、『日本書紀』推古天皇二十年二月庚午条にはつぎの記事がみえる。

皇太夫人堅塩媛を檜隈《ひのくま》大陵に改め葬る。是の日に、軽の術《ちまた》に誄《しのひことたてまつ》る。第一に、阿倍内臣鳥、天皇の命を誄る。則ち霊に奠《ものむ》く。明器《みけもの》・明衣《みけし》の類、万五千種なり。第二に、諸皇子等、次第《ついで》を以て各誄《しのひこともう》す。第三に、中臣宮地連烏摩侶《なかとみのみやどころのむらじおまろ》、大臣の辞を誄る。第四に、大臣、八腹《やはら》の臣《おみ》を引き率《い》て、便ち境部臣摩理勢を以て、氏姓の本を誄《しのひこともう》さしむ。

これは、推古の生母で稲目とともに五条野丸山古墳に葬られていた堅塩媛が、その夫である欽明天皇が眠る「檜隈大陵」（平田梅山古墳）に改葬された儀式のようすを記している。欽明には石姫（宣化天皇の皇女）という皇族出身の妻がいた。正妻として欽明と合葬されるべきは彼女であった。しかし、推古としては堅塩媛を父欽明の正妻として位置づけようとしたのである。

ただ、この改葬儀礼のねらいはたんにそれだけにとどまらない。堅塩媛の出身母体であり、推古自身も所属する蘇我氏が「公共事業」を主宰するという点で天皇家にとって特別な存在であることを、誰の目にもわかるように示すのがその主眼であったといえよう。儀式では「八腹の臣」とよばれる蘇我氏の数多い同族が連なるなか、蘇我氏のナンバー・ツーである境部摩理勢によって「氏姓の本」とよばれる蘇我氏の系譜が朗々と読みあげられたという。

これを機に欽明陵に大幅な改修が加えられ、さらに欽明陵を中心にした陵域の拡張・整備が行なわれることになる。それは『日本書紀』推古天皇二十八年（六二〇）十月条につぎのように記されている。

砂礫《さざれし》を以て檜隈陵の上に葺く。則ち域外に土を積みて山を成す。仍りて氏毎に科《おお》せて、大柱を山の上に建てしむ。時に倭漢坂上直《やまとのあやのさかのうえのあたい》が樹てたる柱、勝れて太《はなは》だ高し。故《かれ》、時の人号《なず》けて、大柱直と曰ふ。

この事業も蘇我氏配下にあった倭漢氏のなかの坂上氏が参画しているので、蘇我氏が主宰する「公共事業」の一環として行なわれたことが明らかである。のちに欽明陵の東に隣接して吉備姫王《きびつひめのおおきみ》（欽明の孫で皇極・斉明天皇の母）の墓（平田金塚古墳）が造営され、全体として「檜隈坂合陵兆域」とよぶべき墓域が画定・整備されることになる。このように馬子は、飛鳥寺に続き天皇陵を中心とした聖域の拡張・整備へと「公共事業」の対象分野を拡大していったのである。

新羅からの「幣物」という利権

推古天皇二十九年（六二一）二月、外交を主管した厩戸皇子は斑鳩宮でこの世を去った。それから二年後、『日本書紀』推古天皇三十一年（六二三）是歳条によれば、朝鮮半島情勢に動きがあった。

新羅、任那を伐《う》つ。任那、新羅に附きぬ。是に、天皇、将に新羅を討たむとす。大臣に諮り、群卿に諮《とぶら》ひたまふ。

推古天皇二十六年（六一八）に隋が滅んだために、新羅が再び任那国への支配を強化、倭国への任那からの貢納を怠ったことをとらえて、「新羅、任那を伐つ。任那、新羅に附きぬ」と表現しているとみられる。推古天皇は直ちに馬子に命じて群臣らに方策を協議させるよう指示した。

田中臣某（蘇我氏同族）は直ちに新羅を攻撃すべきではないとして、現地調査のために使者の派遣を提案する。それに対し中臣連国（鎌足の叔父）は、出兵して新羅から任那を奪い、それを百済に委ねるべしと主張した。だが、田中某は百済が「多反覆《かえかえ》しき国なり（簡単に裏切ったり服従したりする国である）」と不信感をあらわにして中臣連国に反対したのである。結局、吉《き》士磐金《しのいわかね》を新羅に、吉士倉《くら》下《じ》を任那に遣わすことになる。

新羅王は八名の重臣を遣わし、磐金・倉下に対して任那の支配は倭国にまかせると告げ、任那とともに朝貢すると告げてくる。ところが、磐金が帰国しないうちに、倭国では境部臣雄摩侶・中臣連国が大将軍、河辺臣禰受《かわのへのおみねず》・物部依網連乙等《もののべのよさみのむらじおと》・波《は》多臣広庭《たのおみひろにわ》・近江脚身臣飯蓋《おうみのあなむのおみいいふた》・平群臣宇《へぐりのおみう》志《し》・大伴連某・大《おお》宅臣軍《やけのおみいくさ》らが副将軍に任命され、数万の軍が海を越えて新羅に向かってしまう。

磐金と倉下は新羅・任那の使者と津で出船の時期をうかがっていたのだが、そこへ倭国軍の大挙襲来を望見して新羅・任那は倭国への朝貢を取りやめ、堪遅《たんじ》大《た》舎《さ》という者を代わりに任那の使者として遣わすことになる。磐金は「是軍の起ること、既に前の期《ちぎり》に違ふ。是を以て任那の事を、今亦成らじ

（約束を違えて軍を派遣したせいで任那のことはまたもや失敗だ）」といって、早々に帰国する。他方、朝鮮半島に渡った将軍らは新羅を攻撃しようとするが、新羅の停戦要求を容れて攻撃を中止、推古天皇もこれを諒承した。

十一月に磐金や倉下が帰国、新羅・任那から朝貢品は得られたものの、朝貢使が来航しなかったのは、軍隊派遣を早まったせいであると批判すると、馬子も「悔しきかな、早く師《いくさ》を遣しつること」と後悔を隠さなかったという。さらに、当時つぎのような風評があったとされる。

是の軍事は、境部臣・阿曇連、先《さき》だちて多《さわ》に新羅の幣物《まいない》を得しが故に、又大臣に勧む。是を以て、使の旨を待たずして、早く征伐《う》ちつらくのみ。

これによれば、境部某と阿曇某（彼は配下の海部から編成された水軍を率いたのであろう）が新羅から賄賂をもらい、馬子に出兵を督促したことがすべての失敗の原因と評されたという。これは新羅の実に巧みな外交といわざるをえない。新羅とすれば任那とともに倭国に朝貢の意志は十分にあるのに、倭国が約束を破って出兵したから朝貢できないと弁明しているのである。

新羅は倭国の足並みがそろっていないのを見透かし、倭国で「公共事業」の対外戦争部門を主管した境部氏などに贈賄し、自国にとって有利となる既成事実を作り出そうと画策した。かつて六世紀前半、新羅が筑紫君磐井《つくしのきみいわい》に「貨賂」を贈り、倭国軍の渡海を阻止させようとしたことが想起されよう。賄賂によって倭国を動かして自国に都合のよい状況を作り出すというのは新羅の伝統的な外交手法と

14――島庄遺跡

いえそうである。

新羅の思惑はともかく、境部氏は「幣物」と表現されたこのような利権を内外から提供され、それにより莫大な財を蓄積していたとみられる。それに加えて、境部氏は道路工事という「公共事業」にも主導的な役割を果たし、それに絡む一定の利権を集めていたはずである。境部氏が蘇我氏のなかで本家に次ぐ勢力を築くことができたのは、このような「公共事業」に関わる利権によるところが大きかったのではないだろうか。

桃源郷を夢見た「嶋大臣」

馬子が亡くなったのは推古天皇三十四年（六二六）のことである。亡骸は桃原墓（石舞台古墳といわれるが不明）に葬られた。享年七六と伝えられる。『日本書紀』推古天皇三十四年五月丁未条はつぎのように馬子の略伝を載せている。

大臣は稲目宿禰の子なり。性《ひととなり》、武略有り、亦弁才有り。以て三宝を恭《つつし》み敬ひて、飛鳥河の傍《ほとり》に家せり。乃ち庭の中に小なる池を開《は》れり。仍りて小なる嶋を池の中に興《つ》く。故《かれ》、時の人、嶋大臣と曰ふ。

「飛鳥河の傍」にあった馬子の邸宅とは、石舞台古墳に隣接する島庄遺跡がそれにあたるとされる。

馬子がここに館をかまえたのは、推古が豊浦宮から小墾田宮に遷ったのにともなうものではないかとみられる。

ここにみえる馬子の通称「嶋大臣」の「嶋」とは地名ではない。「嶋」とは馬子の邸宅内の苑池に築かれた中嶋のことであり、不老不死を願う道教の神仙郷あるいは桃源郷というべき三神山（蓬萊山、方丈山、瀛洲《えいしゅう》）を象《かたど》ったものであった。渤海湾に住む巨大な亀がこの三山を背中に負っていたといわれ、そこには金銀の王宮があり、神仙（仙人）が不老不死の生活を享受しているとされた。

「嶋」とは地上に出現した神仙世界といってよかった。おそらく馬子は我が国で初めてこのような「嶋」を造ったというので「嶋大臣」とよばれていたのであろう。馬子は伝えでは長寿を保ったとされるが、それでも神仙世界に果てしない憧憬を抱いていたことになる。

馬子は父稲目から仏法の主宰・管理、すなわち「蕃神」の祭祀を受け継いでいたが、「蕃神」に祈りを捧げることと不老不死を願うこととは明確に区別されておらず、むしろ一体化していたとみられる。なぜならば、仏教と道教という二つの外来の宗教は当時の倭人には混交して受容されていたからである。

4　三代・蝦夷の軌跡

「蘇我豊浦蝦夷」——推古女帝の鍾愛

推古天皇三十四年（六二六）五月二十日、大臣馬子は永眠した。おそらく馬子の死と同時に、その子の蝦夷が蘇我氏の族長位を継承し、やがて推古天皇から正式に大臣の地位を拝命したとみられる。

実は蝦夷は、早くから馬子の後継者として推古に見込まれていた。それは、彼が若き日に「蘇我豊浦蝦夷」とよばれていたことから明らかである。『日本書紀』によれば、推古天皇十八年（六一〇）十月、新羅・任那の使者がそろって小墾田宮を訪れた時、彼らを出迎えた群臣のなかに彼の姿がみえる。そこで蝦夷は「蘇我豊浦」を冠してよばれていた。

「豊浦」は現在の甘樫丘の北西麓一帯を指すが、そこはかつて推古の最初の王宮が営まれた場所であった。推古の豊浦宮は、彼女の祖父である稲目の「向原《むくはら》の家」を宮室に改造したものとみられる。推古は、推古天皇十一年（六〇三）十月に豊浦宮から小墾田宮に遷った。

現在、明日香村の豊浦にある向原寺《こうげんじ》下層では豊浦宮跡の一部とみられる石敷遺構が確認されている。向原寺は蝦夷が建立した豊浦寺（尼寺）の跡に建てられたというから、蝦夷は推古から豊浦宮の跡地を譲りうけ、そこに居宅と寺院を併せ造ったことになる。推古が小墾田に遷った推古天皇十一年から蝦夷が「蘇我豊浦蝦夷」としてあらわれる同十八年までのあいだに、蝦夷は推古から豊浦宮の跡地を拝領していたことになろう。ちなみに、小墾田宮も推古の祖父である稲目の「小墾田の家」を継承するものであったと考えられる。

このように、推古が蝦夷に豊浦宮の跡地を譲りあたえたのは、豊浦宮がもともと蝦夷の祖父である稲目の居宅であったことが関係しているのであろう。ただ、それに加えて推古が馬子の後継者として蝦夷に大いに期待を掛けていたからであるとも考えられる。「蘇我豊浦蝦夷」という彼の名乗りには、女帝の過大な信任がこめられていたといってよい。

15 ── 向原寺下層遺構（豊浦宮跡）

蝦夷は馬子から、蘇我氏の族長と大臣の地位のみならず、王権が必要とする「公共事業」を主宰する資格と権限も譲りうけた。だが、「公共事業」の内容や規模を規定する国際情勢が、馬子の時代とは比較にならないほど激変の度を加えていたのである。

これより先、推古天皇二十六年（六一八）、隋の二代皇帝たる煬帝は殺され、隋に代わって唐が興った。だが、唐はまだ中国各地に割拠した軍閥をすべて平定していなかったこともあり、倭国は唐とのあいだに正式な国交を開くにいたっていなかった。馬子晩年に隋から唐への王朝交替が起きたが、倭国は直ちに唐に使いを派遣しなかったのである。

唐が中国の軍事的平定を終えたのは推古天皇三十六年（六二八）のことであった。それはちょうど推古の長い治世最後の年であった。倭国が唐とのあいだに正式な国交を開くことになるのは舒明天皇二年（六三〇）であり（第一次遣唐使）、その時すでに馬子は故人となり蝦夷の代になっていた。

唐帝国の出現は、周辺諸国に強大な軍事的脅威をおよぼさずにおかなかった。倭国としては隋の時代にもまして、その国家的威容を誇示するための大掛かりな「公共事業」を企画・推進する必要に迫られることになった。それは、馬子を引き継いだ蝦夷の采配に委ねられたのである。

遺詔―推古の真意はどこに

推古が亡くなって半年後（推古天皇三十六年九月）、蝦夷は群臣らを自邸に招き、次期天皇を誰にすべきかを諮ったという。推古は亡くなる前日、田村皇子《たむらのみこ》（のちの舒明天皇）と山背大兄王《やましろのおおえのみこ》を病床に召し、それぞれに遺詔を直接伝えていた。田村は敏達天皇の孫であり、押坂彦人大兄皇子《おしさかのひこひとのおおえ》の子であった。それに対して山背大兄は敏達の異母弟である用明天皇の孫にあたり、かつて外交を主管した厩戸皇子の長子である。

『日本書紀』には両者への推古の遺詔（それは当人にそれぞれ口頭で伝えられた）がつぎの三ヵ所にわたって引用されている。煩瑣ではあるが、以下にそれを掲げよう（内容は大体同じなので、最初のみ大意を付した）。
A　推古から直接二人へ告げられた遺詔（推古天皇三十六年三月壬子条）

（田村へ）「天位《たかみくら》に昇りて鴻基《あまつひつぎ》を経《おさ》め綸《ととの》へ、万機を馭《しら》して黎元《おおみたから》を亭育《やしな》ふことは、本より輙《たやす》く言ふものに非ず。恒に重みする所なり。故《かれ》、汝《いまし》慎みて察《あきらか》にせよ。軽《かるがる》しく言ふべからず」

【大意】皇位を継承して国の基を据え、国政を統べて民を慈しむことは容易に口にすべきことではなく、朕はそれを大切に考えてきた。そなたも行動を慎み、物事の本質を見ぬくよう精進しなさい。軽々しく考えてはなりません。

16　田村皇子・山背大兄王略系図

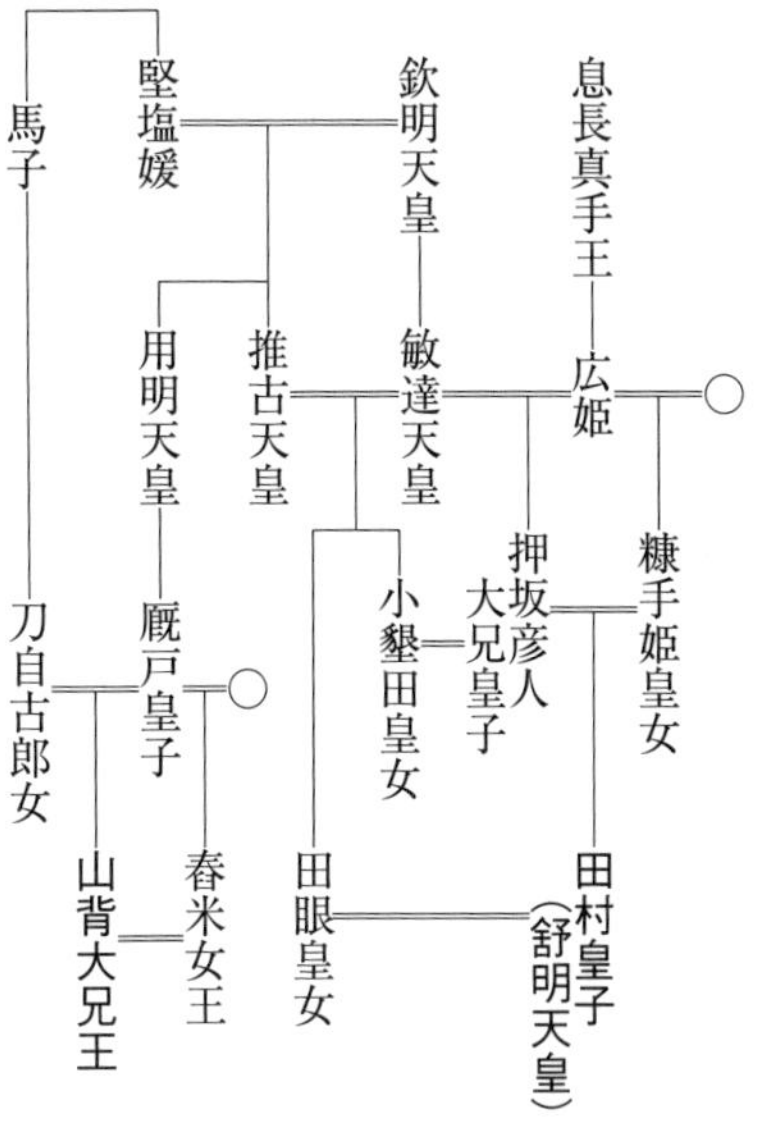

（山背大兄へ）「汝は肝稚《きもわか》し。若し心に望むと雖も、諠《とよ》き言ふこと勿《まな》。必ず群の言を待ちて従ふべし」

【大意】あなたは精神的に未熟である。皇位を望む気持ちがあろうとも騒ぎ立ててはなりません。群臣らの言に耳を傾けなさい。

B　蝦夷が群臣に披露した遺詔（舒明天皇即位前紀）

（田村へ）「天下は大任なり。本より輙く言ふものに非ず。爾《いまし》田村皇子、慎みて察にせよ。緩《おこた》らむこと不可《まな》」

（山背大兄へ）「汝、独り莫《な》諠譁《とよ》きそ。必ず群の言に従ひて、慎みて違ふな」

C　蝦夷が群臣を介して山背大兄に伝えた遺詔（舒明天皇即位前紀）

（田村へ）「軽しく輙く来《ゆくさき》の国政を言ふものに非ず。是を以て、爾田村皇子、慎みて言へ。緩らむこと不可」

（山背大兄へ）「汝肝稚し。而して諠《とよ》き言ふこと勿。必ず群臣の言に従ふべし」

さらに、山背大兄が推古から聴いたと主張する遺詔はつぎのとおりである（舒明天皇即位前紀）。

「朕《われ》寡薄《いやしきみ》を以て、久しく大業に労《いたわ》れり。今暦《よ》運将《まさ》に終《つ》きなむとす。以て病諱《い》むべからず。故に、汝本より朕が心腹たり。愛み寵《あが》むる情、比《たぐい》をすべからず。其れ国家の大基は、是朕が世のみに非ず。本より務めよ。汝肝稚しと雖も、慎みて言へ」

これは、最後の「汝肝稚しと雖も、慎みて言へ」を除けば、Aにみられる田村への遺詔の前半部分とほとんど同じ内容といってよい。山背大兄はどうやら、彼より先に田村に伝えられた推古の言葉を自分に対するものと勘違いして受け取ってしまっているようである。

さて、A〜Cを比較すれば、細部に相違はみられるが、いずれも推古は田村には皇位継承に向けての訓戒を、山背大兄には軽挙妄動を慎むべきことを述べている。内容的にいって田村が主で山背大兄が従といわざるをえない。田村と山背大兄は対等の立場で推古の病床によばれたのではないと考えられる。田村そして山背大兄という順番でよばれて遺詔を聴取していることもみのがせない。

推古が、田村・山背大兄のいずれを次期天皇にすべきか決めかねていたとはおよそ考えがたい。推古が田村の即位を指示していたことは、遺詔を伝え聞いた群臣の一人、大伴鯨の発言からも明らかであろう。蝦夷邸で開かれた群臣会議の席上、推古の遺詔を聴いた鯨はつぎのように答えている（舒明天皇即位前紀）。

既に天皇の遺命の従《まま》ならまくのみ。更に群の言を待つべからず。（中略）天皇曷《いか》に思《おもお》しけばか、田村皇子に詔して、「天下は大任なり。緩《おこた》らむこと不可」と曰ひけむ。此に因りて言へば、皇位は既に定りぬ。誰人《たれ》か異言《けなること》せむ。

この大伴鯨の意見に賛同する者が群臣らの大勢を占めたようである。推古の遺詔を聴いた者の多くが、彼女の意中が田村にあると了解できたことがわかる。推古は田村・山背大兄どちらを次期天皇にすべきか迷っていたのではなく、明らかに田村による皇位継承を命じていたのである。天皇が次期天皇を決めるという、まったく新たな段階が推古の手によって開かれたといえよう。

「遺勅をば誤らじ」——蝦夷の立場

前天皇による新天皇の指名というまったく新たな事態に対し、蝦夷は大臣としていったいどのように臨もうとしたのであろうか。これは史上初のことでもあるので、蝦夷としては慎重のうえにも慎重を期したことが容易に推察されよう。

『日本書紀』舒明天皇即位前紀の冒頭部分には、

是の時に当りて、蘇我蝦夷臣、大臣たり。独り嗣位を定めむと欲《おも》へり。顧みて群臣の従はざらむことを畏《おそ》る。

とあり、そこで蝦夷は群臣らを自邸に招集、彼らの意見を徴することにしたとみえる。

一見したところ、「独り嗣位を定めむと欲へり」とは、蝦夷が彼の独断で次期天皇を決めようとしたように読める。だが、そうではあるまい。その前文、「是の時に当りて、蘇我蝦夷臣、大臣たり」であるが、これは「是の時に当りて、蘇我蝦夷臣、大臣として」と読み、以下の文に掛かるものと解するべきであろう。すなわち、「独り嗣位を定めむと欲へり」というのはあくまで大臣としての職権にもとづく行為であり、蝦夷個人の独断専行ではありえないということである。

このように「大臣として、独り嗣位を定めむと欲へり」と読むべきとすれば、それに続く文には「顧みて群臣の従はざらむことを畏る」とあり、大臣の配下たる群臣の存在がみえることが注意される。「大臣として、独り嗣位を定めむと欲へり」の意味するところは、「顧みて群臣の従はざらむことを畏る」との関わりで理解せねばならない。

そもそも大臣は、天皇から受けた命令や指示を群臣らに諮り、彼らの意見をまとめた上でそれを実施に移すというのがその果たすべき職務であった。前に述べたように、大臣—群臣制とは天皇の執政を有力豪族の代表が共同で支えていくシステムとして六世紀前半に創始された。

ただ、これまでは天皇自身が次期天皇を指名・決定することはなかったが、推古は今回初めて遺詔という形で新天皇を指名した。推古が田村擁立を指示していたことは明白であるから、蝦夷としてはこれを尊重して大臣の職権において直ちに実施に移してもかまわないであろうと考えた、というのが

「大臣として、独り嗣位を定めむと欲へり」と解することができる。

しかし、「顧みて群臣の従はざらむことを畏る」とみえるように、群臣のなかには推古の意向に反する意見をもつ者もいることが懸念された。そこでこのたびは慎重を期して、後顧の憂いを絶つために、この件についても従来どおり群臣らに諮ることとし、彼らの意見を一本化しようとしたわけである。要するに蝦夷は、皇位継承問題に関しても大臣が群臣らの意見を取りまとめるという、従来の手続きにしたがい処理しようとしたと解することができる。

田村の即位があくまでも推古の遺志によるものであり、蝦夷の独断ではありえないことについては、つぎの蝦夷の言葉からも明らかといえよう。これは、蝦夷が群臣らを使者に遣わし山背大兄に伝えたものである（舒明天皇即位前紀）。

「賤臣《やつこらまいか》何にしてか独り輙く嗣位を定めむ。（中略）是は群卿の言なり。特《ひと》り臣《やつかれ》の心に非ず」

「然れども臣敢へて、誰の王を軽みして、誰の王を重みせむ」

「其れ唯《ただ》遺勅をば誤らじ。臣が私の意には非ず」

これらからも明らかなように、蝦夷が推古の遺詔を自身に都合よく解釈し、次期天皇をその独断で決めようとしたとは到底考えられない。蝦夷は、前天皇が新天皇を指名するというこれまでにない事態に対し、大臣としてあくまでも厳正な立場を貫いたといえよう。

「百年の後には」――山背大兄への想い

先に、蝦夷が推古の遺詔に反する群臣がいることを懸念したと述べた。彼らが次期天皇として推していたのが山背大兄にほかならない。彼の母は蝦夷の姉妹（刀自古郎女《とじこのいらつめ》）だったから、蝦夷には甥にあたる。山背大兄の父、厩戸はかつて有力な皇位継承資格者として外交を主管したが、推古天皇二十九年（六二一）に亡くなり、ついに即位することはなかった。

山背大兄自身、群臣会議において推古の遺詔にもとづき田村の即位が決定しつつあると知ると、それは推古の遺詔に反するのではないかと叔父蝦夷に告げてきた。そこで蝦夷が群臣らを使者として斑鳩宮に派遣すると、山背大兄は彼らを前につぎのように話したという（舒明天皇即位前紀）。

然るに今群卿の導《い》ふ所の天皇の遺命は、少少《すこ》し我が聆《き》きし所に違へり。

そして、彼が推古から聴いた遺詔による限り、つぎの天皇たるべきは自分であると主張したのである。さらに、「然れども我豈天下を餮《むさぼ》らむや。唯聆きし事を顕さくのみ。則ち天神地祇共に証《ことわ》りたまへ。是を以て、冀《ねが》はくは正に天皇の遺勅を知らむと欲《おも》ふ」といって、遺詔の内容を慎重に検討すべきであると提言した。

山背大兄を次期天皇に推す群臣の筆頭格が境部摩理勢であった。山背大兄によれば、「摩理勢は素より聖皇の好《よみ》したまふ所」であり、彼は「聖皇」とよばれた厩戸に生前恩顧をこうむったという。それゆえ、山背大兄は「汝先王の恩を忘れずして、来れること甚だ愛《めぐ》し」といって摩理勢をねぎらった。

摩理勢が推古の遺詔に背いてまで山背大兄を支援したのは、ひとえに亡き厩戸への恩義によるものだったことがわかる。

厩戸と摩理勢とのあいだにこのような親密な主従関係が生じたのは、厩戸が外交を管掌したのに対し、摩理勢と境部氏が外交の延長にある対外戦争を主管したという関係があったためとみられる。だからこそ、山背大兄の異母弟、泊瀬仲王が「我等が父子、並に蘇我より出でたり。天下の知れる所なり。是を以て、高山の如くに恃《たの》む」と述べたように、山背大兄サイドでも摩理勢と境部氏に依存するようになったのであろう。

このように山背大兄当人もさりながら、摩理勢のように厩戸に個人的な恩義のある群臣らが山背大兄の即位を強く望んでいたとみられる。彼らは厩戸が果たせなかった皇位継承という悲願をその子の山背大兄に遂げさせようと念願したのである。山背大兄自身も周囲に乗せられて皇位への野心を募らせたに違いない。

蝦夷は山背大兄や彼を支持する群臣らに対し、倦むことなく説得を繰り返した。先にみたように、彼は天皇の命を奉じねばならない大臣という公職にあることを強調した。その結果、山背大兄をはじめ彼を支援する群臣の多くはその主張を収めるにいたる。

だが、蝦夷は山背大兄に対し、「但し臣が私の意有りと雖も、惶《かしこ》みて伝へ啓《もう》すこと得ず。乃ち面《もうあ》はむ日に親ら啓さむ」、または「然るに是の事重し。伝へ導《もう》すこと能はず。故、老臣労《いたわ》しと雖も、面《まのあたり》にかった。

啓さむ」といったという。彼は大臣という公的立場を離れた個人的な思いがあることを隠そうとしな

蝦夷が山背大兄と面会して直接伝えたいと思っていることとは、つぎのエピソードからうかがうことができる。それは、ほかならぬ山背大兄の証言である。それによれば、彼がかつて蝦夷の病気見舞いのために斑鳩から飛鳥を訪れ、蝦夷邸の傍らにある豊浦寺で休息をとっていたところ、小墾田宮にあった推古が女官を彼のもとに遣わし、「汝が叔父の大臣の、常に汝が為に愁へて言さく、『百歳の後には、嗣位汝に当れるに非ずや』とまうす。故に慎みて自愛《つと》めよ」と告げたという。

「故に慎みて自愛めよ」は、推古の山背大兄への遺詔にもみられた文言であり、推古がかねてより山背大兄に対し皇位への野心をたしなめていたことがわかる。それとともに、蝦夷が将来における山背大兄による皇位継承を期待する旨を日頃から口にしていたことが知られる。

蝦夷は推古の遺詔にしたがった結果、このたびは田村を擁立したが、肉親である山背大兄の将来になお期するものがあったのである。それは、大臣という公的立場を離れた蝦夷の個人的な思いといってよいであろう。蝦夷としては大臣という公職にある以上、私情を交えて推古の遺詔に背くわけにはいかないという態度を貫いたことになる。

その後、山背大兄は蝦夷の子の入鹿によって討たれることになるが、蝦夷はそのことを知って激昂したといわれる。それは、蝦夷のこの時の姿勢をみる限り、まったくの作り話とはいえないと思われ

る。

摩理勢は最後の最後まで、頑強に山背大兄支持を訴えたために蝦夷の手で討たれたとされる。換言すれば、蝦夷は摩理勢とその一族を滅ぼすことにより、ようやく田村の即位を実現できたというのである。だが、田村擁立が推古の遺志であり、それゆえ群臣らの大勢が田村支持に傾いていた以上、摩理勢は早晩孤立する運命にあったといえよう。

推古の遺詔をみとめるか否かという点で、蝦夷と摩理勢が対立していたことは間違いない。しかし、それは所詮きっかけにすぎなかった。摩理勢は次期天皇をめぐって蝦夷と口論になり、その時、激昂のあまりにしてはならないことをしてしまったのである。

摩理勢の退場

この時、蘇我氏に属するすべての者は前族長たる馬子の墳墓造営のために集まり、墳墓近くに宿営してそれぞれ奉仕にあたっていた。摩理勢は怒りにまかせて彼とその一族が宿営する建物を破壊し、その場を勝手に退去してしまったのである。その後、彼が「蘇我の田家」とよばれる蘇我氏の結束のシンボルとなる施設に一時立てこもったことは前に述べた。

摩理勢のこの行為は、前族長である馬子の墳墓造営という蘇我氏の一族の義務行為を一方的に放棄するものであり、それは蘇我氏の結束を脅かす行為であり、前族長の墳墓造営を取り仕切る蝦夷に対する重大な背反となる。原因や理由が何であれ、蘇我氏の現族長たる蝦夷に対する反逆行為にほかならない。

しかし、摩理勢は蝦夷に頭を下げようとはしなかった。それは、彼とその一族が蘇我氏のなかにあって対外戦争や道路敷設などの「公共事業」を管掌し、それゆえ蘇我氏の本家・本流に次ぐ位置を占めてきたという自信とプライドがあったためである。先代馬子のもと、王権が必要とする「公共事業」を請け負う蘇我氏を実質的に支えてきたのは自分であるという思いが、摩理勢に彼より年下の蝦夷を軽侮するような言動を取らせたといえよう。唐帝国の軍事的な脅威が増大してくると、境部氏の存在意義もなお上昇しつつあった。

蝦夷は「吾、汝が言の非を知れども、干支の義を以て、害《やぶ》ること得ず」として、摩理勢に是非は明らかであると通告した。山背大兄も摩理勢に、蝦夷に謝罪せよと説得を試みた。摩理勢としてはここに進退窮まってしまう。蝦夷とすれば、ここで断乎たる処置を下さなければ彼の族長としての威厳は低下し、一族の結束を保つことはできないと判断した。他方、摩理勢も一切の抗戦を断念、蝦夷の兵を迎えることになる。

こうして、蘇我氏における最初の内訌は摩理勢とその一族の殺戮という凄惨な結末を迎えた。摩理勢と境部氏の歴史からの退場である。馬子の指導のもと、王権が必要とする「公共事業」を主宰して権勢を築いた蘇我氏の、これが最初の躓きといってよい。それは、馬子が亡くなってわずか二年後のことであった。

麻呂の登場

蝦夷が推古後継について群臣らに諮った時、蘇我倉麻呂臣、別名雄当《おまさ》という者が、「臣は当時《ただいま》、便《たやす》く言《もう》すこと得じ。更に思ひて後に啓《もう》さむ」と応え、ひとり回答を保留したとみえる。

彼が蘇我氏の一族であることは明らかであるが、いったい何者であろう。彼については、倉麻呂または雄当と称された馬子の子であり、のちに大化改新のおりに右大臣となった蘇我倉山田石川麻呂（蘇我の倉の山田の石川の麻呂）の父にあたるというのが定説になっている。

たしかに、『公卿補任』は蘇我倉山田石川麻呂、連子、赤兄らを「馬子大臣の孫、雄正子臣の子なり」とする。また、『蘇我石川両氏系図』にも「倉麻呂、一名雄当、或は雄正に作る」とみえる。これらのことから、馬子―倉麻呂（雄当）―麻呂（蘇我倉山田石川麻呂）という系譜が復元され、馬子の子、すなわち蝦夷の兄弟（おそらく異母）に始まる蘇我倉氏という蘇我氏分家の存在が想定されてきた。

しかし、蝦夷邸における群臣会議において回答を保留した人物は「蘇我の倉の麻呂の臣」であって、「蘇我の倉麻呂の臣」ではない。この「蘇我の倉の麻呂の臣」とは、後年の蘇我倉山田石川麻呂その人であって、彼には雄当（正）なる異名があったということである。馬子の子で麻呂の父にあたる倉麻呂、別名雄当という人物が実在したとはいえない。『公卿補任』や『蘇我石川両氏系図』のいうところは、「蘇我の倉の麻呂の臣」を「蘇我の倉麻呂の臣」とする誤解の上に成り立つものである。

17―蘇我倉山田石川麻呂略系図

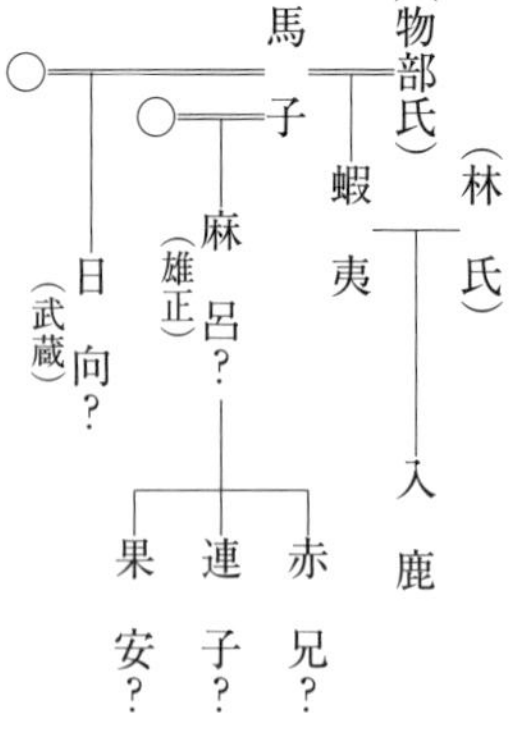

以上のように考えれば、推古の遺詔をめぐってひとり回答を留保した、いわゆる蘇我倉山田石川麻呂が、従来いわれているように馬子の孫であったという保証はどこにもない。その異名である雄当が馬子の子の名前として伝承されていることを重視すれば、彼はむしろ馬子の子であった可能性が想定できるであろう。とすれば、彼は蝦夷の甥ではなく、蝦夷の異母弟だったことになる。蝦夷の後継者たる入鹿からみれば、彼は従兄弟ではなく叔父ということになろう。

蘇我倉山田石川麻呂は、ウジナの一部である倉が示すように、蘇我氏のなかにあって朝廷の倉庫に関わる職務を主管してきたのであり、山田・石川はのちの河内国の石川郡の山田というその拠点をあらわしている。この麻呂が馬子の子であったとすれば、彼が石川や山田をウジナに称しているのは、それが彼の母親の一族の拠点だったからであろう。

河内国の石川とその周辺は渡来人集団が集住した地域として知られている。そこは、蘇我氏が配下にした百済系書記官らの勢力圏である河内の古市・安宿《あすかべ》にも隣接している。麻呂は、馬子が河内国の石川を基盤とする渡来系豪族の女性とのあいだにもうけた一子であった可能性が高い。蘇我氏自体が渡来系だったとはいえないが、蘇我倉氏には渡来系の血が受け継がれている。

すでに述べたように、麻呂に代表される蘇我倉氏は「満智《まち》―韓子《からこ》―高麗《こま》」という朝鮮三国に関わりの深い人名をふくんだ独自の祖先系譜を形成していた。それは、蘇我倉氏が列島内部のみならず朝鮮半島からの貢納に関しても天皇に奏上を行なうという職務を主管していたからと推察される。

だが、それに加えて、麻呂の母が渡来系の出身だったこともあって、彼はあえて三代の「韓人」を系譜のなかに組み入れたとも考えられる。先に述べたように、麻呂が、古人大兄皇子のような蘇我氏の血を引くがゆえにその内部事情をよく知る人物から「韓人」とよばれていたらしいことも、そのように考えると容易に了解できよう。

18—山田寺跡

田村こと舒明の即位前夜、麻呂という蝦夷の異母弟がすでに朝廷の倉に納められる各地からの貢納を主管するという重責を担って群臣の列に連なり、しかも、その群臣会議で蝦夷に対し堂々と回答を留保するほどの存在感を示すにいたっていたことは注目に値する。すでにみたように舒明即位前、蘇我氏の本家・本流に次ぐ位置にあった境部氏は蝦夷に逆らったために没落した。だが、それに取って代わるかのように、こんどは麻呂と蘇我倉氏が本家・本流を脅かす地位に上昇してきたのである。

『上宮聖徳法王帝説』裏書によれば、山田寺（浄土寺）の造営が舒明天皇十三年（六四一）より始まり、皇極天皇二年（六四三）には金堂が建立されたという。このように舒明朝の終わりには、蘇我倉氏は飛鳥の北東の一角に独自の寺院を造営するまでにその実力を蓄えていたのである。それは、蘇我氏の本家・本流の勢力圏というべき飛鳥の地に打ち込まれた楔といってもよかった。

飛鳥に初めての王宮

田村皇子が正式に即位して舒明天皇が誕生するのは翌年（六二九）正月のことである。翌舒明天皇二年正月には宝皇女《たからのひめみこ》が皇后に立てられた。彼女については後述したい。

この舒明のもとで蝦夷が最初に取り組んだ「公共事業」が、舒明の王宮造営であった。いわゆる飛鳥岡本宮である。

それは、馬子によって建立された「蕃神」の祭殿たる飛鳥寺の南の空閑地に造営されることになった。飛鳥寺が創建された飛鳥川の東岸はもともと「真神原《まかみはら》」とよばれる聖地とされていたが、飛鳥寺が建てられたことによりその神聖性はさらに増していた。そのような場所に王宮を建設することはかねてから予定されていたことであった。

この飛鳥岡本宮の遺構は、奈良県高市郡明日香村の飛鳥京跡（伝飛鳥板蓋宮跡）に眠っている。岡本宮は飛鳥京跡Ⅰ期遺構がそれに該当すると考えられている。

地形は南東から北西にかけての傾斜地となっており、そのような地形に制約された結果であろう、遺構は北で西に二〇度ほど振れる方位を示しており、いわゆる正南北の方位ではない。確認されているのは掘立柱建物、塀、石敷、石組溝などにすぎない。柱を抜き取った穴に充満していた焼土は、この宮殿が火災にあったことを物語っている。

林部均氏によれば、I期遺構を造営するにあたっては、それほど大掛かりな整地工事は行なわれていないという（「発掘された飛鳥の諸宮」『古代の都1　飛鳥から藤原京へ』所収、吉川弘文館、二〇一〇年）。これは、舒明が飛鳥に王宮を営むことにさほど熱意を抱いていなかったためというのだが、はたしてそのように断定してよいであろうか。岡本宮がこの場所に造営された最初の王宮だったことによると考えるべきではあるまいか。

ともあれ、これが、蘇我氏による「公共事業」として本格的に造営された最初の王宮であったといえよう。推古の時代の豊浦宮や小墾田宮の場合は、それらの規模も限定されており、しかももともとあった施設（稲目所有の邸宅など）を改造して建設されたものであった。飛鳥川の東岸、飛鳥寺の南という特別な場所をえらんで、初めて本格的な王宮が営まれたのである。それは中国に唐帝国という強大な軍事的脅威が誕生し、それに抗しながら自国の権益を主張・確保するという意図と不可分のものであった。

これに前後して蝦夷は「嶋大臣」とよばれた亡き馬子の邸宅を宮殿に改造し、これを天皇家に献上している。いわゆる嶋宮である。そこの最初の住人となったのは舒明の生母、糠手姫皇女《ぬかてひめのみこ》であり、そのため彼女は「嶋皇祖母命《しまのすめみおやのみこと》」（『日本書紀』天智天皇三年六月条）とよばれた（「皇祖母命」は天皇の生母の尊称）。

舒明皇后でのちの皇極天皇の生母である吉備姫王《きびつひめのみこ》（欽明天皇の孫）も「吉備嶋皇祖母命」（『日本書紀』皇極天皇二年九月丁亥条）という通称をもつので、彼女もある時期以降、嶋宮に住まうことになったとみられる。

このように、蝦夷は舒明のために飛鳥岡本宮を造営しただけではなく、併せて舒明とその皇后のそれぞれの母親のための宮殿までも提供したのである。

百済大宮・百済大寺の造営

ところが、舒明天皇八年（六三六）六月、飛鳥岡本宮は火災によって焼失してしまうのである。その後、舒明はなぜか飛鳥の地に直ちに王宮を再建しようとはせず、飛鳥周辺にある田中宮や厩坂宮《うまやさか》を仮住まいとした。そして、遠く伊予国の温湯宮《ゆのみや》（愛媛県松山市道後温泉）に脚を伸ばすなどした。

田中宮のある田中は、蘇我氏の同族である田中氏が本居としていた場所であり、田中宮が同氏とまったく無関係に存立していたとは考えがたい。また厩坂宮は、すでに述べたように蘇我氏の血を受け継ぐ穴穂部間人皇女《あなほべのはしひとのひめみこ》（用明皇后）やその皇子厩戸にゆかりの深い宮殿であったとみられる。結局、これらの王宮を舒明に提供したのも蝦夷と蘇我氏であったことになろう。

ところで、舒明としては新たな王宮を建設すべき場所を模索していたが、容易に決定を下そうとしなかった。そのため蝦夷は焦慮を募らせたようで、つぎのようなトラブルも起きている（『日本書紀』舒明天皇八年七月己丑朔条）。

大派王《おおまたのみこ》、豊浦大臣に謂《かた》りて曰はく、「群卿及び百寮、朝参すること已《すで》に懈《おこた》れり。今より以後、卯《うのとき》の始に朝《まいり》りて、巳《みのとき》の後に退《まか》でむ。因りて鍾を以て節《ととのえ》とせよ」といふ。然るに大臣従はず。

大派王は敏達天皇の皇子であり、この時期、天皇家の長老的存在であったと思われる。蝦夷が、群臣や官人は午前六時に出仕し、午前十時には退勤させるべしという大派王の提言を無視したというのは、岡本宮が焼失した直後であり、それどころではないという思いが強かったためと考えられよう。

ようやく王宮の建設地が公表されたのは舒明天皇十一年（六三九）になってからであった。それは『日本書紀』舒明天皇十一年七月条につぎのようにみえる。

詔して曰はく、「今年、大宮及び大寺を造作《つく》らしむ」とのたまふ。則ち百済川の側《ほとり》を以て宮処とす。是を以て、西の民は宮を造り、東の民は寺を作る。便《すで》に書直県《ふみのあたいあがた》を以て大匠《おおたくみ》とす。

このように、舒明は飛鳥川ではなく百済川のほとりに王宮のみならず寺院も併せて建設しようとした。いわゆる百済大宮と百済大寺である。これは明らかに、先行する飛鳥岡本宮—飛鳥寺や斑鳩宮—斑鳩寺を意識したものとみられる。

これらの造営場所については長らく不明とされていたが、一九九七年に桜井市において吉備池廃寺が発見され、これが百済大寺の有力候補と目されるようになった。吉備池廃寺は、金堂と塔を取り囲む回廊と中門から成る中枢伽藍、および金堂の北に僧房があったことが確認されている。東に金堂、西に塔を配置した最古の法隆寺式の伽藍配置であり、金堂は、七世紀末に百済大寺の後身とされる大

19── 吉備池廃寺

官大寺の金堂があらわれるまでは最大規模であった。塔もその基壇の一辺が約三二メートルであり、九重塔を載せるに相応しい規模である。当時の倭国には例のない超高層建築だったといえよう。

わずか数キロとはいえ、飛鳥の地から離れた百済川のほとりに王宮のみならず寺院を建設したことは、舒明の蝦夷や蘇我氏に対する反発・抵抗とみなされることが多かった。大脇潔氏は、「舒明は蘇我氏の勢力を排除し、王権の確立をめざす決意を秘めつつ、蘇我氏の権勢の象徴である飛鳥寺を圧倒する寺を建立し仏教受容の宣言を内外に表明した」として、これを干支によって「己《き》亥《がい》の政変」とよんでいる（「飛鳥・藤原京の寺院」前掲『古代の都1　飛鳥から藤原京へ』所収）。

しかし、百済大宮はともかくとして、当時最大規模の金堂や塔をもつ百済大寺の造営には、飛鳥寺造営の知識と経験が不可欠であり、それは蝦夷と蘇我氏の協力なくしては不可能であったに違いない。また、百済大宮・百済大寺造営の現場指揮を務めたのは倭漢氏の書直県であった。このように蘇我氏の配下にあって公共建造物の造営を支えた倭東氏の有力者が起用されていることからいっても、百済大宮・百済大寺が蘇我氏の主宰する「公共事業」として造営されたことは否定しがたい。

天皇家が蘇我氏を排して仏教受容を宣言するのは、後述するように乙巳の変後であり、早く舒明の段階でそれが達成されたとは考えられない。だが、飛鳥川ではなく百済川のほとりをえらんだところに、少なくとも舒明のアピールを読み取ることができよう。百済川のほとりは、舒明の祖父にあたる敏達天皇がかつて王宮（百済大井宮）を営んだ場所であった。舒明とすれば、そこに王宮と寺院をセットで造ることで自身が敏達の王統に連なることを誇示したかったようである。

このように百済大宮はともかく百済大寺の造営は、もちろん蘇我氏の力に全面的に依存せざるをえないのであるが、のちに孝徳天皇によって天皇家が仏法を直接主宰するようになる、その第一歩と位置づけることができよう。従来の蘇我氏による「公共事業」の主宰に対し、天皇家がわずかではあるが干渉を加えつつあったことがうかがえるからである。

なお、百済大宮の造営には「西の民」が、百済大寺の造営には「東の民」が動員されている。これは、もちろん各地の部や屯倉に所属する民衆から一定の割合で労働力が徴発されたのであろうが、「東の民」「西の民」といったように、この段階では広域にわたるがあくまで従来どおりの労働力の徴発・動員がなされていることを確認しておきたい。

「天皇記」「国記」の編纂

百済大寺の九重塔は、まさに強化された王権を象徴する建造物にほかならなかった。このような王権強化は、やがて王権の来歴を回顧し、それを総括することにつながっていく。王権の歴史を書物化する試みである。それに関しては『日本書紀』推古天皇二十八年（六二〇）是歳条が注目される。

　皇太子・嶋大臣、共に議《はか》りて、天皇記及び国記、臣連《おみむらじ》伴造《とものみやつこ》国造《くにのみやつこ》百八十部《ももあまりやそとものお》并て公民等の本記を録す。

厩戸皇子と蘇我馬子が「天皇記」「国記」を共同で編纂したという有名な記事である。「天皇記」とは皇統譜を軸とした天皇の物語であり、皇位継承を主題とする書物といえよう。他方、「国記」の内容を示すのがそれに続く「臣連伴造国造百八十部并て公民等の本記」であって、これは天皇に仕えるあらゆる階層のそれぞれの奉仕の由来・起源を語る物語・伝承を収めた書物とみられる。

「天皇記」「国記」は厩戸と馬子によって編修されたといわれるが、それは疑わしい。というのは、『日本書紀』皇極天皇四年（六四五）六月己酉条には、

　蘇我臣蝦夷等、誅《ころ》されむとして、悉に天皇記・国記・珍宝を焼く。船史恵尺《ふねのふひとえさか》、即ち疾《と》く、焼かるる国記を取りて、中大兄に奉献《たてまつ》る。

とみえ、蝦夷・入鹿が滅ぼされた乙巳の変の当時、蝦夷邸においてその編纂が継続中であったことが知られるからである。船恵尺が焼かれようとしている「国記」を取り出すことができたのも、彼のよ

うな百済系書記官が「天皇記」「国記」の編纂スタッフとして蝦夷邸に出仕していたからと考えられよう。

皇極天皇の時代に「天皇記」「国記」が蝦夷によって編纂中だったということは、その編纂開始はさかのぼっても彼が推古の遺詔を奉じて擁立した舒明の即位時といえよう。厩戸と馬子による共同編修というのは、あくまで「天皇記」「国記」の権威づけのためにのちにそのようにいわれるようになったにすぎないであろう。

のちに舒明の墳墓は蝦夷と蘇我氏の手によって造営される。それは天皇陵としては最初に造られた八角形墳であり、天皇の支配が世界の隅ずみにまでおよぶことを可視的にあらわしたものであった。舒明以後、天皇の墳墓は基本的に八角形墳が採用されていくが、舒明がその起点になったことは舒明を起点となる天皇とする認識があったことを物語る。舒明即位以降、「天皇記」「国記」の編纂が開始されたことは間違いない。

問題は、「天皇記」「国記」のような歴史書の編纂が、なぜ天皇家の王宮ではなく蘇我氏という豪族の私邸で行なわれていたかということである。恵尺のような百済系の書記官は、もともと蘇我氏の指揮下にあってその「公共事業」を支えてきた。

その点からみて、蝦夷による「天皇記」「国記」の編纂とは、蘇我氏が主宰する「公共事業」の一環であったと考えられる。これは蘇我氏による「公共事業」のうちのソフト面ということができよう。

蘇我氏が中心になって行なった「公共事業」は巨大な公共建造物の建設や対外戦争、道路の敷設といったハード面に限定されるものではなかったのである。

再び、女性天皇を擁立

舒明天皇十三年（六四一）十月、舒明天皇が百済大宮で亡くなる。翌年、舒明皇后だった宝皇女《たからのひめみこ》が即位する。史上二人目の女性天皇、皇極の誕生である。皇極は、敏達天皇の皇子、押坂彦人大兄の子である茅渟王《ちぬのおおきみ》の娘（天皇の曾孫）であった。舒明も押坂彦人大兄の子であったから、皇極には叔父にあたる。

このような叔父・姪の結婚はこの時代の天皇家においては一般的なものであった。舒明と皇極とのあいだには推古天皇三十四年（六二六）に中大兄皇子（天智天皇）が生まれているので、彼らの結婚はこれより若干前なのであろう。推古が亡くなり、その後継が問題となるわずか数年前である。

荒木敏夫氏によれば、天皇家における近親婚のうち異世代婚（叔父・姪の結婚、叔母・甥の結婚）は、異母兄弟姉妹による結婚のような同世代婚が可能でない場合に行なわれたものと考えられるが、同世代婚であれ異世代婚であれ、天皇家内部の母を同じくする集団どうしを結び付けることにねらいがあったという。とくに皇極の場合は、彼女が舒明と結婚することにより、舒明や茅渟王が押坂彦人大兄から相続した財産が拡散してしまうことを防ぐ役割を果たしたことが重要であるとする（『古代天皇家の婚姻戦略』吉川弘文館、二〇一三年）。

舒明・皇極の結婚の意義については荒木氏の指摘するとおりであろうが、それに加えて、推古の長期在位ののちに舒明が即位することが予定されていたことも考慮されねばならない。敏達天皇の時代以来、皇后には天皇の近親女性がえらばれ、天皇の執政を輔佐してきた。

舒明には皇極以外にも近親から迎えた妻がいた。敏達と推古とのあいだに生まれた田眼皇女《ためのひめみこ》である。彼女は敏達皇女であるから、同じ敏達の曾孫にすぎない皇極よりも血統的な条件ははるかに勝っている。しかし、この時代の皇后選出にあたり問題とされる血統とは、特定の天皇との血縁的な近さではなく、天皇としての資質を受け継いでいるか否かということにあったとみられる。もちろん、田眼の資質をうかがわせる史料はまったく伝わらないので断定的なことはいえないが、天皇として即位する可能性が高まった舒明が、皇后に立てることを見越して姪にあたる皇極を娶ったことは十分に考えられよう。

なお、田眼の同母姉である小墾田皇女《おはりだのひめみこ》は舒明の父押坂彦人大兄と結婚しているので、舒明からみて田眼は叔母にあたることになる。皇后として立てる場合、あるいは叔母よりも姪のほうが優先されたのであろうか。

では、皇后たる皇極が即位することになったのはどうしてか。それは、推古によって天皇が次期天皇を指名するという慣行が創始されたとみられるので、皇極の即位は舒明の指示（おそらくその遺詔）によるものと考えられる。敏達皇后だった推古の前例にならい、皇極の皇后時代の経験と実績が評価されて即位におよんだものとみられよう。

蝦夷は大臣として舒明の遺詔をうけて、それについての群臣らの同意と了承を取りまとめ、皇極を推戴することになったのであろう。蝦夷が個人的にその将来を期待していた山背大兄王は、皇位継承のチャンスをここに逸したのである。

飛鳥板蓋宮を造営する

皇極は即位すると、蝦夷に百済大寺を引き続き造営することを命じた。『日本書紀』皇極天皇元年（六四二）九月乙卯条にはつぎのようにみえる。

天皇、大臣に詔して曰はく、「朕、大寺を起し造らむと思欲《おも》ふ。近江《おうみ》と越《こし》の丁《よほろ》を発《おこ》せ」とのたまふ。百済大寺ぞ。

これによれば、百済大寺はこれまでは「東の民」が造営にあてられてきたが、今回は「近江と越の丁」、すなわち近江国（滋賀県）と越国（北陸一帯）という「国」を単位に徴発された成人男子の労働者が造営事業に投入されたことがわかる。労働力が動員された地域は、のちの東山道の起点となる近江国に加えて北陸道の諸国（若狭・越前・越中・越後）ということであり、その範囲は広域にわたっている。

百済大寺は九重塔の建立などもあり、造営には手間取ったようであるが、その完成を早めるためにも労働力の大幅な増強をはかる必要があったはずである。「国」を単位とした広域におよぶ労働力の徴発が採用されたのはまさにそのためであったと考えられる。

だが、皇極は百済大寺の傍らに建つ百済大宮に住まうことはなかった。彼女はみずからの王宮を飛鳥の地にもとめたのである。『日本書紀』皇極天皇元年(六四二)九月辛未条はつぎのように記している。

天皇、大臣に詔して曰はく、「是の月に起して十二月より以来を限りて、宮室を営《つく》らむと欲《おも》ふ。国国に殿屋材《とのき》を取らしむべし。然も東は遠江《とおとうみ》を限り、西は安芸《あき》を限りて、宮造る丁を発せ」とのたまふ。

いわゆる飛鳥板蓋宮である。板蓋の名は王宮の屋根が檜皮葺であったことに由来する。檜皮葺は当時の技術水準では極めてコストの高いものであった。これには唐帝国の軍事的脅威に抗して強化された王権を目にみえる形で示そうとするねらいがあったのであろう。蝦夷と蘇我氏はこの「公共事業」を推し進めた。

この板蓋宮は飛鳥京跡のⅡ期遺構がそれに該当するといわれる。方形の区画施設と石組溝が発見されているが、Ⅲ期の新しい遺構によって壊されるかたちでⅡ期遺構が確認できるにすぎない。Ⅱ期の造営方位はⅠ期のそれとは異なり正方位をとる。それは、地形条件に左右されずに正方位によって建物を造営できたということを物語る。その前提として、大掛かりな整地工事が施されたことがうかがわれる。Ⅰ期遺構はⅡ期遺構の造営により大規模な削平を受けたことが明らかであるという(前掲、林部均「発掘された飛鳥の諸宮」)。

飛鳥板蓋宮の造営においても「国」を単位とした労働力の徴発と編成が行なわれたことが注目され

る。遠江国（静岡県西部）から安芸国（広島県西部）までの広域から「国」を単位とした労働力の大動員が行なわれたのである。これは、のちの畿内諸国を中心に東海道諸国と山陽道諸国ということであり、大倭・山背・摂津・河内に加えて遠江・三河・尾張・伊勢、それに播磨・備前・美作・備中・備後・安芸の計一四ヵ国において労働力が大動員されたことになる。それはまさに「国挙《こぞ》る民」といっても過言ではあるまい。

従来は部・屯倉を通して物資や労力の収取が行なわれてきた。だが、それを受け継ぎながらも、「国」とよばれる一定の領域を単位とした徴収に転換しつつあったことがうかがわれる。それは、物資や労力をこれまで以上に大規模に、円滑かつ厳正に徴収する必要に迫られてのことだったとみられる。

物資や労力の大規模かつ円滑な徴収・動員は、帳簿による民衆の把握と編成がある程度すすんでいなければ不可能だったであろう。「国」という領域が前提とされるようになるのは、帳簿により民衆をその住所において把握・登録することがある程度進展した結果であろう。ここでもおそらく、百済系書記官たちの活躍があったことが想定できよう。

このような物資や労力の徴収システムの変化・転換とは、唐帝国の強まる軍事的脅威とそれによる朝鮮半島の激動を視野の外においては理解しがたい事態である。

皇極が即位した年には、高句麗では対唐強硬派を代表する泉蓋蘇文が国王や反対派の貴族を大量虐殺するという大規模な政変が発生し、唐・高句麗戦争が現実のものになりつつあった。また、同年、百済の義慈王は新羅の西部に大挙して攻め入り、六世紀半ばに新羅により制圧された旧伽耶地域の奪還を果たしていた。朝鮮半島南部の国際地図が一夜にして塗り替えられるような激変が生じていたのである。

「公共事業」を主宰する蝦夷や蘇我氏としては、大規模な公共建造物の建設だけでなく、従来よりも大掛かりな対外戦争も想定せざるをえないことになった。蝦夷は、亡父馬子の時代にはおよそ考えがたい深刻な事態に直面していたのである。

「今来の双墓」——壮大な実験

『日本書紀』は、皇極天皇元年（六四二）、蝦夷が葛城の高宮に祖廟を造り、そこで八佾《やつら》の舞《まい》を舞わせたことを記している。また、蝦夷と子の入鹿は「尽《ふつく》に国挙《こぞ》る民、幷て百八十部曲《ももあまりやそのかきのたみ》」を動員して彼らの墳墓を今来の地に造営したという。この時、「上宮大娘姫王」、すなわち舂米女王《つきしね》（山背大兄王の妻）が蘇我氏に対して抗議を行なったことは先に述べた。

これが、蘇我氏による王権簒奪を印象づけるために粉飾や誇張が加えられていること、しかしながら、まったく根も葉もないことではなく、事実関係自体はみとめるべきことは、前章で述べたとおりである。

蝦夷が祖廟を建てたという高宮は、かつての葛城県の中心部にあたるとみられるので、これは蝦夷が皇極から葛城県を拝領したことを物語っている。蝦夷は、馬子が推古に願っても下賜されなかった葛城県をついに拝領することができたのである。それはいったいどうして可能になったのであろうか。

蝦夷は父馬子から受け継いだ組織と人脈を動員して、百済大寺や飛鳥板蓋宮の造営、さらには「天皇記」「国記」の編纂などの「公共事業」を主宰し、それによって皇極と天皇家に奉仕と貢献を続けてきた。それに加えて、先にみたように、舒明の生母のみならず皇極の母である吉備姫王に対しても嶋宮を提供するなど、皇極個人にも蝦夷は奉仕を尽くしていたのである。これよりのち、蝦夷は亡き舒明のために八角形墳を造営し、皇極の母吉備姫王のために彼女には祖父にあたる欽明天皇の陵（平田梅山古墳）に隣接して墳墓（平田金塚古墳）を造営した。おそらくこれらの功績がすべて評価されて、葛城県という褒賞があたえられたとみられよう。

注目すべき点は、蝦夷・入鹿の墳墓造営に「尽に国挙る民、幷て百八十部曲」が投入されたということである。これは、百済大寺造営にあたり動員されたという「近江と越の丁」や、飛鳥板蓋宮造営のために「東は遠江を限り、西は安芸を限り」徴発された「丁」に匹敵する規模の労働力と考えられる。

『日本書紀』はこれを、蝦夷があたかも勝手に動員したかのように描こうとしている。だが、このような大規模な労働力は、蝦夷や蘇我氏がかねてより「公共事業」を推進するにあたり動員・使役してきたものである。これら労働力の投入されるのが今回は蘇我氏父子の墳墓ということであるが、それもやはり皇極が蝦夷や蘇我氏の貢献を褒賞して、このような特権を許したとみることができよう。

厩戸皇子の娘で山背大兄の妻であった春米女王は、「上宮《かみつみや》の乳部《みぶ》の民」という私有民が蝦夷・入鹿の墳墓造営に使役されたことを憤り、「天に二つの日無く、国に二の王無し」といって蘇我氏の横暴を非難したと描かれる。しかし、「上宮の乳部の民」をふくめた大規模な労働力の徴発を許可したのは皇極であるので、春米は結果として皇極に非難をあびせかけたことになる。

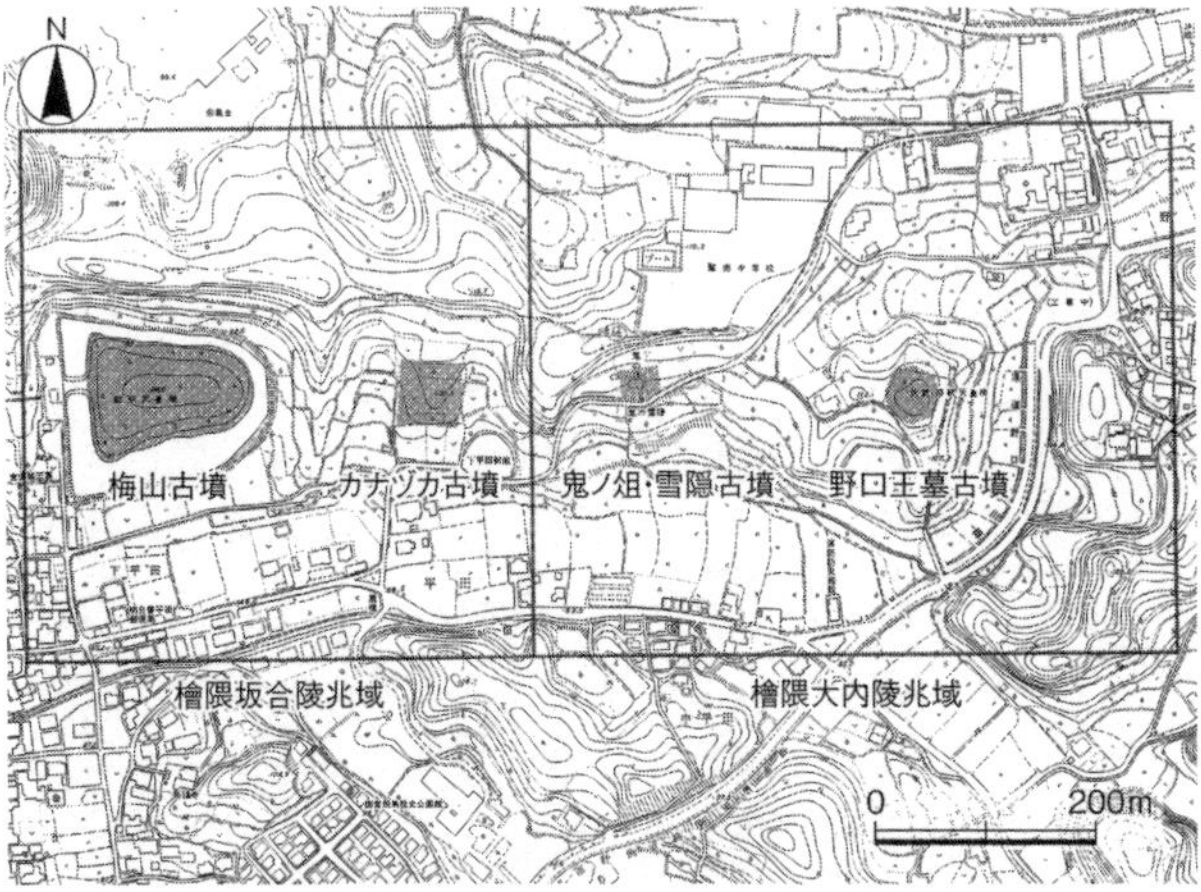

20── 檜隈坂合陵兆域と檜隈大内陵兆域

山背大兄ではなく春米が抗議の先頭に立っているのは、「上宮大娘姫王」とよばれた彼女にも「上宮の乳部の民」の領有権があったためであろう。ともあれ、この一件によって斑鳩宮の山背大兄とその一族は皇極に睨まれることになった。これは、のちに彼らが蘇我入鹿の手で滅ぼされることになる伏線として押さえておくべきであろう。

問題は、これだけ大規模な労働力の動員がかつてなかったと思われることである。ただ、百済大寺の造営はその完成を急いでいたようであり、飛鳥板蓋宮の造営も今年の九月から十二月までと期間を限定していた。蝦夷・入鹿の墳墓造営も、建前とはいいながら「望はくは死《みまか》りて後に、人を労《いたわ》らしむこと勿《まな》」とあるように、労働力の節減が強く意識されている。

このように、従来なかったような大規模な労働力の徴発・動員がなされる一方で、その労働力の期間を区切っての投入・使役が試みられている。これは、蝦夷・入鹿が滅び去ったのち、孝徳天皇が「薄葬令《はくそうれい》」を発布し、皇族や豪族の墳墓造営に投入される労働者の数と使役日数を皇族・豪族らの身分に応じて厳しく限定する方針を示していることとの関連で注目されねばならない。

5 四代・入鹿の軌跡

さまざまな名をもつ入鹿

蘇我氏の四代目、入鹿については『家伝』上（鎌足伝）にみえるつぎのエピソードがあまりに有名である。

嘗《むかし》、群公の子、咸《みな》、旻法師の堂に集ひて、『周易』を読みき。大臣後《おく》れて至るに、鞍作起《た》ちて杭礼して倶《とも》に坐《い》き。講し訖りて散《あら》けむとするに、旻法師撃目《げきぼく》して留めき。因て大臣に語りて云ひしく、「吾が堂に入る者、宗我太郎に如《し》くは無し。但、公神識奇相にして、実に此の人に勝《まさ》れり。願はくは自愛せよ」といひき。

これによれば、大臣こと中臣鎌足は、中国から帰朝した僧旻の塾で「鞍作」「宗我太郎」とよばれていた入鹿と机を並べて学んでいたが、入鹿はそこで俊秀の名をほしいままにしていたというのである。

『家伝』上は、鎌足の曾孫にあたる仲麻呂（恵美押勝）が天平宝字四年（七六〇）頃に執筆したもので、仲麻呂は自身の姿を鎌足に投影しており、この箇所は彼の創作であり史実を伝えているとはおよそ考えがたい。ちなみに入鹿のモデルとなっているのは、仲麻呂の従弟で彼によって討たれた橘奈良麻呂（聖武天皇の重臣、橘諸兄の子）であるとみられる。したがって残念ながら、この記述をもって入鹿を時代の最先端を走る若きエリートと見なすことはできない。

21―入鹿神社

橿原市小網町にあり，蘇我入鹿を祭神とする．

入鹿が「鞍作」とよばれていることについては、彼の乳母が渡来系の鞍作氏出身だったことによるといわれる。たしかに鞍作氏は蘇我氏による「公共事業」を支えてきた豪族の一つであり、蘇我氏の御曹司のために乳母を差し出すのはありえない話ではない。だが、天皇や皇族でもない入鹿が、乳母の出身氏族名でよばれることはやはり考えにくい。これについては、別の角度から考えるべきであろう。

つぎに「宗我太郎」であるが、太郎とは長男を示すので蝦夷の息子たちのなかで入鹿が最年長であり（他の兄弟については不詳）、それゆえ彼が早くから蝦夷の後継者と目されていたのであろう。

他方、入鹿は「林太郎」ともよばれていた（『上宮聖徳法王帝説』）。入鹿がこのように林を名乗っているのは、彼が林氏とも深い関わりがあったことを物語る。先にみたように、蘇我馬子が生まれ育った場所から葛城馬子とも名乗っていたことからいって、おそらく入鹿の母の実家が林氏だったのでないかと考えられる。

林氏は蘇我氏と同じく武内宿禰《たけしうちのすくね》の後裔氏族、波多八代宿禰《はたのやしろのすくね》を直接の祖とする豪族の一つである。入鹿は蘇我入鹿であると同時に林入鹿でもあったわけで、彼は父母によって蘇我氏と林氏の両方に帰属し、それぞれの勢力や財産の継承にあずかる権利・資格がみとめられていたのである。

族長位の生前譲渡

入鹿の登場を『日本書紀』皇極天皇二年（六四三）十月壬子条はつぎのように伝える。

蘇我大臣蝦夷、病に縁りて朝《つかえまつ》らず。私に紫冠を子入鹿に授けて、大臣の位に擬《なずら》ふ。復《また》其の弟を呼びて、物部大臣と曰ふ。大臣の祖母は、物部弓削大連《もののべのゆげのおおむらじ》の妹なり。故《かれ》母が財に因りて、威を世に取れり。

蝦夷は病気の悪化を理由に蘇我氏の族長位を入鹿に譲渡することにしたというのである。

これによれば、入鹿には実名は不詳ながら弟がおり、彼は祖母にあたる女性（馬子の妻）を介して物部氏の財産を継承し、それにより世に威勢を誇ったので「物部大臣」と称されたという。しかし、入鹿に弟がいたという所見は他にみることができず、また、その名前がまったく伝わらないというのもおかしい。

さらに、彼が物部氏に由来する財産を相続していたとしても、大臣でもない彼が「物部大臣」とよばれるのも解せないところである。やはり、「其の弟を呼びて」という文言に誤りがあるようで、「弟」はもともと「第」と書かれていたとみなすのが妥当ではないか。

要するに、入鹿自身がその「第」すなわち邸宅の由来によって世に「物部大臣」とよばれていたということである。入鹿は物部氏出身の祖母から譲り受けた邸宅に住んでいたのであり、それゆえに「物部大臣」と称されたとみられる。

とすれば、物部氏の勢力圏であったのちの河内国渋川の周辺に鞍作（現在の大阪市平野区加美鞍作）という地名があったことが注目される。先にみた入鹿の異名「鞍作」は、「物部大臣」という通称の由来となった物部氏から受け継いだ彼の邸宅が鞍作の地にあったことにもとづくのではないであろうか。

さて、入鹿の大臣就任についてであるが、稲目も馬子も亡くなるまで大臣の地位にあった。大臣は天皇と同様に終身の地位だったようである。そのように考えると、蝦夷が持病を理由にするとはいえ、大臣の地位を生前に子に譲渡するとは異例のことといわざるをえない。

すでに述べたように、蝦夷が「私に紫冠を子入鹿に授けて」とあるように、蝦夷は蘇我氏の族長たることをあらわす「紫冠」を入鹿に譲り渡したというのである。蘇我氏の族長を誰にするかは蘇我氏の族長である蝦夷の一存に任されているのであるから、これは決して非難には値しない。

ただ、蘇我氏の族長はほぼ自動的に大臣に任命される。もちろん、大臣の任命は天皇の権限に属する。ここに「大臣に擬ふ」とあるのは、まず入鹿は蝦夷によって蘇我氏の族長に任命され、しかるのちに天皇による大臣への正式任命を待つというニュアンスを伝えていると理解されよう。

それにしても、蝦夷が前例のない大臣位の生前譲渡を行なったのは、いったいどうしたわけであろうか。

すでに述べたように、蝦夷の異母弟、麻呂はすでに舒明即位前の段階で群臣会議において大きな存在感を示していた。また、舒明朝末年には飛鳥の一画に寺院（山田寺）の造営も始めていた。蘇我氏内部において彼と蘇我倉氏の勢力はかつての境部氏に代わり、まさに本家・本流に迫るものがあったのである。

麻呂は馬子の孫ではなくその子であり、蝦夷の異母弟にあたったから、その経験や実績という点で蝦夷の後継たりうる資格が十分にあったといってよい。これらの点から考えるならば、蝦夷が大臣の地位を生前に入鹿に譲渡するという異例にふみ切ったのは、入鹿の強力なライバルとなる蘇我倉氏の麻呂の機先を制するねらいがあったのではないだろうか。

蝦夷がこのような強硬な手段に出たことが、その異母弟麻呂を必要以上に刺激することになったといえよう。蘇我氏の族長は大臣に任命されて「公共事業」を主宰するという絶大な権限をもち、多大な利権が集まる立場であるから、極めて魅力のあるものであった。麻呂とすれば年若い入鹿にそれを奪われる結果となり、これ以後、彼は蘇我氏族長や大臣の地位への執着を強めていくことになったとみられる。蘇我氏の本家・本流と蘇我倉氏との亀裂を深める結果になったという点で、蝦夷のこの決断が得策であったとは決して思われない。

斑鳩宮襲撃—入鹿に共犯はいたか

入鹿が生前、その手で行なったことが明らかなのは山背大兄王を斑鳩宮に襲って殺害したという一件のみである。それは、彼が政変によって非命に斃れ、敗者となってしまった結果、その事績が勝者の手ですべて掻き消されたためにほかならない。さりながら、この事件に入鹿と蘇我氏が滅ぼされることになった真相が隠されていることは間違いないであろう。

入鹿は蝦夷から蘇我氏族長の地位を継承していたから、当然のことながら王権が必要とする「公共事業」を主宰する資格や権限も受け継いでいたはずである。山背大兄の襲撃・殺害もこの「公共事業」との関連で理解すべきであろう。

『日本書紀』によれば、皇極天皇二年（六四三）十月、入鹿が「独り謀りて」山背大兄を廃して古人大兄皇子（舒明の皇子。母は蘇我馬子の娘、法提郎媛《ほほてのいらつめ》）を次期天皇に推戴しようとしたとされる。そして、それを実行したのが翌月のことであったと記している。文字どおりに解するならば、入鹿はあくまでも単独でこのような事件を引き起こしたことになる。

他方、『日本書紀』よりものちに書かれた史料によれば、入鹿には共犯者がいたとされている。

たとえば、『家伝』上は、「宗我入鹿、諸王子と共に謀りて、山背大兄等を害《そこな》はむと欲《おも》ひて」とみえる。また、入鹿は「方《まさ》に今、天子崩殂《かんあが》りたまひて、皇后朝に臨みたまふ。心必ずしも安くあらず。焉《なに》ぞ乱無けむ」と「諸王子」によびかけたので、彼らは承諾したという。さらに、平安時代前期に書かれた聖徳太子伝、『上宮聖徳太子伝補闕記』は、「宗我大臣幷びに林臣入鹿、致奴《ちぬ》王子の児、名は軽王、巨勢徳太《こせのとこた》古臣《このおみ》、大臣大伴馬甘連公《おおとものうまかいのむらじきみ》、中臣塩屋枚夫《なかとみのしおやのひらふ》ら六人、悪逆の至計を発し、太子子孫、男女二十三王、罪無くして害せらる」と記す。

まず、『家伝』上の記述であるが、これも先にみた僧旻の学堂における入鹿のエピソードと同様に、『家伝』上を執筆した藤原仲麻呂の創作と考えるべきである。「皇后朝に臨みたまふ」の「皇后」は舒明の皇后だった皇極を指すが、彼女が実際には正式に即位したはずなのに、「朝に臨みたまふ」とあって正式に即位せずに権力行使にあたったとしている。これは、仲麻呂の叔母であり彼の権力の支えであった光明皇后（皇太后）を念頭において書かれているために違いない。『家伝』上に描かれる入鹿は橘奈良麻呂をモデルにしているから、入鹿のよびかけに賛同したという「諸王子」には、奈良麻呂に担がれて仲麻呂打倒のクーデターに加わった塩焼王・道祖《ふなど》王・安宿《あすかべ》王・黄《き》文《ふみ》王らの姿が投影されているのであろう。「諸王子」とよばれる入鹿の共犯者は実在しなかったのである。

つぎに『上宮聖徳太子伝補闕記』の記載であるが、ここで「軽王」すなわち皇極の同母弟軽皇子が登場するのは、たしかな史料的な根拠があったわけではないとみられる。『上宮聖徳太子伝補闕記』の筆者は、おそらく『家伝』上を読んで入鹿の共犯とされる「諸王子」に興味を抱いたのであろう。これはいったい何者か。彼は「諸王子」が仲麻呂の創作であるとも知らずに、それを詮索するために『日本書紀』を熟読し、結果として「諸王子」の一人として軽皇子にたどり着いたにすぎない。したがって、『上宮聖徳太子伝補闕記』も斑鳩宮襲撃事件の真相を探るうえで参考にはならないといわざるをえない。

皇極の真意を探る

事件の真相を探るには、やはり成立が最も早い『日本書紀』によるしかないであろう。入鹿が「独り謀りて」山背大兄とその一族を亡き者にしようとしたのが事件の発端というのだが、この点を再検討しなければならない。

前に述べたように、「独り」または「独り謀りて」は大臣の職権に関わるものであり、大臣が彼によって統括された群臣らに諮ることなく、天皇の命令を直ちに実行に移すという意味になる。とするならば、山背大兄一族を滅ぼすというのは、ほかならぬ天皇たる皇極の命令だったと考えられよう。

かつて蝦夷は、推古の遺詔を大臣の職権において直ちに実行に移して舒明天皇を擁立しようとしたが、群臣らが異議を唱えることを懸念して慎重にも群臣らに諮ることにした。だが、今回の入鹿の場合は、ことが軍事的な機密に関わることであるために、群臣らに諮ることなく躊躇せずに実行にふみ切ったわけである。襲撃を実行したという巨勢徳太《こせのとこだ》と土師娑婆《はじのさば》某の両名は、おそらく群臣のなかでもとくに入鹿に近しい者だったに違いない。

徳太は乙巳の変のおりに「将軍」という肩書きで活躍しているので、彼は蘇我氏が主管する「公共事業」のうち軍事部門を担っていたのではないかと考えられる。土師氏は天皇家の葬礼に関わる職務を世襲してきたから、「公共事業」のなかでも墳墓造営を通じて蘇我氏に奉仕・協力することがあったのであろう。

なお、山背大兄一族を廃するのはともかく、誰を次期天皇とするかは天皇たる皇極の専管事項だったはずである。したがって、蘇我氏の血を受け継ぐ古人大兄を次期天皇として擁立するというのは、皇極がその命令を忠実に実行した入鹿にあたえた褒賞と考えることができよう。

ただ、注意しなければならないのは、入鹿や蘇我氏が古人大兄を次期天皇として推戴していたのは、彼が天皇の皇子であったこと、そして天皇となるのに相応しい年長者であったこと、あくまでこの二点にもとめられていたと考えられることである。これまではややもすれば、古人大兄と蘇我氏との血縁関係ばかりに目を奪われ、その結果、蝦夷や入鹿がそのような縁故だけから古人大兄を支援していたとみなされてきたのは誤りといわざるをえない。

それでは、皇極はどのような理由があって山背大兄とその一族を滅ぼそうと決断したのだろうか。それは先にみた蝦夷・入鹿の墳墓造営の一件がきっかけになったようである。そのおりに皇極は「国挙る民、幷て百八十部曲」を墳墓造営に投入することを許可した。それに対して山背大兄の妻である舂米女王が猛然と抗議を行なったことは前に述べた。皇極からすれば、天皇でもない舂米が「天に二つの日無く、国に二の王無し」とは釈迦に説法というべきであり、片腹痛かったに違いない。この一件があって皇極は山背大兄とその一族に憎悪と敵愾心を抱くにいたったとみられる。

さらに皇極は、唐をめぐる国際情勢が緊迫の一途をたどっているなか、飛鳥川の東岸に王宮（飛鳥板蓋宮）と寺院（飛鳥寺）を中心とした壮麗な都（のちに「倭京」として完成する）を建設しようと考えていた。それを一日も早く完成させるためには、少しでも多くの物資や労働力が必要であった。皇極は、かつて外交を主管した廐戸皇子により集積され、いまは山背大兄に受け継がれている斑鳩宮によって統括された物資や労働力を奪い取り、それらを直接支配下におきたいと考えたのであろう。

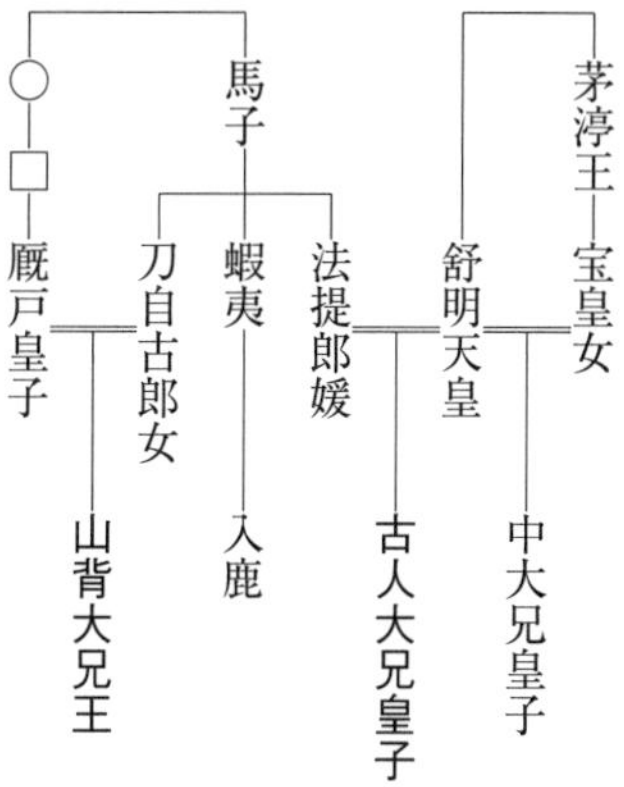

22—蘇我氏・山背大兄王・古人大兄皇子略系図

皇極とすれば、新たに大臣となった入鹿の力量や自分に対する忠誠心を試すために、この特命をあたえたといえよう。入鹿はそれを忠実に実行したのであるが、その結果、皮肉なことに蘇我氏内部に大きな亀裂を生じさせることになってしまったのである。それというのも、山背大兄とその一族は蘇我氏の血を濃密に受け継ぎ、それゆえ蘇我氏による「公共事業」の一翼を担う存在であった。いくら天皇の命とはいえ、これを滅ぼすことは蘇我氏に深刻な内部分裂をもたらすことになる。それは、舒明即位前夜における摩理勢と境部氏の滅亡に続く蘇我氏の内訌といってよい。

蝦夷は山背大兄とその一族の滅亡を聞き、「噫《あ》、入鹿、極甚《はなは》だ愚痴《おろか》にして、専行暴悪《たくめあしきわざ》す。儞《い》が身命、亦殆《あやう》からずや」といって、入鹿を激しく非難したといわれる。これは多分に誇張された記述となっているが、蝦夷がかつて叔父として山背大兄の将来に期待を掛けていたことに加えて、今回のような内輪もめ、同士討ちの愚かさを歎き憤激することは十分にありうるといえよう。

なぜ甘檮岡に邸宅を造ったか

『日本書紀』は、皇極天皇三年（六四四）十一月に蝦夷と入鹿が甘檮岡に邸宅を建て、それぞれ「上の宮門」「谷の宮門」とよばせ、子女を「王子」と称させたことを記す。そのほか、邸宅の周囲には城柵をめぐらせ、門の傍らには兵庫を設け、さらに門ごとに水を容れた舟や木鉤をおくなど、火災を極端に警戒したことが伝えられる。また、膂力《りょりょく》のすぐれた者が常時武器を携帯して警備にあたったという。

他方、畝傍山の東にも新たに邸宅を造営し、池を掘って要塞としたとある。邸内の武器庫には矢が多数集積されていたという。蝦夷・入鹿は五〇人の兵士に身辺を護衛させて邸宅を出入りしたといい、邸宅を警護する武人は「東方《あずま》の儐従者《しとべ》」と称されたという。蘇我氏の諸氏が門内に控えていたが、これは「祖子孺者《おやのこわらわ》」とよばれたとあり、東漢氏が二つの門の警衛にあたったというのである。

前に述べたように、この記事自体は蘇我氏による王権簒奪の伏線となるように種々の粉飾や誇張が加えられている。だが、「宮門」や「王子」などは天皇家の側で蘇我氏を天皇家に准ずる存在とみなして実際にそのように称することを許した可能性もある。

また、甘檮岡が現在の甘樫丘を指すとすれば、それは飛鳥寺や飛鳥板蓋宮を見下ろすという特殊な位置にあることに加えて、甘檮岡自体が盟神探湯《くがたち》という神判の行なわれる王権の聖地だったことからみて、天皇家の諒承なくして邸宅の造営が可能であったとは考えられない。蝦夷・入鹿が甘檮岡に邸宅を造営することができたのはあくまで天皇家の許可があったからとみるべきであろう。おそらく、前年に入鹿が皇極の命を奉じて山背大兄を滅ぼした功績に対する褒賞の意味があったのではないかと考えられる。

『日本書紀』は、蝦夷や入鹿が甘檮岡や畝傍山の東の邸宅の武装を強化しているようすを伝えているが、火災への極度の警戒ぶりを強調するなど、彼らがたんに身近な敵の攻撃に脅えていたかのように描いている。だが、甘檮岡の邸宅のみならず、蘇我氏のかつての勢力圏だった畝傍山の東に造営された邸宅については、蘇我氏が主宰してきた「公共事業」の一環として造営された可能性も想定すべきではなかろうか。

皇極朝になって唐と高句麗との対立はエスカレートする一方であり、両国の戦争は避けられないものになりつつあった。そのような唐・高句麗戦争前夜という緊迫した時代状況から考えるならば、実際には蝦夷・入鹿は外敵侵入まで想定した要塞施設を造営したのであるが、それがあたかも国内の目先の敵を想定した程度の防衛施設だったかのように矮小化して描かれているのではないかと思われるのである。

入鹿、そして蝦夷の最期

山背大兄とその一族が滅び去ってから約一年半のち、入鹿は飛鳥板蓋宮で起こった政変によって、突如その生涯を閉じることになる。その翌日に隠退していた蝦夷も討たれ、ここに蘇我氏の本家・本流はあっけなく滅亡するのである。

乙巳の変とよばれるこの政変に関して、前章で述べた創作・潤飾とみられる部分を除いてその展開を述べれば、およそつぎのようになる。

皇極天皇四年（六四五）六月十二日。この日、飛鳥板蓋宮の内部で行われた「三韓進調」の儀式において入鹿は殺害された。儀式の場には皇極天皇、古人大兄皇子、蘇我倉山田石川麻呂ら少数の者がいただけであった。入鹿を襲ったのは中大兄皇子、中臣鎌足、佐伯子麻呂《さえきのこまろ》、葛城稚犬養網田《かづらきのわかいぬかいのあみた》らの面々であるが、海犬養勝麻呂《あまのいぬかいのかつまろ》なる者も武器の搬入に協力していたようである。古人大兄はその場を脱し、自邸に生還した。

その後、入鹿を暗殺した勢力は入鹿の遺骸を甘樒岡の蝦夷のもとに送り届けると、飛鳥寺に入ってそこを本陣と定めた。おもだった皇族・豪族がつぎつぎと飛鳥寺に参集した。将軍の巨勢徳太が遣わされ、蝦夷を支援しようとする東漢氏の人びとへの説得が試みられる。蘇我氏の同族の高向国押《たかむくのくにおし》がい

23――蝦夷のもとに届けられる入鹿の亡骸（『多武峰縁起絵巻』）

ち早く離反したことにより、東漢氏の面々も武装を解除し離散することになる。

そして六月十三日、蝦夷が誅殺される。この直前に、蝦夷は蘇我氏累代の財宝とともに「天皇記」「国記」を焼却しようとしたが、船恵尺《ふねのえさか》の機転により、かろうじて「国記」だけは焼失をまぬかれた。

『日本書紀』は、乙巳の変を中大兄と鎌足が中心となって蘇我氏による王権簒奪を阻止しようとした事件と描いているのであるが、前章で述べたように蘇我氏が王権を乗っ取ろうとしたというのは史実とはいえない。したがって、中大兄や鎌足が事件の中心人物だったというのも疑問とせざるをえない。

というのも、中大兄・鎌足の二人が政変に加担していたことは明らかであるが、彼らの役割はあくまでも危険極まりない刺客としてのそれであって、およそ事件の首謀者とは考えがたいからである。事件の結果、後述するように紆余曲折はあったが、中大兄は皇太子に立てられたとされる。当時、皇太子制は未成立であるので、この点も疑わしいといわねばならない。

したがって、中大兄や鎌足のほかに事件の首謀者というべき人物がいたと考えねばならない。そのことと深く関連するが、事件の脇役とされている蘇我倉山田石川麻呂についても、先に述べたように、蝦夷が蘇我氏の族長位を入鹿に生前に譲渡せねばならないほど、蘇我氏の本家・本流にとって脅威というべき存在となっていたことを看過すべきではあるまい。入鹿暗殺の舞台となった「三韓進調」の儀式は、彼が取り仕切るその職域というべき場であったことも忘れてはならない。

なお、蝦夷邸から「国記」を取り出したという船恵尺は百済系書記官であり、東漢氏とともに蘇我氏による「公共事業」を支えてきた勢力であった。その彼らが入鹿の死をさかいに雪崩を打つように蝦夷と蘇我氏を裏切ったことになる。

前に述べたように、恵尺のような百済系書記官は、舒明の即位以降、蝦夷邸において「天皇記」「国記」の編纂に従事していたと考えられる。東漢氏の場合はともかく、恵尺はかねてから政変を起こした勢力に通じていた可能性があろう。いったん事が起きたさいには「天皇記」「国記」を速やかに確保せよという密命が恵尺にあたえられていたのではないだろうか。

古人大兄が出家したのはいつか

『日本書紀』が描く政変直後の展開にも疑問が少なくない。乙巳の変の首謀者や彼らの目的が何であったかを探るには、この点に検討を加える必要がある。

それによれば、六月十四日、皇極が突然、中大兄への譲位を表明したという。中大兄は鎌足の建策を容れてこれを断わり、叔父の軽皇子を推薦する。だが、軽皇子も皇位継承を峻拒し、代わりに古人大兄皇子を推挙した。ところが、古人大兄も即位を辞退、飛鳥寺において出家して自身の皇位継承資格を放棄してしまう。こうして軽皇子が即位することになり、その日のうちに即位儀礼が挙行され、孝徳天皇が誕生したのである。

このように蝦夷・入鹿が滅んだ直後に皇極が唐突に譲位を表明し、そのために三人の皇子たちのあいだで皇位の譲り合いがあったというのは史実としては疑わしい。ここでは古人大兄が飛鳥寺において出家したとする点が注意されよう。彼は飛鳥寺の塔と金堂のあいだで髪と髭を剃り落とし、法衣を着て出家を果たしたと描かれる。

出家の儀式はしかるべき寺院のしかるべき仏像の前で行なうのが普通とはいえ、古人大兄はどうして飛鳥寺という場所をえらんだのだろうか。また、飛鳥寺内部の塔と金堂のあいだという屋外で出家の儀式が行なわれたのはいったいどうしてだろうか。

飛鳥寺が、六月十二日に入鹿を討った勢力が蝦夷との全面対決のために布陣した場所であったことを思えば、古人大兄は入鹿を殺害した勢力の主だったメンバーらの前で半ば強制的に出家させられたことになる。このことから政変を起こした勢力にとって、武力を背景に古人大兄の皇位継承権を否定するのが重要な目的の一つであったことがうかがえる。

つぎに、飛鳥寺の塔と金堂のあいだという場所であるが、飛鳥寺は塔の北と東西に金堂を配置する一塔三金堂という極めて特殊な伽藍配置を採用していたことが注意される。塔の北に位置した中金堂には丈六釈迦如来坐像（飛鳥大仏）が安置されていた。飛鳥寺の本尊というべき仏像を背にして出家の儀式を執り行なったとは考えがたいから、古人大兄が出家したのは塔と中金堂とのあいだであったとみられよう。
それは、甘檮岡の上にあったという蝦夷の邸宅から望みみることができる場所であった。あえてこの場所をえらんで古人大兄を出家させたということは、古人大兄が出家を遂げて皇位継承権を失う瞬間を蝦夷にみせつけるという意図があったことが明らかであろう。

とすれば、古人大兄が出家した時点で蝦夷はまだ存命だった可能性があるのではないだろうか。そのように考えれば、蝦夷が入鹿の命を奪った勢力に一矢も報いることなく、あっけなく討たれた理由も了解できよう。すなわち、蝦夷は古人大兄の出家をみせつけられ、入鹿の弔い合戦をするにも擁すべき皇族という大義名分を失ったことを悟り、一切の抵抗を拒んで誅に伏したのである。政変を起こした勢力は、入鹿暗殺の現場から逃走した古人大兄が蝦夷と連繋できないように画策した可能性すらみとめられる。

以上のように考えるならば、古人大兄の出家は『日本書紀』が記すように十四日ではなく、その前日、蝦夷が討たれるよりも前の出来事ということになるであろう。

勝者が得たもの、めざしたもの

このように、古人大兄の出家が実際にあった日から移動されるという作為がみとめられる以上、古人大兄の出家によってピリオドが打たれる三皇子による皇位の譲り合いも、実際にあったとは考えがたく創作された疑いが濃厚である。

これはおそらく、事件直後に中大兄が当時存在しない皇太子に立てられたとする作為と関係すると思われる。当時はまだ若く直ちに即位する資格がなかった中大兄に、あたかもこの時すでに皇位継承の可能性があったかのようにみせかけるための創作とするのが妥当であろう。

三人の皇子による皇位の譲り合いが作り話だったとすれば、蝦夷が討たれた翌日（十四日）に軽皇子の即位儀礼が挙行されたことが疑えない以上、蝦夷や入鹿を滅ぼした勢力は、最初から軽皇子を即位させるために、その強力なライバルである古人大兄を支援する蝦夷・入鹿を倒そうと企てたことになる。

軽皇子は敏達天皇の曾孫にすぎず、もともと天皇になる資格は極めて乏しかった。しかし、その姉が思いがけず舒明皇后となり、その経験と実績が評価されて天皇になったことから、彼の宮廷における地位もそれにともない上昇した。そのため軽皇子にも皇位への野心が芽生えたのではないかと考えられる。姉の命により山背大兄が滅ぼされ、古人大兄が次期天皇に擁立されることが決まり、軽皇子は焦りを募らせたに違いない。

この軽皇子を中心にした勢力のなかで最大の勢力を誇っていたのが蘇我倉山田石川麻呂であった。軽皇子は麻呂の娘の乳娘《ちのいらつめ》を娶っており、両者のあいだには姻戚関係が形成されていた。それは、麻呂の蘇我倉氏の基盤であるのちの河内国石川郡が、軽皇子が基盤とした和泉国和泉郡の周辺に位置したという地縁が背景になっているようである。なお、この麻呂のみならず中臣鎌足や佐伯子麻呂・船恵尺以下、政変に加担した面々は、等しく和泉国和泉郡やその周辺に拠点や権益などをもっていたこ

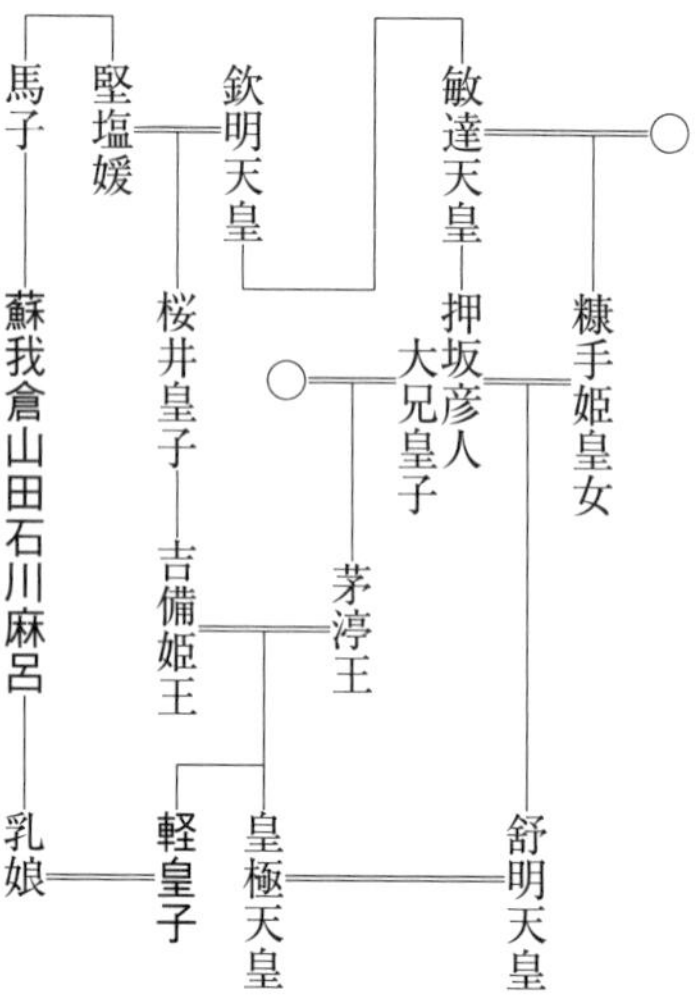

24―軽皇子・蘇我倉山田石川麻呂略系図

とが知られる。

蝦夷の異母弟の麻呂は、彼が支援する軽皇子を王位に押し上げるために蝦夷・入鹿を滅ぼさねばならなかった。それは麻呂個人にとっては、入鹿によって横取りされた蘇我氏の族長の座と大臣の地位を奪い返すことでもあった。軽皇子と麻呂は、蝦夷・入鹿を倒すことでともに望むものが手に入るわけであり、両者の利害は完全に合致していたといえよう。

ただ、皇極は入鹿が山背大兄一族を討滅した見返りとして古人大兄の即位を容認していたわけであるから、なぜそれを覆すような暴挙を結果的に黙認したのかが問題となろう。彼女が次期天皇として認めていた古人大兄に代わり軽皇子が王位に就くことを容認したのは、たんに彼が皇極の同母弟であり、また今回の企てに彼女の息子の中大兄も与していたからだけではあるまい。

これに関して注目されるのは、軽皇子が即位して孝徳天皇となってから約二ヵ月後の八月八日、大寺（おそらく飛鳥寺）に僧尼が召集され、天皇の詔が発せられていることである。それは、仏法伝来以来の歴史が回顧され、蘇我氏の歴代が天皇に委託され仏法（「蕃神」の祭祀）を主宰してきたことが述べられ、今後は蘇我氏に代わって天皇が仏法を主宰するので、寺を建立したいと思う者は遠慮なく願い出よと宣するものであった。さらに、天皇が僧尼を直接統括するのをサポートするために十師とよばれる僧官を新たに任命することが布達されている。

これは欽明天皇の時代以来、蘇我氏に委託されていた仏法の主宰権を天皇家が回収することを宣言したに等しい。蘇我氏がこれまで王権の必要とする「公共事業」を主宰することができたのは、稲目の時代に仏法の主宰を委託されたことが起点になっていた。その仏法の主宰を今後は天皇家が行なうということは、王権の存立にとって必要な「公共事業」もこれよりは天皇が直接管掌することを闡明《せんめい》したことになる。宣言が行なわれた大寺を百済大寺とする説もある。しかし、飛鳥寺が蘇我氏による「公共事業」の記念すべき最初の成果であったことを思えば、その舞台として相応しいのはやはり飛鳥寺と考えるべきであろう。

すでに述べたとおり、皇極は入鹿に命じて山背大兄とその一族を討たせたことから知られるように、「倭京」建設という「公共事業」の拡大・強化をめざしていた。その彼女からみて、天皇家が蘇我氏に代わって「公共事業」を直接掌握できるようになることは、願ってもない好都合なことだったに違いない。

しかも、この後、孝徳天皇によって大化改新とよばれる大胆な改革が実施され、その結果、「公共事業」をダイナミックに推進・展開するための物質的基礎が整えられることとなる。これらの点よりいって、皇極が孝徳らの暴挙を結果として黙認したのは、天皇家による「公共事業」の直接掌握を前提とした大規模な改革のビジョンを示されたからと考えることができよう。

つぎに章を改めて大化改新の実態について考えねばならない。蘇我氏を滅ぼした勝者の手で行なわれた改革の実像を見極めることによって、それが実は敗者たる蘇我氏の手で準備されていたことが明らかになるはずである。

Ⅲ

「大化改新」の実像

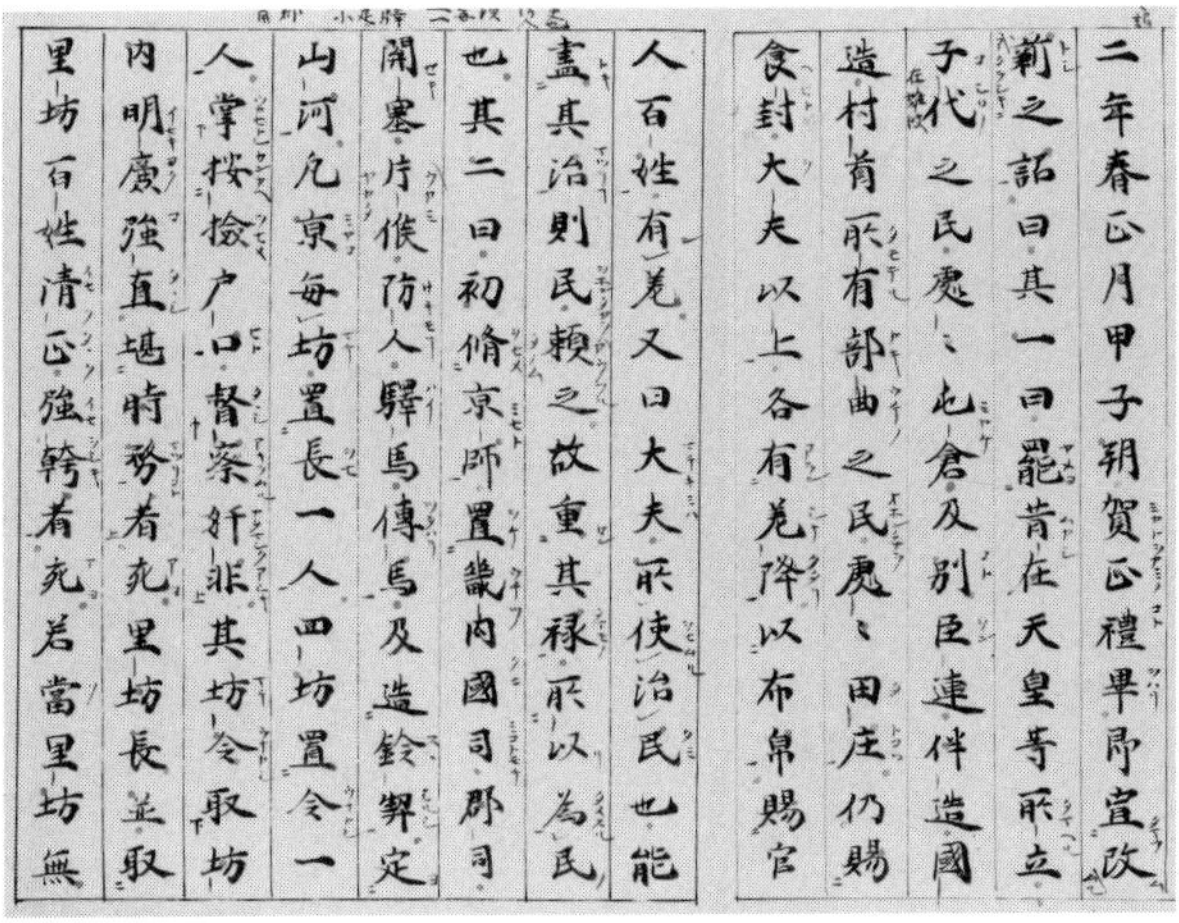
二年春正月甲子朔賀正禮畢即宣改
新之詔曰其一曰罷昔在天皇等所立
子代之民處々屯倉及別臣連伴造國
造村首所有部曲之民處々田庄仍賜
食封大夫以上各有差降以布帛賜官
人百姓有差又曰大夫所使治民也能
盡其治則民頼之故重其祿所以為民
也其二曰初修京師置畿内國司郡司
關塞斥候防人驛馬傳馬及造鈴契定
山河凡京毎坊置長一人四坊置令一
人掌按檢戸口督察姧非其坊令取坊
内明廉強直堪時務者充里坊長並取
里坊百姓清正強幹者充若當里坊無

25—日本書紀（改新之詔）

『日本書紀』大化2年（646）正月甲子朔条にみえる改革の綱領を記した「改新之詔」.『日本書紀』は養老4年（720）の完成，いくつかの写本が残されている．写真は天文9年（1540）に浄書完了の卜部兼右本.

1　狭義の「改新之詔」をよむ

いよいよ、改革の始動

孝徳天皇は即位から五日後に大化の年号を建てたとされる。この大化建元自体、新政権が改革の開始、時代の刷新を企てていたことを物語るといえよう。

そして、その翌々月（八月）の五日には、後述するように東国全体と倭国の六県（大倭国にあった天皇家の直轄領。高市《たけち》・葛城《かづらき》・十市《とおち》・志貴《しき》・山辺《やまのへ》・曾布《そふ》の六ヵ所）に使者を派遣し、人口と土地の調査、さらに豪族や民衆から刀・甲冑・弓矢などの武器を回収し、それを兵庫に収蔵すべきことを命じた。いよいよ改革始動、いわゆる大化改新の始まりである。

その三日後には飛鳥寺に僧尼を集め、孝徳は蘇我氏に委託していた仏法を今後は天皇が直接管掌する旨を宣言している。これはすでに述べたように、蘇我氏がそれまで主宰してきた「公共事業」をこれからは天皇家が掌握することを宣したに等しかった。これを機に、その「公共事業」をさらに大規模かつ円滑に展開できるようにするための改革も本格的に始められることになったのである。

東国や倭六県に派遣された使者に武器の回収が命じられたのは、「公共事業」の一環としての対外戦争に備えたものと考えると理解しやすい。蝦夷と境界を接するいわゆる紛争地帯においては、いったん回収して登録をすませた武器を例外的に本主のもとに返すようにしていることも、これを裏書きしていると思われる。

そして、翌年正月にいよいよ改革の要綱を記した「改新之詔」が発せられたと『日本書紀』は記す。すでに政権の拠点は飛鳥から難波に移されており、小郡宮《おごおりのみや》（子代離宮）において「改新之詔」は発せられたのである（難波長柄豊碕宮《なにわのながらのとよさきのみや》が完成したのは下って白雉三年〈六五二〉のこと）。

孝徳はその在位中に数多くの詔を発布したが、その核心をなすのが大化二年元旦に出されたという「改新之詔」全四ヵ条である。これを狭義の「改新之詔」とよぶことにしよう。それに対し、狭義の「改新之詔」に関連して出された複数の詔を広義の「改新之詔」と称して区別することにしたい。これらはほんとうに孝徳の時代に発布されたといえるであろうか。そして、これらの詔が当時発布されたとすれば、孝徳政権はいったい何をめざしていたというのであろうか。

第一条―部・屯倉の廃止

元旦朝賀の儀式が終わったのちに「改新之詔」が発布された。それは『日本書紀』大化二年正月甲子朔条に収載されている。まず、第一条は以下のとおり。

其の一に曰はく、昔在《むかし》の天皇等の立てたまへる子代《こしろ》の民・処処《ところどころ》の屯倉《みやけ》、及び、別には臣・連・伴造・国造・村首《むらのおびと》の所有《たもて》る部曲《かき》の民・処処の田荘《たどころ》を罷めよ。仍《よ》りて食封を大夫より以上に賜ふこと、各《おのおの》差有らむ。降りて布帛《きぬ》を以て、官人・百姓に賜ふこと、差有らむ。又曰はく、大夫は、民を治めしむる所なり。能く其の治を尽すときは、民頼る。故《かれ》、其の禄を重くせむことは、民の為にする所以なり。

ここでは「子代の民」と「処処の屯倉」、および「部曲の民」と「処処の田荘」の廃止を命じたことが記される。これらを廃する代償として、「臣・連」以下、天皇のもとに結集した豪族でも重臣クラスには「食封」が、それ以下には「布帛」が支給されることになったという。「子代」と「屯倉」、「部曲」と「田荘」のうち、とくに後者は豪族層の既得権益であったといえよう。

「又曰はく」以下はその前の文章を補足説明するものであり、本文（主文）に対する副文の位置にある。第二条以下にもこのような副文がみられるが、第一条副文はこれらとは内容的に異なり、『漢書』恵帝紀からの引用であることが明らかである。

「子代」とは、天皇・皇族が必要とする物資や労力を差し出すことを義務づけられた地方豪族支配下の民衆のことである。『古事記』ではこれらを「子代」ではなく「御名代《みなしろ》」という独自の用語でよんでいる。

このような負担を課せられた民衆は、彼らがそれぞれ奉仕する天皇・皇族の名や王宮名を冠して長谷部《はつせべ》、穴穂部《あなほべ》、白髪部《しらかべ》、押坂部《おしさかべ》などのようによばれ、部を単位に把握・編成されていた。また、忌部《いんべ》・卜部《うらべ》・物部・服織部《はとりべ》・馬飼部・犬養部・弓削部《ゆげべ》・土師部《はじべ》・鞍作部など、天皇・皇族に対する貢納・奉仕の名称を冠して設定された部もあった。

他方、「屯倉」は「み（御）＋やけ（家、宅）」であり、「子代」とよばれる部からの物資の貢納や労役奉仕を地域ごとに統括するために設置された公的施設ということができる。それは、景観としては官衙とそれに付属する倉庫から成るものであった。「屯倉」にはかならず一定の水田が付随しており、その田地からの収穫が「屯倉」の経営・維持のための費用に充てられたのである。

「部曲」とは有力な豪族の直接的な支配下にある民衆のことであり、存在形態としては先の「子代」と同じである。「田荘」も「部曲」と同様に有力豪族の支配下にあるものであるが、これも「屯倉」と同様に建物と一定の土地から成る施設と理解してよい。

「子代」や「屯倉」はその現地の豪族によって直接管理されているが、天皇の周囲に結集していた有力豪族は中央にあってそれぞれ特定の「子代」や「屯倉」の管理・統括にあたり、その職務を世襲していた。彼らはその限りにおいて「部曲」や「田荘」の所有・支配をみとめられていたのである。

第一条は、「子代」とよばれる部や「屯倉」によって民衆から物資や労力を吸いあげるシステムを停廃し、それとともに「子代」「屯倉」の管理によって豪族層が得ていた「部曲」「田荘」などの利権も否定しようとしたものといえよう。「子代」「屯倉」を廃する以上、それに付随する制度である「部曲」「田荘」が廃止されるのは当然のことであった。「及び、別には」には以上のようなニュアンスがふくまれていると解することができる。

では、どうして「子代」や「屯倉」の制度を廃さねばならないというのであろうか。それは、「子代」や「屯倉」を通じて民衆から物資や労力を徴収するのに大きな限界が生じていたからと考えられよう。

たとえば、大規模な「公共事業」を展開しようとした場合、「子代」とよばれる部やそれを統括する「屯倉」はそれぞれ各地に分散しているので、必要とされる物資や労力は部や「屯倉」ごとに徴収・動員されることになる。物資の徴収や労力奉仕の数量・基準なども全体で統一されていたとは考えがたい。それは部や「屯倉」ごとの慣例にまかされていたに違いない。これでは、特定の地域からダイナミックに物資や労力を徴収・動員することは困難を極めたであろう。

このように、各地に分散した部や「屯倉」からもたらされる物資や労力の総量が中央において容易に把握できないままでは、対外戦争もふくむ「公共事業」が大規模化してくれば、このシステムの限界が痛感されることは当然の成り行きであったといえよう。ただ、このような改革の必要は、皇極天皇の命令をうけて百済大寺や飛鳥板蓋宮を造営するために広域にわたる労働力の徴発・動員を行なった蘇我蝦夷もすでに直面していた問題であったと考えられる。部や「屯倉」の廃止は早晩、政治日程に上ったといわざるをえない。

第二条—地方行政・交通制度の創始

第二条はつぎのとおりである。

其の二に曰はく、初めて京師《みさと》を修め、畿内国の司・郡司・関塞《せきそこ》・斥候《うかみ》・防人《さきもり》・駅馬・伝馬を置き、鈴契を造り、山河を定めよ。

① 凡《およ》そ京には坊毎《まちごと》に長一人を置け。四つの坊に令一人を置け。戸口を按《かんが》へ検《おさ》め、奸《かだま》しく非《あ》しきを

督《ただ》し察《あきら》むることを掌《つかさど》れ。其の坊令には、坊の内に明廉《いさぎよ》く強く直《ただ》しくして、時の務《まつりごと》に堪ふる者を取りて充てよ。里坊の長には、並に里坊の百姓の清く正しく強幹《いさお》しき者を取りて充てよ。若し当の里坊に人無くは、比《ならび》の里坊に簡《えら》び用ゐることを聴す。

②凡そ畿内は、東は名墾《なばり》の横河より以来、南は紀伊の兄山《せのやま》より以来 兄、此をば制と云ふ。西は赤石《あかし》の櫛淵《くしぶち》より以来、北は近江の狭狭波《ささなみ》の合坂山《おうさかやま》より以来を、畿内国とす。

③凡そ郡は四十里を以て大郡とせよ。三十里より以下、四里より以上を中郡とし、三里を小郡とせよ。其の郡司には、並に国造《くにのみやつこ》の性識清廉《いさぎよ》くして、時の務に堪ふる者を取りて大領・少領とし、強く幹《いさお》しく聡敏《さと》しくて、書算に工《たくみ》なる者を主政・主帳とせよ。

④凡そ駅馬・伝馬給ふことは、皆鈴・伝符の剋《きざみ》の数に依れ。

⑤凡そ諸国及び関には、鈴契給ふ。並に長官執れ。無くは次官執れ。

第二条は「京師」すなわち都城の建設を筆頭に、地方行政や交通に関する制度の創始を述べている。これが孝徳朝当時に実際に発布されたとすれば、国司制や郡司制、駅伝制など律令制的なシステムが早くも七世紀半ばの段階で創置されていたことになる。孝徳政権はほんとうにそのような先進的な制度を創出する改革を実行しえたのであろうか。

　主文には新たに創設すべき制度の名前だけが列挙されている。それに①～⑤の副文が付せられ、主文を補足説明する構成になっている。

まず副文①であるが、これは養老令の戸令置坊長条、取坊令条とほぼ同文、同一の規定であり、養老令に先行する大宝令の当該条文を引き写したものと考えられる。ちなみに、養老令はその官撰注釈書である『令義解』（天長十年〈八三三〉成立）によってその内容を把握することが可能である。それに対し大宝令は残念ながら散逸しており、養老令の私的注釈（令私記）の集大成である九世紀半ば成立の『令集解』が引く「古記」（古令とよばれた大宝令の注釈書）により断片的に復元するしかない。

なお、副文①は主文にみえる「京師」の補足説明であるが、「京師」の範囲や画定などには触れず、その行政官たる「坊令」「坊長」の任用規定になっている。

副文②は養老令の文章・文体に似ているが、これに相当する文は養老令にはみえない。そこに規定された畿内は律令制下の畿内とはおよそ異なるので、おそらく畿内に関する孝徳朝当時の規定とみなして大過ない。それが大宝令または養老令によって修飾されているようである。副文②は主文「畿内」に関する補足説明なのであろうが、そうすると主文にみえる「国司」の補足説明がないことになる。また、「畿内国司（畿内国の司）」なるものを具体的に説明する文もみえないのである。

副文③の前半部分は養老令の戸令定郡条によく似ているが、規定の内容はやや異なっている。おそらく当該規定が大宝令と養老令とでは異なっており、副文③は大宝令によっているものと考えられる。副文③の後半部分は養老令の選叙令郡司条とおよそ同じであって、やはり大宝令の当該条文のコピーとみられる。副文③全体は「郡司」の補足説明であるが、「郡司」の任用規定だけでなく「郡」の設置基準にまで言及している。

副文④は養老令の公式令給駅伝馬条とまったく同じであり、それと同一であった大宝令の当該条文に倣ったのであろう。副文④は、主文に「駅馬」「伝馬」を置くとあるのに対応しているのであろうが、「駅馬」「伝馬」それ自体の設置ではなく、その運用に不可欠の「駅鈴」「伝符」の支給に関する説明に終始している。

副文⑤は養老令の公式令諸国給鈴条と同様の規定であるから、これと同じであった大宝令の当該条文を写したに違いない。副文⑤は副文④と同様に、主文の「関塞」（関守）の補足説明であるはずなのに、その任用条件などの説明はみえず、「関」を通行するのに必要な「関契」の保管に関する規定を記している。

以上、副文①〜⑤は、大宝令の文章をそのまま写したか、または副文②のように大宝令の文章によって修飾されたかのいずれかである。また、主文と副文との対応関係に微妙な齟齬がみられたことが注意されよう。これは、主文と副文が現在みる「改新之詔」になる段階で機械的に組み合わされたものであることを示唆する。

第三条——戸籍・計帳と班田収授法

第三条は、律令制にもとづく民衆支配の根幹に関わる制度の創始について述べる。それはつぎのとおり。

其の三に曰はく、初めて戸籍・計帳・班田収授の法を造れ。

① 凡て五十戸を里とす。里毎に長一人を置く。戸口を按《かんが》へ検《おさ》め、農桑を課せ殖《おお》ゑ《う》、非違を禁《いさ》め察《あきら》め、賦役《えつき》を催駈《うながしつか》ふことを掌れ。若し山谷阻険《さが》しくして、地遠く人稀なる処には、便に随《したが》ひて量りて置け。

② 凡そ田は長さ三十歩、広さ十二歩を段とせよ。十段を町とせよ。段ごとに租の稲二束二把、町ごとに租の稲二十二束とせよ。

第三条の主文は明快であり、戸籍・計帳、班田収授の制度を創始すべきことを述べている。副文①は養老令の戸令為里条と同じであるので、これとほぼ同一であった大宝令の当該箇所を引き写したものと考えられる。だが、副文①は主文の「戸籍」の説明文のはずであるが、班田収授のための台帳たる「戸籍」の作成に関する規定ではなく、五十戸を一里とすること、その里を管理する最末端の行政官たる里長の職掌や里の設置に関する例外規定になっているという齟齬がみられる。他方、調庸収取のための「計帳」に関する補足説明の文はみえない。

副文②は養老令の田令田長条と同一であり、これも大宝令からの引用とみなすのが妥当である。副文②は、主文の「班田収授の法」に対応するものであろうが、その制度の運用規定などではなく、その大前提というべき田の面積やそれに応じて課せられる税（田租）の徴収基準の説明になっている。明らかに主文と副文が内容的に即応していない。

第三条は第二条と同様、副文が大宝令の文を写したものである可能性が極めて高く、また明らかに主文と副文とのあいだに大きな齟齬がみとめられる。第三条も主文・副文がもともと不可分の形で発布されたのではなく、造作の過程で組み合わされたものと考えるべきであろう。

最後の第四条は、つぎのようにさまざまな新しい税制について規定するものである。

第四条—新税制の施行

其の四に曰はく、旧の賦役を罷めて、田の調を行へ。

①凡そ絹・絁・糸・綿は、並に郷土の出せるに随へ。田一町に絹一丈、四町にして匹《むら》を成す。長さ四丈、広さ二丈半。絁二丈、二町にして匹を成す。長さ広さ絹に同じ。布四丈、長さ広さ絹・絁に同じ。一町にして端《むら》を成す。糸・綿の絇屯をば、諸の処に見ず。別に戸毎の調を取れ。一戸に貲布《さよみのぬの》一丈二尺。

②凡そ調の副物《そわりつもの》の塩と贄《にえ》とは、亦郷土の出せるに随へ。

③凡そ官馬は、中の馬は一百戸毎に一匹を輸せ。若し細馬《よきうま》ならば二百戸毎に一匹を輸せ。其の馬買はむ直《あたい》は、一戸に布一丈二尺。

④凡そ兵は、人の身ごとに刀・甲・弓・矢・幡・鼓を輸《いた》せ。

⑤凡そ仕丁は、旧の三十戸毎に一人せしを改めて、一人を以て廝《くりや》に充つ。五十戸毎に一人を、一人を以て廝に充つ。以て諸司に充てよ。五十戸を以て、仕丁一人が粮《かて》に充てよ。一戸に庸布一丈二尺、庸米五斗。

⑥凡そ采女《うぬめ》は、郡の少領より以上の姉妹、及び子女の形容端正《きらぎら》しき者を貢れ。従丁一人、従女二人。

一百戸を以て、采女一人が粮に充てよ。庸布・庸米、皆仕丁に准《なぞら》へ。

これも主文はいたって簡潔であり、旧い税制を廃し新税制を施行する旨が記されている。副文①～⑥は「旧の賦役」に代わる「田の調」以下の新税制について説明する。その意味で第四条は主文と副文とが内容的に即応しているといえよう。

副文①は養老令の賦役令調絹絁条の一部に似ているが、制度・規定の骨子がまったく異なる。のちの律令制のもとでは「調」は主として成人男子に課せられる物納税であったが、「田の調」は保有する水田の面積に応じて課せられるという相違がみられる。これは孝徳朝において実際に施行された制度であった可能性が高い。

副文②であるが、これも副文①と同様に養老令の賦役令調絹絁条に似ているが、やはり内容に相違がみとめられる。副文①②ともに、養老令とほぼ同文とみられる大宝令の該当する条文によって修飾されているのであろう。

副文③にみられる「官馬」については、養老令のなかにこれに相当する条文や規定をみいだすことができない。おそらく大宝令にも該当するものはなかったと思われる。孝徳朝独自の規定を大宝令の文に倣って整えたものとみなすことができよう。

副文④は養老令の軍防令兵士備糒条や備戎具条にみえる規定と同様の主旨であるが、養老令のほうがはるかに詳細である。それは大宝令の当該条文も同様だったであろう。これも大宝令の文章によって修飾が加えられているようである。

副文⑤にみえる「仕丁」や「庸」に関しては養老令の賦役令仕丁条や歳役条に同様の規定があるが、制度の内容が大きく異なる。律令の規定する「庸」は「仕丁」や副文⑥の「采女」を出した集団だけが負担するものではなく、歳役とよばれる労役の代納物であった。なお、「采女」については養老令の後宮職員令氏女采女条に規定があり、副文⑥はこれとほぼ同文であった大宝令の当該条文を引き写したものとみられる。

以上、第四条は第二条・第三条とは異なり、その副文①〜⑤は孝徳朝当時の文章を大宝令などで修飾・加工したものと考えられる。そして、主文と副文は内容的に分かちがたいものであった。

原詔は存在したのか

以上のとおりとすれば、「改新之詔」四ヵ条のうち、第一条はともかくとして、第二条・第三条の副文は孝徳朝当時のものではありえず、また第四条の副文は当時のままではなかったことになる。少なくとも七世紀半ば、乙巳の変からわずか半年後の時点でこれら多くの副文をふくんだ「改新之詔」が実際に発せられたとは考えがたい。

それでは、当時のものとは考えられない副文を取り去った主文ならばどうであろうか。これに関しては、副文はともあれ主文は当時実際に出されたもの（原詔）と考えてもよいのではないかとして、「改新之詔」が示すのとは異なる、よりシンプルな改革が孝徳朝に実施されたのではないかと考えられた。これが、いわゆる改新肯定論である。律令にもとづく中央集権国家とは異なるけれども、それに先行する国制を構築するための変革が行なわれたのではないかというわけである。

それでも、やはり第一条の主文のみは造作の疑いが濃く、当時のものではありえないといわれてきた。部や「屯倉」の廃止がこのようなたった一片の法令で容易に実現できるわけがないという理由で、第一条の主文は疑わしいとみなされてきたのである。

それに対し岸俊男氏は、「改新之詔」は副文のみならず主文も当時のものとは考えがたく、「改新之詔」は「改新の趨勢がその中に集約表現」されたものにすぎないと論じた（「造籍と大化改新詔」『日本古代籍帳の研究』所収、塙書房、一九七三年）。これがいわゆる改新否定（虚構）論の出発点になったことは周知のとおりである。近年、吉川真司氏は改新否定論そのものには批判的であるが、岸氏の理解を基本的に踏襲している（『飛鳥の都』岩波新書、二〇一一年）。

「改新之詔」四ヵ条が改革の進行過程を圧縮して表現したものという点はたしかにそのように理解することも可能である。だが、主文を一括して造作の所産とするのは乱暴すぎるといわざるをえない。各条の主文と副文との対応関係の相違に注意を向ける必要があるのではないだろうか。主文と副文が即応する第一条・第四条と、主文と副文が齟齬する傾向にある第二条・第三条との相違は、すべての主文を造作と決めつけることを躊躇させるに十分である。

実際に発布された「改新之詔」とは

ここで各条の副文の特徴を改めて確認しておこう。

第一条の副文…『漢書』恵帝紀からの引用。

第二・第三条の副文…大宝令からの引用（第二条の②畿内規定を除いて）。

第四条の副文…大宝令による修飾。

このうち第四条の副文は、たしかに大宝令による修飾をうけているとはいえ、それが大宝令の規定とは大きく異なることからみて、大宝令の修飾をうける以前の孝徳朝段階の原文というべきものがあったとみられる。そして、第四条の主文と副文が内容的に分かちがたい関係にあることからいって、主文にも原文に相当するものがあったことになろう。

そのように理解するならば、第一条と第四条の主文は、廃止すべき旧制と創始すべき新制を対比的に述べる文章形式や、「罷む」という字句などに共通点がみとめられるので、同じ時期に同じ人物によって書かれたと考えることができる。したがって、第四条のみならず第一条の主文にも原文に相当するものがあったことになり、これも孝徳朝当時のものとみなしてよいであろう。

他方、第二条と第三条の主文は、新たに設置すべき制度の名前だけを機械的に列挙するという文章形式が共通しており、「初めて」「造る」などまったく同じ表現や字句を使用している。また、第二条・第三条においては主文と副文との対応関係に齟齬がみられ、明らかに後になって組み合わされた作為の痕跡が明瞭であった。

これらの点からみて、第二条・第三条の主文・副文という組み合わせは、第四条の主文・副文という構成に倣って造作された疑いが色濃いといえよう。もともと第一条・第四条があり、第二条・第三条はのちに造作されて第一条と第四条とのあいだに挿みこまれたと考えられる（もちろん、第二条にも副文②の畿内規定のように当時実際に定められたものもふくまれていたが）。第一条の副文はおそらく「改新之詔」が最終的にまとめられる段階で、ここだけ副文がないのは不体裁として『漢書』から名文を引用して挿入することにしたのであろう。

以上のように、七世紀半ばの孝徳朝の段階で第一条と第四条が同時に出されたというのは、現実的にも十分に考えられることなのである。すなわち、「子代」「屯倉」や「部曲」「田荘」をひとたび廃したならば、これらによって徴収してきた物資・労力を別の方法・制度によって確保せねばならないわけであり、新税制の制定・施行は不可避だったはずである。要するに、第一条と第四条は車の両輪の関係にあったといえよう。

このように、第一条と第四条は内容的に不可分の関係にあり、その限りで七世紀半ばの孝徳朝に実際に発布された可能性は高い。しかし、正月朔日に詔勅格符が発布された例はないから、『日本書紀』が記すように大化二年元日という区切りのよい時期に公表されたとはにわかに信じがたいところである。ただ、結果として蘇我氏から「公共事業」の主宰権を奪った孝徳天皇が、このような改革に着手したことを疑う理由はみあたらない。

第一条と第四条が孝徳朝に施行された可能性が極めて高いことは、広義の「改新之詔」を検討することによってたしかめることができる。広義の「改新之詔」は、狭義の「改新之詔」に較べれば当時のものとして信憑性が高いといわれてきたものである。つぎにこれに検討を加えておきたい。

2　広義の「改新之詔」をよむ

東国国司の詔

狭義の「改新之詔」が発せられる四ヵ月ほど前、大化元年八月（五日）、東国と倭六県に派遣された使者（国司）に下されたのがつぎの東国国司の詔である（大化元年八月庚子条）。

天神《あまつかみ》の奉《う》け寄《よさ》せたまひし随《まま》に、方《まさ》に今始めて万国を修めむとす。凡そ国家の所有《たもて》る公民、大きに小きに領《あずか》れる人衆を、汝等任《まか》に之りて、皆戸籍を作り、及田畝を校《かんが》へよ。其れ薗池水陸の利《くおさ》は、百姓と倶にせよ。

このたび天神の委任により天下を治めることになったのを機に、東国および倭六県において人口調査と土地調査を実施することにしたというのである。「国家の所有る公民」が狭義の「改新之詔」にみえた「子代之民」に、「大きに小きに領れる人衆」が同じく「部曲之民」に相当するとみられる。それらをこれまでの所属に関係なく、すべて把握・登録せよとの使命であった。

第一条のいうように部・屯倉を廃止した場合、その後、部や屯倉から解放された民衆を改めて把握・登録しなければならないから、そのためにも人口調査は不可避の作業だったと考えられる。しかし、この段階で後世のような厳密な意味での戸籍が作成されたかどうかは定かではない。ただ、人口調査の成果を記録した帳簿は作られたに違いない。それは、かつて蘇我氏のもとで「公共事業」を担ってきた百済系の書記官らの力の見せどころだったであろう。

また、第四条にみえる「田の調」(所有する田の面積に応じて課税される)徴収のためには、当然のことながら田地調査が必要だったはずである。このように、東国国司にあたえられた使命は「改新之詔」のうち第一条と第四条が想定されたものであり、両条がこの時期に実際に発布されたことをうかがわせる。

なお、東国国司らには注意事項としてつぎのことが告げられている(現代語訳)。

「また、国司らはその任国において裁判を行なってはならない。他人から賄賂を取って、民を貧窮に陥れてはならない。上京するさいには現地の人びとを数多く随従させてはならず、ただ国造や郡領のみ随従させることを許す。但し、公用で往還する時に限り、管内の馬に乗り、管内の食事の提供をうけることができる。次官以上については、法を遵守した場合にはかならず褒賞し、法に背いたならばその爵位を降すように。判官以下、他人から賄賂を取れば、本人から取った二倍を徴収し、ことの軽重によって罪を科すこととする。長官の従者は九人、次官の従者は七人、主典の従者は五人と定める。もしこの制限を越えた場合には、主人と従者の双方に罪を科するものとする」

さらに国司らにはつぎの使命が課せられていた（現代語訳）。

「また、人家から遠い空き地に武器庫を造り、国郡内にある刀・甲・弓・矢を集めて貯えよ。辺境で蝦夷と境界が接する場所では、武器をすべて集めたうえで元の所有者にかりに預けるように」

ここにみられる武器の収公は、「公共事業」の一環としての対外戦争を意識したものとみられる。この段階で国内における武器の総量を調査・確認しておくということは、明らかに近い将来において対外戦争が想定されていたといえよう。それは、滅ぼされた蘇我氏がかつて管掌していた事業にほかならなかった。

鍾匱の制

東国国司らの任命があった同日、孝徳は朝廷に鍾《かね》と匱《ひつ》を設けて、つぎのような詔を発したとされる（現代語訳）。

「もし朝廷に訴えごとがある場合には、上官として伴造《とものみやつこ》がいるならば伴造がまずそれを審査し、しかるのちに上奏せよ。一族の尊長がいるならば、尊長がそれを審査してから上奏せよ。もし伴造や尊長が訴えごとを審査せずに、訴えを記した文書をそのまま朝廷の匱に入れてしまったならば、訴えた罪に相当する罪をその伴造・尊長に科すであろう。訴えの文書を回収する担当者は、夜明けに文書を集めて内裏に奏上するように。朕はそれらに年月を記し、群卿らに示すであろう。もし群卿が審理に手をぬいたり、一方に阿《おもね》って不当な裁決を下したりした場合には、訴えた者は鍾を撞くがよい。以上のような趣旨で朝廷に鍾を懸け匱をおくことにしたのである。天下のすべての人民よ、朕が思いをわかってほしい」

これがいわゆる鍾匱《しょうき》の制である。その設置の趣旨については『日本書紀』大化二年二月戊申条につぎのようにみえる（現代語訳）。

「古の聖王が天下を治めるのに、朝廷に善を勧める旗や、誹謗の木をもうけたのは、政治を正し、諫言する者を進め、下々の意見をよく聞くためにほかならない。『管子』によれば、黄帝は明堂で政務を執り、上の賢人の行いをよく見、堯《ぎょう》は衢室《くしつ》で政務をみて、下の民の意見をよく聞き入れた。舜《しゅん》は善を告げる旗を作り、善言を進める者を表彰し、禹《う》は鼓を朝廷に立てて、訴えや願いのある民のために備えを怠らなかった。湯《とう》は道路の集まる場所の傍らに庭を造り、民の政治への非難を知り、武王《ぶおう》は霊台に庭を造り、賢者の意見を重んじた。このようなことを行なったので、聖帝明王たる者は帝王の位にあって過ちを犯すことなく、国を破綻に陥れることがなかったのである」

ここにみられるように、鍾匱の制は基本的に儒教的な理念を基盤としているが、これは改革の進行を促進するために設定されたものと考えられよう。そして、宮廷に仕える職員（伴）を統括する伴造や尊長と呼ばれる各豪族の長が訴えを受理することにされているので、主として朝廷に仕える豪族たちを対象にした措置だったようである。

これまで部や屯倉の管理にあたっていた豪族たちが改革を通じて種々の特権を手放すことになるわけであるから、それをめぐってさまざまな訴訟が起きる可能性があった。それをできるだけ円滑に処理するためにも鍾匱の制は不可欠であり、このような制度がもうけられたということ自体、「改新之詔」に示されるような大規模な改革が実際に行われようとしていたことを物語るといえよう。

なお、鍾匱の制の効果としては『日本書紀』大化二年二月戊申条につぎの事例がみえる（現代語訳）。

「訴えを記した文書によると、国家の労役に奉仕するためにはるばる上京した民を官司にとどめて雑役に酷使しているということだ。朕もこれには心が痛んでならぬ。民もまさかこのようになるとは思いもよらなかったであろう。しかし、遷都してまだ日も浅く、だれもが旅人のように落ち着き安らぐことがない。そのせいでやむをえず酷使することになってしまったのだ。朕はこれを思うたびに安眠することができぬ。朕はこの投書をみて、感謝の思いでいっぱいである。そこでこの諫言にしたがい、各所で行なわれている雑役を停止することにいたす」

これにより孝徳の王宮、壮麗な難波長柄豊碕宮の造営に大規模な労働力が投入されていたことがうかがえる。その労働力動員の法的根拠と考えられるのが、新税制の施行を規定した狭義の「改新之詔」第四条にほかならない。とするならば、朝廷の匱に投ぜられたこの訴えの内容からいっても、第四条が実際に施行されたことは明らかとみられよう。

男女の法

また、同日に出されたのが男女の法とよばれるつぎの法令である（現代語訳）。

「また、男女の法は、良男と良女のあいだに生まれた子は、その父の所属とする。良男が婢と結婚して生まれた子は、その母の所属にする。良女が奴とのあいだにもうけた子は、その父の所属とする。二つの家の奴・婢とのあいだに生まれた子は、その母の所属とする。寺家に隷属する仕丁の子ならば、良人の法にしたがうものとするが、ことに奴婢とされている場合には奴婢の法を適用する。今こそ天下に法の時代が始まったことを示そうと思うのだ」

「男女」とは子女、すなわち息子と娘を指す。子女が父母いずれの所属とされるか、身分によって相違をもうけようとしたのである。

最後の「今こそ天下に法の時代が始まったことを示そうと思うのだ」の原文は、「今剋《よ》く人に制の始たることを見《しめ》さむ」である。改革実行に向けての並々ならぬ決意のほどを示す文言といえよう。

この時代にすでに良（良民・良人）と賤という身分制度が厳然と成立していたかどうかは疑問とせざるをえない。ただ、第一条でいう部・屯倉を廃止して民衆を従来とは異なる新たな原理によって把握・編成するようになれば、子の帰属は重要な問題とならざるをえない。子の帰属が問題にされるということは、国家権力による民衆の把握・登録が本格的に行なわれようとしていることが大前提であり、これも第一条の実施を想定した措置ということができる。

土地兼幷禁止の詔

大化元年九月、古人大兄皇子《ふるひとのおおえのみこ》とその家族が吉野で無惨に討たれた数日後、孝徳天皇はつぎの詔を発した。それが土地兼幷禁止の詔とよばれるものである（『日本書紀』大化元年九月甲申条）。それは、先に諸国に使者を遣わし、人口調査を行なわせたのをうけてのことであった。その冒頭でつぎのようにいう。

古より以降、天皇の時毎に、代《みよ》を標す民を置きて、名を後に垂《た》る。其れ臣連等・伴造・国造、各己《おの》が民を置きて、情の恣《ほしきまま》に駈使《つか》ふ。

ここにみえる「代を標す民」とは、「天皇の治世を示し、それを後世に伝える民」の意であり、狭義の「改新之詔」第一条の「子代の民」にあたるとみられる。他方、「己が民」は同じ「改新之詔」にみえる「部曲の民」を指すのであろう。すでに述べたように、天皇のもとに結集した有力な豪族たちは部や屯倉を管理し、それを世襲するがゆえに「部曲」などの支配をみとめられていたのである。

これに続き、有力豪族らが土地・民衆を直接支配していることの弊害が以下のように述べられる（現代語訳）。

「また、地方の山や海、林野、池や田を割き取って自分の財産とし、互いに争い競うことをやめようとしない。ある者は数万頃の田を所有するのに、ある者は針を刺すほどのわずかな土地すらもたないではないか。朝廷に調を進上する時、臣・連・伴造らはまず自分の取り分を確保し、しかるのちにのこった分を朝廷にたてまつっている。宮殿の修理や山陵築造には、それぞれ自分の民を率いて事業にあたっている」

ここで問題にされているのは、部や屯倉の制度的な弊害といってよいであろう。もともと部や屯倉が豪族らによって別々に管理されていることに加え、彼ら豪族がその管理の報酬として「部曲」「田荘」とよばれる私有民や施設を支配していることが、列島規模でダイナミックに物資や労働力を徴収・動員するのを妨げているわけである。それは、国を挙げての「公共事業」の企画・実施を阻止する巨大な壁にほかならない。蘇我氏はその頂点にあったのである。その限りにおいて蘇我氏が中心となって改革を実行する可能性もありえたといえよう。

詔はつぎのように結ばれる（現代語訳）。

「今、民はなお貧しいのに、権勢のある者たちは田畑を奪い合って私有地を増やすのに躍起になり、田畑を貧しい民に期限つきで売りあたえ、利益を不当に得ている。今後、田畑を民に売りあたえてはならない。みだりに土地の所有者となり、財力の乏しい民を支配下に入れてはならない」

結局、大土地所有者たる有力豪族が貧しい民に土地を売る行為、すなわち賃租（一年を限って賃料を取り田地や園地を貸すこと）を厳禁せよと命じている。天下の人民はこの布告に拍手喝采をおくったとされる。

以上、この土地兼幷禁止の詔とは、部・屯倉の制度的な弊害を問題とし、そのうえで有力豪族の営利活動により民衆が経済的に困窮している状況を改善しようとしている。その意味で部・屯倉を廃止せよという「改新之詔」第一条と、全国一律の税制の施行をうたう同第四条を想定した内容になっているといえよう。民衆のあいだに経済的な格差があり、民衆の経済力が総体的に弱体化していたのでは、統一的な税制施行は困難だからである。

これより約四ヵ月後、狭義の「改新之詔」は発布されたことになっているのである。

皇太子の奏請

大化二年三月二十日、中大兄皇子が使者を孝徳天皇のもとに遣わし、上奏におよんだ（『日本書紀』大化二年三月壬午条）。実は、中大兄がいわゆる大化改新に直接関わったとされるのはこれ一件のみである。後年の天智天皇こそが改革の中心人物だったという通説は、この点でも再吟味の余地があろう。

中大兄はつぎのようにいう（現代語訳）。

「昔の天皇の御世には天下をひとまとめにして治めてまいりましたが、近ごろでは互いに分れ離れて、業を失ってしまいました。国の業を指す。わが天皇陛下が万民をお救いになるべき時運にあたり、天も人もあい応じて、新しい政治が行なわれることになりました。このこと、謹んでお慶び申し上げるしだいです」

ここで中大兄は孝徳に使者を遣わして奏上させており、中大兄が孝徳に直接答えているのではないことに留意すべきであろう。いうまでもなく孝徳は難波を拠点にしているわけだから、当時中大兄は難波以外の場所にいたとも考えられよう。

孝徳はこれ以前、中大兄につぎのように諮問していたという。

其れ群《もろもろ》の臣・連及び伴造・国造の所有《たもて》る、昔在《むかし》の天皇の日に置ける子代入部《こしろのいりべ》、皇子等の私に有《たも》てる御名入部《みなのいりべ》、皇祖大兄《すめみおやおおえ》の御名入部、彦人大兄を謂ふ。及び其の屯倉、猶《なお》古代の如くにして、置かむや不《いな》や。

ここにみえる「子代入部」とは、狭義の「改新之詔」第一条の「子代」と同じものを指す。天皇・皇族やその王宮に貢納・奉仕する集団のことである。それに対し「御名入部」とは、有力な皇子の宮殿に貢納・奉仕する集団のことであった。

「御名入部」は、有力豪族が「子代」「屯倉」を管理する報酬として支配がみとめられた「部曲」「田荘」に相当するもので、皇位継承資格をもつ有力な皇子の直接支配に委ねられていた民衆である。彼ら皇子たちの私有民ということができよう。「皇祖大兄の御名入部」の実態は押坂部《おしさかべ》であり、「御名入部」のなかでも最大の規模を誇り（推定で約一五〇〇〇戸）、中大兄が祖父である押坂彦人大兄皇子《おしさかのひこひとのおおえのみこ》（敏達天皇の皇子）から相続したものであった。中大兄の強大な財力の根源といってよい。

孝徳はこれらの部とそれぞれに付属する屯倉の存廃について中大兄に諮問していたわけである。これが、部・屯倉の廃止を宣した「改新之詔」第一条を前提としていることは明白といえよう。廃止すべき部のなかでも、とくに孝徳や中大兄らに関わり深い「皇祖大兄の御名入部」の処分をどうするかが問題とされていることになる。

これに対する中大兄の奉答は以下のとおりであった。

天に双《ふた》つの日無し。国に二《ふたり》の王無し。是の故に、天下を兼ね并せて、万民を使ひたまふべきところは、唯天皇ならくのみ。別に、入部及び所封《よさせ》る民を以て、仕丁に充てむこと、前の処分に従はむ。自余以外は、私に駈使《つか》はむことを恐る。故《かれ》、入部五百二十四口・屯倉一百八十一所を献《たてまつ》る。

中大兄は今後、「前の処分」にしたがい部からの仕丁の徴発を行なうべきだと提案している。「前の処分」とは、五十戸から一人の割合で仕丁を徴発するという第四条の副文⑤を指すと考えられよう。これにしたがい中大兄が所有する「皇祖大兄の御名入部」から仕丁を「五百二十四口」徴発するが、それ以外の私的な使役は今後一切行なわないというのである。この仕丁徴発に関わる屯倉一八一ヵ所も併せて献上するとしている。

これは明らかに「改新之詔」の第一条と第四条がセットで前提となっている。このような奏請が中大兄によってなされたということは、第一条にみられるような部と屯倉の廃止、第四条にあった新税制の施行がこれ以前に宣言されていたことはたしかと考えるべきであろう。

このように中大兄が自身の経済的基盤を惜しげもなく天皇に差し出すようなことをしたのは、多分に政治的なパフォーマンスの気配が濃厚である。ここで想起されるのは明治四年（一八七一）、西郷隆盛らが薩摩・長州・土佐三藩の兵より成る「御親兵」という武力を背景に廃藩置県にふみきったことである。中大兄がこのような上奏を行なったのは、もちろん彼が「皇祖大兄の御名入部」という膨大な数の私有民をもっていたことに加え、彼が新政権において軍事部門を主管していたことが関係している。部・屯倉という支配階級の既得権益に関わる制度を停廃するには、廃藩置県にみられたように、武力を背景にせざるをえなかったのである。

薄葬令

中大兄による奏上があった翌々日に出されたのが、いわゆる薄葬令である（『日本書紀』大化二年三月甲申条）。それはつぎのような中国における薄葬の理念を語るところから始まる（現代語訳）。

「朕はつぎのように聞いている。中国の偉大な君主は民を戒め、『古代の葬礼は、小高い丘を墓としたものである。封土を盛らず樹木も植えなかった。棺は死者の骨を朽ちさせ、衣服は死者の肉を朽ちさせれば、それで十分であった。だからこそ、われも墳丘を耕作ができない場所に造り、代が替わったのちにはそれがどこにあるのかもわからぬようにしたいものだ。金・銀・銅・鉄を副葬する必要はない。もっぱら土器にて古代の葬車や護衛者の人形を作ればよい。棺は板の隙間に漆を三度塗るだけでよい。死者の口に珠玉をふくませなくてもよい。珠襦《たまのこしころも》を着せ、玉柙《たまのはこ》を置くこともまかりならぬ。それらは愚か者の風習にすぎないからである』と仰せになられた。また、『葬とは隠すことである。人の目にふれないようにすればよい』とも仰せになった」

このあと、ことの核心におよぶことになる。それはつぎのとおり。

廼者《このごろ》、我が民の貧しく絶《とも》しきこと、専《たく》墓《め》を造るに由れり。爰《ここ》に其の制を陳べて、尊《たか》さ卑《ひく》さ別あらしむ。

以下、身分に応じた墳墓造営の等級が具体的に示される（現代語訳）。

「王以上の墓は、その玄室の奥行き九尺、間口五尺、外域は方九尋《ひろ》、高さ五尋とする。一〇〇〇人を使役して七日で造営を終わらせる。その葬礼で用いる帷帳《たれぎぬ》は白布とし、轜車《きくるま》（棺を運ぶ車）を用いてよい。上臣の墓は玄室の奥行きや間口、高さは、上に准ずるものとする。外域は方七尋、高さ三尋。五〇〇人を使役し、造営は五日で終了させる。葬礼における帷帳は白布を用いる。棺は担いで行くように。おそらく肩で輿を担いで運ぶのであろう。下臣の墓は玄室の奥行きや間口、高さは、すべて上に同じ。外域は方五尋、高さ二尋半。二五〇人を使役して、三日で造営終了。葬礼における帷帳などは白布を用いることも、上に同じとする。大仁・小仁の墓は、玄室の奥行き九尺、高さと間口は各四尺。封土はなしで平らとし、一〇〇人を使役し、一日で造営を終わらせよ。大礼以下、小智以上の墓は大仁に准じ、五〇人の使役、一日で造営完了とする。王以下、小智以上の墓にはすべて小石を用い、葬礼のおりの帷帳などには白布を用いよ。庶民が死亡した場合には、地にそのまま埋めよ。帷帳などには麁布《あらきぬの》を用い、一日もとどめることなく直ちに埋葬させよ」

以上の薄葬令によれば、王以下の墓の規模が全体的に縮小されていることは否めない。そのため薄

26—鬼の雪隠

葬令は墳墓の規模を抑えつつ、墳墓に身分の序列をもち込もうとする意図があったとされるが、本質はそれとは異なるところにあったといわねばならない。

重要なのは、身分に応じて墳墓造営という一種の「公共事業」に投入される労働者の数と、彼らを使役する日数が明確に制限されたことである。このような制限がもうけられたこと自体、この国では史上初のことだったに違いない。王以上の墓を造営するにも一〇〇〇人の労働力をわずか七日間しか使役できないことになった（ちなみに、奈良県高市郡明日香村にある鬼の雪隠《せっちん》は横口式石槨の上部と考えられるが、薄葬令の王以上の墓の規格に合致する）。

これは、墳墓造営という際限のない重労働から民衆を解き放つことにほかならなかった。それは「廼者、我が民の貧しく絶しきこと、専墓を造るに由れり」という現状認識にもとづいていたのであり、第四条に掲げた新税制を円滑に実施するためには、民衆を墳墓造営という過酷な労働からできる限り解放しておく必要があったのである。

実は蝦夷・入鹿らは、彼らの墳墓造営にあたり民衆からの労力徴発に一定の制限を導入しようとしていた形跡がある。前にみたように、彼らは皇極天皇の許可のもとに、一挙に大規模な労働力徴発を行なった。これは、墳墓を短期に完成させることで、結果的に民衆を無制限で過酷な労働から解放することを企図していたのではないかとみられるであろう。また、蝦夷が皇極から飛鳥板蓋宮の造営を命じられたさいに、労働力の投入を九月から十二月までの間に限るとしたことも、「公共事業」における労働力節減の試みとして評価することができる。

薄葬令が発せられた同日、さらにつぎの詔が出されている。それは旧俗矯正の詔とよばれ、この時代の民間の習俗を具体的に伝える貴重な史料である（現代語訳。便宜上番号を付した）。

旧俗矯正の詔

①また、見たのに見ていないといい、見ていないのに見たといい、聞いたのに聞いていないといい、聞いていないのに聞いたという者がいる。いったい正しく語り、正しく見ることなく、ことば巧みに相手を詐る者が多いものだ。

②また、奴婢でありながら主の困窮しているのを欺き、羽振りのよい家に移り、少しでもよい生活を望む者がいる。富んでいる家は財力にまかせてその奴婢を買い取り、本主に返さないという場合が多いようだ。

③また、夫に離別された妻が、数年後に再婚するのはよくあることである。それなのに前夫が三、四年後になって、前妻の再婚相手に財物を強要し、それを自身の利益とする者が大変多いと聞いている。

④また、女性との関係が多い男が、みだりに他家の娘と関係を結び、自分がその娘を正式に妻として迎える前に、彼女が他の男性と結婚すると、怒りにまかせて新郎・新婦両家に対し財物を強要し、自身の利益とする者もはなはだ多いという。

⑤また、夫を亡くした女性が、一〇年後、または二〇年後に再婚相手をみつけ、あるいは未婚の女性が初めて嫁ぐ場合に、これら新郎と新婦を妬んで、祓除《はらい》の費用を強要する場合も多いようだ。

⑥また、妻に嫌われ逃げられた者が、それを苦にして恥ずかしく思い、元妻を無理やりに事瑕《ことさか》の婢（契約違反により婢の身分を落とされた者）とするようなことも少なくないらしい。

⑦また、自分の妻が他の男性と通じているのではないかと疑い、しきりに官に訴え出る者があとを絶たない。今後はたとえたしかな三人の証人があろうとも、みなで真相を明らかにしたうえで申し出ることにし、むやみに訴訟を起こしてはならない。

⑧また、はるばる辺境より労役奉仕のためにやって来た民が、奉仕が終わって郷里に帰る時に、にわかに病となり路傍で死んでしまうことがある。その時に路傍の家では「どうしてまた、わが家の前で人を死なせたのか」といって、死んだ者の同行者をつかまえ、強引に祓除の費用をもとめる。そのために、兄が路傍で死んでも、弟はそれを放置して逃げ出してしまうということだ。

⑨また、河で溺死した民がいると、それに出くわした者が「どうしてわれに溺れ死んだ者を遭わせたのだ」といって、溺死者の同伴者をとどめて、死の穢れを祓うための費用を強要する。その

ようなわけで兄が河で溺死しても、弟はそれを救おうとせずに逃走してしまう場合が多い。

⑩また、役民がその往還で路頭にて炊飯することがある。その時に、路傍の家では「どうして断りもなく道端で飯を炊くのか」といい、強引に祓除の費用をもとめようとする。

⑪また、他人から甑《こしき》を借りて炊飯していた民がいて、その甑を物にぶつけてひっくり返してしまう。そのおりに甑の所有者は祓除の費用を強要する。

以上をうけてつぎの文で結ばれる。

此等の如き類、愚俗の染《なら》へる所なり。今悉に除断《や》めて、復《ふたたび》せしむること勿《なか》れ。

以上①から⑪のうち、①はいわゆる流言飛語の禁令であり、⑥⑦は男女間のトラブルをめぐっての規制・警告である。それ以外は不合理な習俗や慣例によって民間の財物がいたずらに失われたり、経済格差が拡大したりすることを防ぐための対策といってよい。

②は富める者がますます富裕になり、富まざる者の財が虚しく失われていくのを押しとどめようという策である。③から⑤は、結婚をめぐってまったく道理のとおらない理由で財物が無益に支払われている慣行を廃止すべき「愚俗」と非難している。

⑧から⑪は罪・穢れを除去するための「祓除」の費用が不当に強要されているケースである。⑧⑨は死の穢れの除去に関わるものであり、⑩は集落の安穏が外部からもたらされた火によって脅かされたことに対するケアということであろう。⑪は甑が覆るという不祥事も「祓除」の対象になるという

ことらしい。

以上、これらの習俗や慣例が「愚俗」として排斥されているのは、たんにそれが非合理的で無意味だからだけではない。問題はこれら「愚俗」により民衆の富や財が失われ、貧富の差が拡大することが望ましくないということなのである。それは、部・屯倉による民衆支配を停止し、全国一律に課税する体制の構築をめざす以上、民衆の経済力はできる限り均等にしておかねばならなかったからと考えられる。

この詔も先の薄葬令と同様、統一的な税制施行を宣した狭義の「改新之詔」第四条が前提とされている。したがって、これらは第四条そしてその前提としての第一条が実際に出されたものであることを裏書するものといえるであろう。

「品部」廃止の詔

旧俗矯正の詔発布から約五ヵ月後、大化二年八月につぎの詔が出されている（現代語訳）。

「もとを尋ねれば、天地陰陽は四季を乱れさせることがない。この天地が万物を生じ、万物のなかで人が最もすぐれている。そのなかでも最も聖なるものが君主である。それゆえに、聖主たる天皇は天にしたがって国を治めて、人びとがそれぞれの安息の地を得られるようにといつも心を砕いている。しかしながら、代々の天皇の御名をはじめとした名をもつ品部《しなべ》を、臣・連・伴造・国造らはそれぞれに分けて支配し、また、その品部と私有民を同じ場所に雑居させている。そのために、ついには父子・兄弟・夫婦のあいだで姓や部が異なってしまい。一家が五つにも六つにも分裂し、それをめぐる争いや訴訟が諸国や朝廷に満ち満ちているありさまである。有効な処置がほどこされぬまま、混乱は収まる気配がみえない。そこで、今上陛下より始まり臣・連らまでが所有する品部はすべて廃止とし、それらを国家の民とすることにいたす」

「品部」は「品々の部」すなわち「さまざまな種類の部」の意味であり、部の総称とみなすことができる。部のうち特定のものだけを限定して指す語ではない。狭義の「改新之詔」第一条にみえる「子代」は「品部」の中核をなすものといえよう。それに対し詔のなかで「私有民」とされているのは「改新之詔」第一条における「部曲」に相当すると考えられる。これらをすべて廃止して、国中の民衆を国家の直接支配のもとにおこうというのが詔の骨子である。それゆえに「品部」廃止の詔とよばれる。

ここでは同じ親族であっても所属する部や屯倉が異なるために、ばらばらに支配されることになり、民衆のあいだで大きな混乱が生じているさまがやや誇張されて描かれている。とはいえ、これが部や屯倉の廃止を命じた「改新之詔」第一条が前提となっていることは明らかであろう。

「品部」廃止の詔の後半で問題とされているのは、部や屯倉を管理することをまかされ、それを世襲していた豪族たちの姓（とくにウジナ）であった（現代語訳）。

「天皇の名前を借りて伴造となり、その祖先の名前によって臣・連となる。このような豪族たちは深く事情を理解できず、にわかにこのように宣するのを聞き、『祖先の名前、天皇から借りた名前が消えてなくなってしまう』と思うことであろう」

「天皇の名前を借りて伴造となり」とは、特定の部を中央にあって管理する職務を世襲している豪族（伴造）が、部に冠せられた天皇や王宮の名前をウジナとして名乗っていることをいう。たとえば、穴穂部《あなほべ》を中央で統括する職務を世襲する豪族が穴穂部造《みやつこ》というウジ・カバネを称するようなものである。彼らは穴穂という天皇の名前をウジナに拝借しているという意識をもっていたことになる。

他方「その祖先の名前によって臣・連となる」とあるが、この「祖先の名前」とは、豪族の始祖の名前そのものを指すのではなかった。それは始祖以来、天皇に対し代々奉仕してきた一族の職務を意味した。臣・連などのカバネを称する上位の豪族にとって、彼らのウジナは始祖以来の世襲職を象徴するものと観念されていた。たとえば、中臣というウジナは、この一族の祖とされる天児屋根命《あめのこやねのみこと》に始まって代々受け継がれてきた職務（神と人とのあいだを取りもつ）をあらわすとされていたのである。

豪族たちは部や屯倉の廃止により先祖代々世襲してきたウジナが消滅してしまうのではないか、とパニックに陥ってしまったというのである。朝廷に仕える豪族たちは彼らがそれぞれ管理をまかされた部や屯倉に関わる名称をウジナとして名乗っていた。職務だけでなくそれをあらわしたウジナも世襲していたから、部や屯倉が廃止されればウジナも無効となり消えてなくなると危惧する者があらわれたというのはありえないことではない。

これに対し孝徳天皇はつぎのように宣告した（現代語訳）。

「それゆえ、朕の考えるところをはっきり申し聞かせよう。そもそも天皇の子孫が相次いで統治するからには、時の天皇とその先祖の天皇の名前が世に忘れ去られることは断じてない。それよりも、尊い天皇の名前を軽々しく川や野の名につけ、百姓をよぶ名とするのはまことに畏れ多いことである。天皇の名前は、太陽や月と同じように永遠に伝えられるものであり、天皇の祖先とその子孫の名前は、天地と同じように永久に続くものと心得よ」

孝徳は、たとえ部や屯倉が廃止されてもウジナは永遠になくならないと強調して、豪族たちの不安を一掃してみせたわけである。天皇の支配が続く限り、ウジナは「永久に不滅である」と。ウジナをふくむ姓の本質が天皇に仕える者が負う標識という点にあることからすれば、それは当然であった。

このように、部や屯倉に深く関係した豪族たちのウジナに今後大きな変更がないことがわざわざ宣言されていることからみても、この時期、部・屯倉の廃止が政治日程にのぼったことは間違いない。「品部」廃止の詔は、「改新之詔」第一条が実際に発布されたことを裏書するものということができよう。

「庸調」支給の詔

「品部」の廃止に関わる詔が出されてから七ヵ月ほどして、『日本書紀』大化三年四月壬午条によれば、つぎの詔が発布されている（現代語訳）。

「初めて国を治めた皇祖の時代より、天下は大同であり、民にあれこれと区別はもうけられていなかった。ところが、近年になって神の名前・天皇の名前によって、あるものは臣・連の氏となり、あるものは伴造となった。このために国内にあって民の心があれこれと立場の違いに固執するようになり、お互いに深く対立し、それぞれの名を守ろうとするようになってしまった。また、愚かな臣・連・伴造・国造らは、その姓となった神（祖先）の名前や天皇の名前を自分勝手に軽々しく人びとや土地につけた。これにより、神の名前や天皇の名前をつけた民が贈り物として他人の奴婢とされたために、清きその名が汚されることになり、ついには民の心がまとまらず、国政が立ち行きがたくなってしまった」

「品部」廃止の詔と同様に、部・屯倉による支配の弊害の様相が述べられている。やはり部・屯倉の制度に立脚するウジナが問題にされている。その意味でこの詔も部・屯倉の廃止が孝徳朝に行なわれたことを裏づけるものということができる。

「神の名前」は先の「品部」廃止の詔のなかの「祖先の名前」にあたることになる。「神の名前」ともいうべき「祖先の名前」をウジナとする豪族は臣・連のカバネを称し、他方「天皇の名前」を借りてウジナとしている豪族は宮廷において伴造という職務に就いているというわけである。

この詔の眼目は最後のくだりにある（現代語訳）。

「そこでこのたび、天におわす神にしたがい世を統治する時運にあたり、これらの人びとに正しいことわりを悟らせようと思ったのである。国政を改革することと、民に仁慈をほどこすこととは、どちらを優先すべきということはないものである。したがって、今日・明日というように相次いで詔を発することとなろう。もとより天皇の仁政に依存し、旧い体制になじんでいる者は、すべての詔が発せられるまでのあいだは待ちがたく思うことであろう。それゆえ、皇子・群臣以下、朝廷の職員の端々にいたるまでに庸調を賜わるものとする」

宮廷に仕える者たちに「庸調」を臨時に賜わるとあるが、これはいわゆる俸禄の支給を意味している。狭義の「改新之詔」第一条で部・屯倉の廃止にともない、豪族たちがそれまで部・屯倉の管理の報酬として世襲的に得ていた特権の代替物という名目で、今後は「食封」や「布帛」が支給されるとあったのに対応するものと考えられよう。

この詔のなかに「庸調」支給がみえるということは、「改新之詔」第一条が前提とされており、その意味で「改新之詔」第一条が当時実際に発布されたことをみとめることができよう。

3 「五十戸」支配の創出

改革の実態と方向性

以上、広義の「改新之詔」は、すべて狭義の「改新之詔」のうち第一条と第四条を想定、あるいは前提にしているとみなすことができる。広義の「改新之詔」の全部がわざわざ造作されたとは考えられないから、狭義の「改新之詔」の第一条と第四条は、やはり七世紀半ばの孝徳天皇の時代に実際に発布されたとみなして大過ないであろう。

とすれば、改革の実態はおよそつぎのようなものであったと考えられる。

まず、東国などに派遣された使者（国司）によって部・屯倉廃止の前提作業として人口調査、また新しい税制施行のための準備作業として土地調査が実施された。土地兼并禁止の詔によって部・屯倉の管理にあたっていた有力豪族による営利活動が大幅に制限され、その後、部・屯倉廃止の大方針が示された。

ついで皇太子の奏請によって、中大兄皇子のような有力皇子が私有する部であろうとも廃止の対象となることが改めて確認・宣伝がなされた。さらに「品部」廃止の詔により、部・屯倉が廃止されてもそれらに即応した豪族たちのウジ・カバネにはまったく変更のないことが宣告され、「庸調」支給の詔において、豪族たちに部・屯倉を管理する報酬としてあたえられていた既得権の代替物である食封や禄の給付方針が明らかにされた。

そして、部・屯倉の廃止と引き換えに新たな税制を施行するための地ならしとして、薄葬令や旧俗矯正の詔が出されたのである。男女の法は部・屯倉の廃止にともない民衆を新たな原理で把握・再編するにあたっての細則というべきものであった。鍾匱の制はこれら一連の改革によって生ずる問題に対処し、改革をスムーズに推進するために設定された。

前にも述べたとおり、「改新之詔」の第一条と第四条はまさに車の両輪の関係にあるといってよい。

第一条が実際に発布されたならば、ほぼ同時に第四条も出されたはずであり、第四条が出されたことがたしかならば、その前提として第一条も発布されたと考えねばならない。

第一条で部・屯倉の制度が廃止され、結果として全国各地の民衆が部・屯倉による支配から解放されることになった。部や屯倉を管理する世襲職によって収益を得ていた豪族たちにはそれに代わる経済的特権（食封、布帛）があたえられることになったわけである。しかし、彼ら民衆が国家による支配からまったく自由になることは当然ながらありえず、彼らはまったく新たな原則にもとづいて把握・編成され、第四条によって一律に新しい負担が課せられることになる。この新税制が豪族たちにあたえられる食封や布帛の財源とされたことはいうまでもない。

「三十戸」から「五十戸」へ

では、部・屯倉による支配から解放された民衆は、こんどは国家によってどのように把握・編成されることになったのだろうか。それは「改新之詔」第四条に手掛かりがある。その副文⑤を現代語訳で示そう。

「およそ仕丁は、旧来の三十戸から一人を徴発するのを改めて、一人を断《くりや》に充てることとする。五十戸から一人を徴発して、一人を断に充てることとする。諸司で使役するように。五十戸から仕丁一人の食費を徴収せよ。一戸につき庸布を一丈三尺、庸米を五斗と定める」

これによれば、「五十戸」を単位に仕丁とよばれる労働力（官司で使役される）を徴発することになっていた。仕丁一人のほかに同じ集団から断（仕丁当人の身辺の世話をする男性）も徴発される規定であった。これ以前は「三十戸」から一人の割合で仕丁が徴発されていたとされ、今後は「五十戸」より一人と改定されたとある。

このように孝徳朝を機に「五十戸」を単位とした民衆支配が創始された可能性が高い。旧制の「三十戸」支配についてはつぎの『播磨国風土記』揖保郡条が注目される。

越部里《こしべのさと》。旧き名は皇子代《みこしろ》の里なり。土は中の中。皇子代と号《なづ》くる所以《ゆえ》は、勾《まがり》の宮の天皇のみ世に、寵人、但馬《たじま》の君小津《おづ》、寵を蒙りて姓を賜り、皇子代の君と為して、三宅《みやけ》をこの村に造りて仕へ奉《まつ》らしめたまふ。故《か》れ、皇子代の村と曰ふ。後、上野の大夫に至りて、三十戸を結びし時に、改めて越部の里と号く。一云ふ、但馬の国の三宅より越し来れり。故《か》れ、越部の村と号くといふ。

この伝承によれば、六世紀前半の安閑天皇の時代、その寵臣である但馬君小津が皇子代とよばれる部の管理をまかされたが、当地に屯倉を建ててその支配にあたったという。ここにみえる「三十戸」は、上野の大夫の時代とあり、それは七世紀後半の律令制形成期かと思われるので、「五十戸」＝一里の編成で余ってしまった三十戸で一里を立てるという意味にもとることができる（越部とは戸が超過したことを示すか）。他方、大宝令の注釈書（「古記」）では、「五十戸を超過して六十戸あった場合は、十戸だけを独立させ一里を立てるのではなく、二分して三十戸の里を二つ立てるべき」としているので、これに該当するのかもしれない。

ただ、この「三十戸」は、上記のような律令制下の例外的措置の産物ではなく、孝徳朝以前に行なわれていた「三十戸」編成の施行を伝えている可能性も否定しがたいといえよう。

「五十戸」から「里」へ

周知のように、「五十戸」編成は律令制のもとで民衆支配の基礎となり、「五十戸」が一里とされ、いわゆる「国—郡—里」という重層的な行政組織が構築されることになる。狭義の「改新之詔」にもすでにこの「国—郡—里」の制度がみえるが、これらが後世の修辞によることはいうまでもない。

それというのも、貢進物に付けられた荷札木簡の記載によれば、公式の文書上「里」と書かれる以前は「五十戸」と表記されていたことが明らかだからである（ただし、訓みは同じく「サト」であった）。そのうち年代の明らかなものを掲げると以下のとおり（独立行政法人文化財研究所、奈良文化財研究所編『評制下荷札木簡集成』東京大学出版会、二〇〇六年による）。

①乙丑年（天智天皇四年〈六六五〉）　石神遺跡出土
三野国ム下評大山五十戸（のちの美濃国武芸《むげつ》郡大山郷）

②乙亥年（天武天皇四年〈六七五〉）
知利布五十戸（のちの参河国碧海《あおみ》郡智立《ちりゅう》郷）

③丁丑年（天武天皇六年〈六七七〉）　飛鳥池遺跡出土
三野国加尓評久々利五十戸（のちの美濃国可児郡）

④丁丑年（天武天皇六年〈六七七〉）　飛鳥池遺跡出土

三野国刀支評恵奈五十戸（のちの美濃国恵那郡）

⑤戊寅年（天武天皇七年〈六七八〉）　石神遺跡出土

汙富五十戸（のちの美濃国不破郡有宝《うほ》郷）

⑥戊寅年（天武天皇七年〈六七八〉）　飛鳥京跡苑池遺構出土

尾張海評津嶋五十戸（のちの尾張国）

⑦戊寅年（天武天皇七年〈六七八〉）　藤原宮跡朝堂院地区出土

高井五□□（のちの上野国新田郡、阿波国阿波郡、信濃国高井郡に高井の地名あり）

⑧己卯年（天武天皇八年〈六七九〉）　石神遺跡

□□五十戸（のちの美濃国加毛郡半布里か）

⑨庚辰年（天武天皇九年〈六八〇〉）　石神遺跡

三野大野評大田五十戸（のちの美濃国大野郡大田郷）

⑩辛巳年（天武天皇十年〈六八一〉）　伊場遺跡出土

柴江五十戸（のちの遠江国敷智《ふち》郡柴江郷）

⑪辛巳年（天武天皇十年〈六八一〉）　石神遺跡出土

鴨評加毛五十戸（のちの参河、伊豆、佐渡、安芸の諸国に賀茂郡賀茂郷あり）

⑫丙戌年（朱鳥元年〈六八六〉）　石神遺跡

大市マ五十戸（のちの大倭国城上《しきのかみ》郡、参河国碧海郡、播磨国揖保郡、備中国窪屋郡に大市郷あり）

⑬丁亥年（持統天皇元年〈六八七〉）　飛鳥池遺跡出土

若佐小丹評木津マ五十戸（若狭国小丹《おにゅう》郡木津郷）

これによれば、天武天皇十年（六八一）までは「五十戸」表記が主流を占めていた。やがて天武天皇十二年（六八三）以後、「里」表記があらわれるが、それでも⑫⑬のように「五十戸」表記も部分的にのこったのである。しかし、持統天皇二年（六八八）以降は「里」表記に統一されたことが明らかとなっている。この「五十戸」から「里」への転換は、天武天皇十年以降に編纂が始まった飛鳥浄御原令の内容の一部の先取り施行によるか、あるいは天武天皇十二年以降の国境画定事業が関係しているのではないかといわれている。

「五十戸」支配の創始はいつか

「五十戸」支配に関する史料としては、上記以外につぎのものが知られている。癸亥年（天智天皇二年〈六六三〉）法隆寺旧蔵の幡墨書には「山部五十戸」（山部はのちの大倭国平群郡夜麻郷にあたる）とあり、また飛鳥宮京出土の木簡には「白髪部五十戸」（白髪部はのちの備中国窪屋郡真壁郷となる）とみえる。後者は、同時に出土した木簡にみえる冠位「大花下」の施行時期からいって、大化五年（六四九）から天智天皇三年（六六四）のあいだとされている。

このように「山部五十戸」や「白髪部五十戸」とあることから、「五十戸」による編成は、「山部」

27—飛鳥京跡出土「白髪部五十戸」木簡

「白髪部」などの部に編成されていた民衆から開始されたのではないかと考えられてきた。部がまだ廃止・解体されていない段階で「五十戸」支配が部分的に導入されたというわけである。この解釈は、部の本格的な廃止・解体が孝徳朝よりもだいぶ遅れるという前提に立っていることに留意したい。

しかし、「山部五十戸」「白髪部五十戸」のような「某部五十戸」よりも、「大山五十戸」といった「地名五十戸」のほうが数量的には圧倒的に多い。それは部がすでに制度的に廃止・解体されているからであって、「某部五十戸」の「某部」は「地名」に準ずるとみなしてよいのではないだろうか。

すなわち、「五十戸」に冠せられた「某部」とは、かつて部に編成されていた民衆そのものを指すのではないだろう（すなわち、部に「五十戸」編成が適用されていたことを物語るのではない）。それは、かつて特定の部に編成されていた民が大勢住む場所を示す「地名」として用いられていると考えられよう。先に述べたように、部・屯倉の廃止にともなって「五十戸」編成が採用されたことを思えば、そもそも部に対して「五十戸」編成が行なわれたことは想定しがたいことになる（「三十戸」編成ならばありえるかもしれない）。

それでは、「五十戸」編成が創始・採用されたのはいつであろうか。史料的には、大化五年から天智天皇三年のあいだの「白髪部五十戸」、天智天皇二年の「山部五十戸」、それに天智天皇四年の「大山五十戸」などが最古の部類ということになろう。

これまで「五十戸」支配が導入される起点となる出来事としては、つぎの三点が注目されてきたといえよう。

① 大化二年（六四六）「品部」廃止の詔
② 天智天皇三年（六六四）甲子の宣（氏上に民部・家部があたえられた）
③ 天智天皇九年（六七〇）庚午年籍（全国規模の戸籍作成）

①についてであるが、すでに述べたように、問題とされるべきは「品部」廃止の詔ではなく「改新之詔」第一条・第四条であろう。「品部」廃止の詔はあくまでそれに付随するものにすぎない。②は「山部五十戸」木簡の翌年、「大山五十戸」木簡の前年の出来事であるが、これは白村江敗戦後、天智天皇の周囲に結集した有力豪族（その氏上）に対する優遇措置にすぎず、全民衆を対象にした施策ではなかったので、「五十戸」支配の導入が問題となる画期とはみなしがたい。また、③庚午年籍の施行は「山部五十戸」木簡よりも七年も後のことなので、この場合、問題にはならないであろう。

したがって、「五十戸」編成が始められる画期にあたるのはやはり部・屯倉の全面的な廃止が行なわれた孝徳朝しか考えられない。孝徳朝の改革で「五十戸」支配が導入・施行されたのである。部・

屯倉が存続した段階でおそらく一部地域において行なわれていたのが「三十戸」支配であったということになろう。

「五十戸」を統括する評

前掲の荷札木簡などにみられる「国―評―五十戸」という表記から明らかなように、「五十戸」は創始の当初から評の支配下にあったとみられる。

いうまでもなく評とは郡に先行する機構であり行政単位であった。評・郡はいずれも「コホリ」と訓まれるが、大宝元年（七〇一）大宝令の施行にともなって評から郡への移行・転換があったことは周知のとおりである。

ちなみに、「評―五十戸」の上位に位置する国が全国規模で成立するのは、天武天皇十二年（六八三）の国境画定以前であったと考えられてきた。しかし、近年では乙丑年（天智天皇四年〈六六五〉）の「三野国ム下評大山五十戸」木簡もあり、遅くとも天智天皇四年には国は一般的に成立していたのではないかとされている。

では、評がいつ施行されたかであるが、孝徳朝に始まることは間違いない。問題は評制施行の範囲がどの程度だったかであろう。『常陸国風土記』は孝徳朝における評の設置を伝えるが、香島郡条にはつぎのようにみえる。

古老の曰へらく、難波の長柄の豊前の大朝に馭《あめのしたしろ》しめしし天皇のみ世、己酉の年に、大乙上中臣の□子、大乙下中臣部の兎子《うのこ》等、惣領高向《たかむく》の大夫に請ひて、下総《しもうさ》の国海上《うなかみ》の国の造《みやつこ》の部内、軽野より以南の一里と、那賀の国の造の部内、寒田より以北の五里を割きて、別に神の郡を置きき。

ここにみえるように、「己酉の年」すなわち大化五年（六四九）に郡＝評の設置が始められたとする。それは、「下総の国海上の国の造の部内」や「那賀の国の造の部内」から一定の「里」が分割されて「郡」が建てられたと伝えられているように、これまで国造によって支配・管理されてきた国とよばれる領域を分割、あるいは統合して形成された。

他方、伊勢国における評制施行を伝える『皇太神宮儀式帳』は、

難波朝庭の天下に評を立て給ひし時に、十郷を以て分ちて、度会《わたらい》の山田の原に屯倉を立てて、新《にい》家連阿久《のみのむらじあく》多《た》が督領に、磯連牟《いそのむらじむ》良《ら》が助督に仕へ奉りき。

と述べており、「難波朝庭」すなわち孝徳の時代を「天下に評を立て給ひし時」と回顧していることは注目に値しよう。これも大化五年とみなすことができると考えられている。

評の官人をめぐる猟官運動

このように、孝徳朝に評の設置が各地で行なわれていたことは、先にみた東国国司の詔からもうかがうことができるのである。任地に赴いた国司に対する注意事項として、つぎのことが伝えられていた（現代語訳）。

「もし名声をもとめる人がいて、もともと国造・伴造・県稲置《こおりのいなぎ》ではないのに、偽って『わが先祖代々、この屯倉をお預かりし、この郡県を治めてまいりました』などと訴えてきた場合には、そなたら国司はその偽りのことばをそのまま朝廷に上奏してはならぬ。詳しく実状を調査して上申

におよぶように」

ここにみえる「国造」「伴造」「県稲置」とは、天皇の委託をうけ現地にあって部や屯倉の管理にあずかってきた役職であり、もちろんそれは世襲だったに違いない。部・屯倉の廃止にともなって彼らも失職という深刻な事態に直面していたことになる。

その彼らが先祖以来の部・屯倉管理の経験と実績をアピールして国司らに迫ってくるであろうが、慎重に審査を行なうようにと指示が下されているのである。それは、彼ら国司に対して新設される予定の評の官人の選考・任用のための調査が委ねられていたからにほかならなかった。評の官人とは、『皇太神宮儀式帳』にみえる「督領」「助督」など、評の統括・運営にたずさわる官職である。

このように部・屯倉の廃止にともない、在地で長年にわたり部・屯倉の管理にあたってきた豪族たちの世襲職も当然のことながら廃止されることになった。そして、彼らは部・屯倉による支配から解放され「五十戸」単位で把握・編成された民衆を地域ごとに統括する評の官人への転身を余儀なくされた。しかし、それぞれの評の官人のポストの数は限られていたので、当然ながらそれからあぶれる者も出ることになるわけで、ここに熾烈な猟官運動が起きることになったのである。

大化二年（六四六）二月、孝徳天皇は鍾匱の制の効用にふれてつぎのように述べていた（『日本書紀』大化二年二月戊申条）。

集在《うごなわりはべ》る国民、訴ふる所多《さわ》に在り。今将《まさ》に理を解かむとす。諦《あきらか》に、宣《の》たまふ所を聴《うけたまわ》るべし。其の疑を決《さだ》めむとして、京に入りて、朝《もうでき》集《うごなわ》る者、且《しばら》く退《まか》り散《あか》つこと莫くして、朝に聚《つど》ひ侍れ。

ここにみられるように、実に多くの人びとがさまざまな訴えをたずさえて孝徳の王宮に押し寄せてきていた。そのなかには先祖代々にわたり部・屯倉の管理にあたってきたのに、評の官人の選考にもれてしまった豪族たちも少なくなかったに違いない。これら四方八方から訪れる人びとを収容するためにも、孝徳の難波長柄豊碕宮の朝堂院は前後に較べて一挙に巨大化せざるをえなかったといえよう。

以上みてきたように、「五十戸」支配の創出により列島各地に住む民衆から大量かつ円滑に物資や労力の徴収が可能になった。ここに従来の蘇我氏に代わり天皇家を中核として、大規模な「公共事業」を企画・実施することが従来に較べて格段に容易になったのである。

これによってつぎに課題となるのは、この新たな徴税機構の頂点にあって、列島規模で統一的な基準により集められた物資・労力をダイナミックに運用し、それを管理・記録する専門集団、すなわち官僚の創出であった。それも孝徳朝に準備されていたことをつぎにみておこう。

4 「官僚」の創出

鎌足の選択

ここではまず、乙巳の変の立役者といわれる中臣（藤原）鎌足を事例として取り上げたい。『日本書紀』皇極天皇三年（六四四）正月乙亥朔条に有名な鎌足登場の場面がみえる。

中臣鎌子連を以て神祇伯に拝す。再三に固辞《いな》びて就《つかえまつ》らず。疾《やまい》を称して退《まかりい》でて三嶋に居り。時に、軽皇子、患脚《あしのやまい》して朝《まいりつか》へず。中臣鎌子連、曾《いむさき》より軽皇子に善《うるわ》し。故彼の宮に詣《もう》でて、侍宿《とのいにはべ》らむとす。軽皇子、深く中臣鎌子連の意気の高く逸《すぐ》れて容止《かたち》犯《な》れ難きことを識りて、乃ち寵妃阿倍氏を使ひたまひて、別殿を浄め掃へて、新しき蓐《ねどこ》を高く鋪《し》きて、具に給《つ》がずといふこと靡《な》からしめたまふ。敬《いや》び重《あが》めたまふこと特に異なり。

『家伝』上によれば、鎌足は御食子《みけこ》の長子、通称は仲郎といい、推古天皇二十二年（六一四）の生まれとされている。ということは、この時、すでに三一歳。当時とすれば、決して若いとはいえない。もはや初老といってもよい。

鎌足が「神祇伯」すなわち神祇官の長官への就任を拒んだというのだが、もちろん、この時代にそのような官司・官職は存在しない。要するに、宮廷祭祀に関わる中臣氏の世襲の職務を継承するのを彼が拒んだということである。『家伝』上によると、中臣氏のウジナは「神と人間との仲をとりもつ」といわれたこの一族の世襲の職掌に由来するものであった。

この場面は、鎌足と彼が終生にわたって仕えたとされる中大兄皇子（天智天皇）を中心とした蘇我氏打倒（乙巳の変）の起点と位置づけられている。乙巳の変への道は鎌足の決意と行動から始まったというわけである。したがって、鎌足が世襲の職務への任官を拒んだのは、彼がすでに蘇我氏打倒という明確な目標を心に秘めていたからとされているのである。

鎌足が世襲職の継承を拒絶したことは事実と考えてよいであろう。しかし、すでに第一章で述べたように、鎌足が中大兄を擁して蘇我氏の王権簒奪を阻止したというのは虚構にすぎないから、彼にこの段階で蘇我氏を倒さねばならない明確な動機がなかった以上、鎌足が世襲職を継ぐのを拒んだ理由は他にもとめねばならないことになる。

鎌足はどうして世襲職の継承を拒んだのであろうか。彼は世襲職に就任しないでいったい何をめざしていたのであろう。

「生きては軍国に務無し」

その答えは鎌足臨終の場面からうかがい知ることができる。『日本書紀』天智天皇八年（六六九）十月乙卯条にはつぎのようにみえる。

天皇、藤原内大臣の家に幸して、親ら所患《やまい》を問ひたまふ。而るに憂へ悴《かじ》けたること極めて甚し。乃ち詔して曰はく、「天道仁を輔《たす》くること、何ぞ乃ち虚説ならむ。善を積みて余の慶あること、猶是徴无からむや。若し須《すべ》き所有らば、便ち聞ゆべし」とのたまふ。対へて曰さく、「臣既に不敏《おさな》し。当に復何をか言《もう》さむ。但し其の葬事は、軽易なるを用ゐむ。生きては軍国に務無し。死《みまか》りては何ぞ敢へて重ねて難《なやま》さむ」と、云々。時の賢聞きて歎《ほ》めて曰はく、「此の一言は、窃《ひそか》に往哲の善言に比《たぐ》へむ。大樹将軍の賞を辞《いな》びしと、詎《いずれ》か年を同じくして語るべけむや」といふ。

その五日後、鎌足薨去の前日に彼は「大織冠」「大臣位」、それに「藤原氏」をいわばセットで賜わったとされている。彼は藤原鎌足になったのをみとどけて、瞑目したことになる。

このなかで「生きては軍国に務無し」との鎌足の述懐は注目に値しよう。これは、彼が臨終の床でこのようなことを実際に語ったのが伝えられたと考えてよい。鎌足は、生きているうちは「軍国」への奉公が十分に果たせなかったという悔恨を語っているのである。彼は自身の人生を軍人、または軍事官僚のそれとして回顧していたことになろう。

『家伝』上には、

大臣、性仁孝、聡明叡哲にして、玄鑑深遠なり。幼年にして学を好み、博く書伝に渉《わた》りき。毎《つね》に太公の六韜《りくとう》を読みて、嘗《かつ》て反覆して誦せぬはあらず。

とあり、鎌足は幼年より学問を好んだと伝えられる。それは、彼が宮廷祭祀に関わる世襲の職務を何の疑問も抱かずに受け継ぐのではなく、文字技能を身につけて官僚として立身しようという志向性をもっていたことを物語る。鎌足が、太公望が著わしたとされる兵書『六韜』を愛読し暗誦していたというのは、彼がとりわけ軍事官僚志望であったことを示すといえよう。

それは乙巳の変における鎌足の活躍にも端的にあらわれている。彼は弓矢を持して中大兄らを援護するという実行部隊の一人として行動している。鎌足については、政変のシナリオを書いた策士としての風貌が強調されるが、実際には入鹿暗殺の刺客の一員にすぎなかったことからいってもそれは誤りである。

これ以後、鎌足は軍事官僚としての生涯を歩んだといえよう。詳細は一切伝えられていないが、彼は斉明天皇による北方遠征や百済救援戦争にも関与したに違いない。

さらに鎌足といえば、『家伝』上に

此より先、帝大臣に礼儀を撰述せしめ、律令を刊定せしめたまふ。天・人の性を通して、朝廷の訓を作る。大臣と時の賢人と、旧章を損益《おとしくわ》へ、略《ほぼ》条例を為《つく》る。

とあるように、近江令編纂など文官としての顔が強調されることもある。だが、近江令を編纂したとする所伝はのちに形成されたものにすぎない。それは、鎌足が「天帝」「王朝の始祖」にまで祭り上げられた天智の最大最高の功臣と位置づけられた結果と考えられ、鎌足の実像とはおよそ懸け離れているといわざるをえない。後述するように、法典編纂に深く関わったのは彼ではなく、その子の不比《ふひ》等《と》にほかならなかった。

鎌足の子弟教育の方針

以上のように、鎌足が中臣氏の世襲職の継承を断わり、官僚としての道を歩んだことは、彼がその子弟にも同様の道を歩ませようとしていたことからも明らかであろう。鎌足は、長男の真人《まひと》を出家させて貞慧《じょうえ》（定恵）と名乗らせ、白雉四年（六五三）、第二次遣唐使により彼を唐に留学させている。この時に貞慧はわずか一一歳だったというから、皇極天皇二年（六四三）の生まれということになる。「性聡明にして学を好めり」といわれた貞慧は、長安において慧日《えにち》道場に住み神泰《じんたい》法師に師事したという。天智天皇四年（六六五）に百済経由で帰国したが、ほどなく亡くなった。享年二三であった。

鎌足はどうして長男を出家させたのであろうか。後継者たる長男を出家させるとは、後世の感覚ではおよそ考えがたいことであろう。次男の不比等は斉明天皇四年（六五八）の生まれであるから、貞慧が出家した時点で鎌足の後継者は貞慧一人しかいないわけである。

しかし、この時代の僧侶はあらゆる学問・技芸の専門家であり、つぎに掲げる多くの事例があるように、僧侶から官僚への転身（還俗）は実に容易だったのである。

① 持統天皇六年（六九二）十月
法師として新羅に留学した山田史御方《やまだのふひとみかた》に務広肆《むこうし》を授ける。

② 持統天皇七年（六九三）六月
高句麗沙門、福嘉《ふくか》を還俗させる（専門分野は不明）。

③ 文武天皇四年（七〇〇）八月
通徳を還俗させ、陽侯史久尓曾《やこのふひとくにそ》の姓名を賜い、勤広肆《きんこうし》を授ける。恵俊を還俗させ、吉宜《きつよろし》の姓名を賜い、務広肆を授ける（いずれも彼らの芸を用いるため）。

④ 大宝元年（七〇一）三月
弁紀を還俗させ、春日倉首老《かすがくらのおびとおゆ》の姓名を賜い、追大壱《ついだいいつ》を授ける（専門分野不明）。

⑤ 大宝元年八月

慧耀《えよう》を還俗させ録兄麻呂《ろくえまろ》、信成を高金蔵《こうこんぞう》、東楼を王中文《おうちゆうもん》とする（彼らの専門分野は不明）。

⑥ 大宝三年（七〇三）十月

隆観を還俗させる。もとの姓名は金財。幸甚の子で、芸術に通暁し、とくに算道と暦術に精通していたので。

⑦ 和銅七年（七一四）三月

義法を還俗させ、大津連意毗登《おびと》の姓名を賜い、従五位下を授けた。その占術を用いるため。

以上の例がみられるように、鎌足は長男貞慧を唐に留学させて最新の学問や技芸を身につけさせようとしたのであり、それは将来、貞慧が還俗して自分と同じように官僚としての道を歩むことを期待したものだったと考えられる。この時代の出家とは、ことに豪族層においては後世のように俗世との完全な隔絶を意味するものではなかったといえよう。

それに対し、次男の不比等は山科にあった渡来系の田辺史大隅《たなべのふひとおおすみ》に託して教育させている。これについては『尊卑分脈』所載の「不比等伝」につぎのようにみえる。

公、避くる所の事有り。便《すなわ》ち山科の田辺史大隅らの家に養はる。其れ以て史と名づくるなり。

「避くる所の事有り」がいかなる事情を示すのか不明である。これが、壬申の乱において中臣氏が敗者の側にあったことを顧慮した後世の解釈の可能性ものこる。だが、不比等の名前が田辺氏のカバ

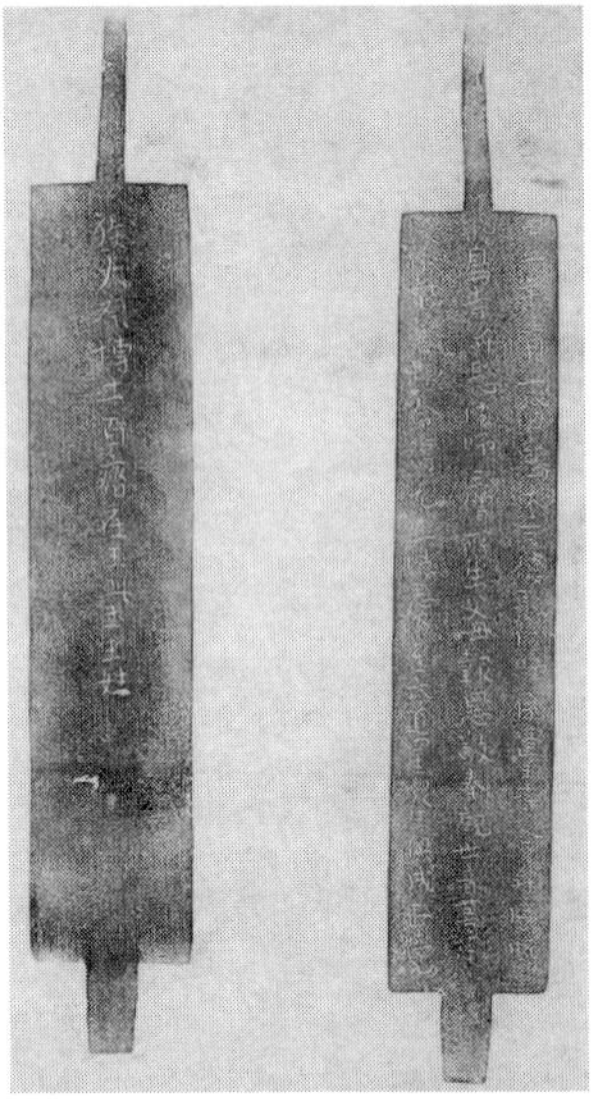

28―法隆寺観世音菩薩造像記「大原博士」（拓本）

ネ「史」に由来するといわれるほど、彼が幼少年期にこの渡来系の一族から並々ならぬ庇護をうけたことは間違いない。

若き日の不比等は「判事」として立身することになるが、それはこの田辺氏のもとでうけた英才教育の賜物と考えてよい。この場合の「判事」はたんなる裁判官ではなく、当時編纂過程にあった律令法の専門家であったとみられる。後年、不比等が大宝律令や養老律令の編纂プロジェクトを主宰したのも、彼が律令の専門家であったことによる。不比等は父とは異なり法務官僚として身を立てたということができよう。

「ふひと」とは、田辺氏からも数多く輩出された書記官のことを指すとともに「博士」すなわち学者も意味した（甲午年〈持統天皇八年（六九四）〉の法隆寺銅板造像記では渡来系の大原史が「大原博士」と表記されている）。これからみるならば、不比等の名前は、彼が律令法の専門知識をそなえた法務官僚たることを示すものだったといえよう。

鎌足の先覚

先にみたように、部・屯倉の廃止にともない、地方にあって部・屯倉の直接管理にあたってきた豪族たちの世襲職が廃止された。そのために地方豪族たちの多くが新たに評の官人に転身を余儀なくされた。

それと同じように、中央において部・屯倉を管理していた豪族たちの世襲職も廃止されることになった。中央豪族の場合、新たに構築された「評—五十戸」を全国レヴェルで統括・運用しなければならないわけで、評の官人よりもはるかに高度な知識と技能をもつ専門家、すなわち官僚に転身することがもとめられたのである。

このような方針は、先にみた大化二年（六四六）八月の「品部」廃止の詔においてつぎのように示されていた。

今汝等を以て、使仕《つか》ふべき状は、旧の職を改去《す》てて、新に百官を設け、位階を著して、官位を以て叙《さず》けたまはむ。

ここにはっきりと部・屯倉による民衆支配に立脚した旧体制をやめ、代わって官職と位階を授けられ、出自に関係なく国家のあらゆる部門で専門性を発揮する官僚による国政運営が行なわれていくことが宣言されたわけである。

「品部」廃止の詔では、ここで思わぬ事態が起きたことが述べられていた。これには多少の誇張が加えられているようだが、中央で部・屯倉を管理する世襲職が廃止されると聞き、その世襲職に対応するウジナまでもが消えてなくなったらどうしようと豪族たちがパニックに陥ってしまったというのである。

これはまさに鎌足とは好対照であった。鎌足はこのようになる以前にみずから世襲職と訣別し、率先して軍事官僚としての道を歩み始めていた。鎌足は先覚者というべきであった。鎌足は、中臣というウジナによってあらわされた一族の世襲の職務を惜しげもなくみずから棄てた。そのような彼とすれば、一般の豪族たちとは異なり、中臣というウジナに執着や未練は微塵もなかったであろう。むしろ、それとの訣別を強く望んでいたに違いない。

鎌足が臨終にあたり藤原氏を拝領しているのは、天智が鎌足のそのような望みに応えたからにほかならない。藤原のウジナは中臣氏の世襲職とはおよそ無縁のものであった。それは鎌足とその親族にとってゆかりの地名にすぎなかった。

最高の冠位である「大織冠《たいしょくかん》」と、それに対応する最高の官職というべき「大臣位」に相応しいウジナが「藤原氏」であった。なぜならば、朝廷において最高位・最高官を占めてきたのは、本書の主人公、蘇我氏に代表される地名をウジナとする豪族だったからである。鎌足はそのような一族の出身者ではないにもかかわらず、その栄誉に浴することになった。

鎌足は軍事官僚としての人生に悔いをのこしていたようだが、亡くなる前日、「藤原氏」という地名に由来するウジナを拝領して中臣のウジナと訣別できたことは、せめてもの幸いだったのではないだろうか。それは、彼の軍事官僚としての人生がたしかに評価されたことを意味したのであるから。

ただ、鎌足が蘇我氏打倒に加担したのはあくまで彼がたまたま仕えていた孝徳天皇の即位を実現するためという偶然の所産であった。蘇我氏を倒すことで自身のような人間が活躍できる世を開くといった明確な認識や展望が彼にあったわけではない。鎌足はたしかに先覚者ではあったが、彼にだけに来るべき世がみえていたわけではなかろう。有能な個人が歴史的な展望をもって不断に行動し、時代を切り拓いていったというのは、歴史の結果を知る者が思い描く幻想というべきである。

「八省・百官」の創置

部・屯倉の廃止によって世襲の職務から切り離されて官僚に転身した者たちが増えていくならば、当然のことながら彼らの受け入れ先、その職場が形成されねばならないことになる。

『日本書紀』大化五年（六四九）二月是月条にはつぎの記事がみえる。

博士高向玄理《たかむくのげんり》と釈僧旻《そうみん》とに詔して、八省・百官を置かしむ。

高向玄理と僧旻は、孝徳政権において政治顧問というべき「国博士」に任命された。玄理に冠せられた「博士」は「国博士」のことではなく、高向氏のカバネ「史」に由来する可能性が高い。玄理と僧旻の両名が「八省・百官」を設置したというのは、明らかに文飾が加わっており、当時の実状を正確に伝えたものではないといわれている。しかし、部・屯倉が廃止され、それらを中央で管理する豪族たちの世襲職も廃止となった以上、文字技能などの専門性を身につけた官僚を配置し、彼らによって運営される官司機構が作られるのはありえないことではない。「八省・百官」に誇張があることは否定できないが、孝徳朝にのちに「八省・百官」とあらわされる機構が形成され始めたことはたしかであろう。

わずかではあるが、孝徳朝の官制についてはつぎのような史料がのこされている。

①『日本書紀』白雉元年（六五〇）十月条

将作大匠《しょうさくたいしょう》の倭漢荒田井直比羅《やまとのあやのあらたいのあたいひら》夫《ふ》に宮の境を示す標識を立てさせた。

②『続日本紀』養老元年（七一七）三月己卯条

左大臣正二位石上朝臣麻呂が薨去。（中略）麻呂は泊瀬朝倉朝庭《はつせあさくらのみかど》の大連目《おおむらじめ》の後裔、難波朝の衛部大華《だいか》上《じょう》、宇《う》麻《ま》乃《の》の子である。

③『続日本紀』和銅元年（七〇八）閏八月丁酉条

摂津大夫従三位高向朝臣麻呂が薨去。難波朝庭の刑部尚書《ぎょうぶしょうしょ》大花上、国忍《くにおし》の子である。

④『古語拾遺』

白鳳（白雉）四年（六五三）に小花下《しょうかげ》の諱部首作斯《いんべのおびとさかし》が祠《し》官《かん》頭に任命され、王族・宮内礼儀・婚姻・占筮などを管掌したという。

以上、いずれもこの時期特有の官職名となっている。①の「将作大匠」は、唐における宮室造営官司である将作監の長官を将作大匠といったので、それをそのまま模倣したのであろうとされる。難波長柄豊碕宮の造営を比羅夫が指揮したのであろうが、いうまでもなく比羅夫を出した倭漢《やまとのあや》氏は、かつて蘇我氏の主導のもとで「公共事業」に能力を発揮した一族である。これは、旧来の豪族の世襲職をふまえた人事といえよう。

②の「衛部」は宮中を護衛する武力を統括する官司であり、宇麻乃はその長官を拝命したに違いない。のちに宮中の諸門を守衛した衛門府に物部三〇人が配属されていることからいって、物部を統率した物部氏の族長が務めるのに相応しい官職であり、物部氏の世襲職とそれほど無関係ではない官職への任命ということになる。

③の「刑部尚書」は、のちの刑部省の前身官司の長官なのであろうが、蘇我氏の分家の一つ、高向氏の国忍（国押）がどうしてこれに任命されたかは不明である。④の「祠官頭」であるが、諱（忌）部氏の代表者が任命されていることからいって、のちの神祇官相当官司の長官と思われるところだが、そうではないようである。その職掌は「占筮」を除いて忌部氏が専門とする神祇祭祀とはおよそ関係がない。むしろ「王族・宮内礼儀・婚姻」など、のちの宮内省や治部省《じぶしょう》などの職掌を想起させる。

これら中国風の名称をもった官司は、従来の世襲職から切り離され、新たに官僚に転身することになった豪族たちの受け皿として相応しいものがある。とくに④の「祠官頭」などは忌部氏の世襲職とは無縁であり、この時期に相応しい人事のように思われる。玄理と僧旻の二人が考案して作りあげた「八省・百官」とは、このように中国からの直訳的な名称をもった官司群であったに違いない。だが結局、これらは後世に受け継がれなかったのである。

蘇我氏「大化改新」の可能性　エピローグ

乙巳の変の勝者と敗者

皇極天皇四年（六四五）六月、蘇我氏がいわゆる大化改新のきっかけとなった乙巳の変とよばれる権力闘争の敗者となったことはいうまでもない。蘇我蝦夷と入鹿父子は、軽皇子と彼を擁する蘇我氏同族の蘇我倉山田石川麻呂（馬子の子で蝦夷の異母弟）を中心とした勢力によって足元をすくわれ、実にあっけなく滅び去ったのである。入鹿殺害後、蝦夷・入鹿が次期天皇として支援していた古人大兄皇子が出家を強要され、結果的に彼と蝦夷との共闘（カウンター・クーデター）が封殺されたことが蘇我氏の敗北を決定的にした。

軽皇子がこの武力行使により最終的にめざしていたのはみずからの即位であった。彼は敏達天皇の曾孫にすぎず、もともと即位資格はなきに等しかった。それでも姉の皇極天皇が舒明天皇の皇后となり、舒明の亡き後は即位するにおよんだことにより、皇位継承の可能性がにわかに高まった。しかし、入鹿が皇極の命を奉じて山背大兄王を討ったことにより、入鹿や蘇我氏が支持する古人大兄の即位が皇極によって約束されてしまった。軽皇子としては、古人大兄を後押しする蘇我氏を倒す以外にみず

飛鳥寺埋納物

からの即位を切り拓く道はなかったといえよう。

蘇我倉山田石川麻呂はといえば、彼自身、かねてから軽皇子を支持していたので、同族とはいいながら蝦夷・入鹿を亡き者にしなければ、望みを達することはできなかった。それに加えて、麻呂が入鹿によって横取りされた蘇我氏の族長位を手に入れるためには、蝦夷・入鹿父子をその手で屠らざるをえなかったのである。そもそも麻呂が軽皇子を次期天皇にと考え始めたのも、蝦夷・入鹿の蘇我氏本流への対抗意識があったことは否めない。

こうして軽皇子と麻呂との利害が合致して政変は実行された。この段階では中大兄も鎌足も、軽皇子や麻呂らにとっては尖兵にすぎなかったといってよい。中大兄としては、異母兄の古人大兄よりも叔父軽皇子が天皇になったほうが、将来における自身の即位の可能性が保留されるという判断があって、この危ない橋をわたる決断をした。鎌足は、中臣氏の世襲の職務の継承を断わり軍事官僚として身を立てようと志していたが、彼はあくまで当時仕えていた軽皇子を天皇に擁立するために得意とする弓矢を手にとったのであった。

捏造された大義名分

ただ、これだけでは軽皇子や麻呂らに大義はなかったといえよう。たんに武力に訴えて蝦夷と入鹿を滅ぼしただけでは、皇極によって賊徒の烙印を押されて粛清されてもしかたがない。実際、皇極は蝦夷・入鹿父子をことのほか信任し、古人大兄の次期天皇就任もみとめていたから、いくら政変が彼女の実弟たる軽皇子やわが子中大兄の手で決行されたにせよ、彼女を納得させるだけの大義名分を掲げる必要があった。

そこで提案されたのが蘇我氏に委託されていた「公共事業」の主宰権を奪うためにこそ政変を起こしたのだという名目だったのである。これにより皇極は軽皇子らの凶行を承認し、結果的に軽皇子に皇位を譲ることになった。ここに孝徳天皇が誕生したのである。

皇極としては、唐帝国の軍事的脅威がますます強まり、朝鮮半島における戦争が不可避となる情勢のもとで、天皇家が「公共事業」を直接掌握したうえでその拡大・強化が可能になるというビジョンを示されて、孝徳や麻呂の起こした蝦夷・入鹿殺害というテロを不問に付すことにしたのであった。

これにより孝徳と麻呂は、乙巳の変という権力闘争の勝者となった。しかし、孝徳はその権力掌握を皇極にみとめてもらうことと引き換えに、大規模な改革の実行とその成功を請け負わねばならなかった。それが一定の成功をおさめたとしても、あるいは失敗に終わったとしても、その政権維持は限定的なものとならざるをえない。なぜならば、孝徳の上位には、彼が即位後に「皇祖母尊《すめみおやのみこと》」(天皇の生母の意味)の称号を献じた前天皇たる皇極がいたからである。皇極と孝徳との上下関係は擬制的な母子関係として確定されたことになる。

また、麻呂も念願の蘇我氏の族長位を手にして勝者となったが、蘇我氏の族長に本来あたえられる大臣の地位をそのまま得ることはかなわなかった。蝦夷・入鹿が滅んだのを機に大臣位は分割され、左右大臣となった。そして、蝦夷・入鹿という身内を裏切ってまでして麻呂が手に入れたのは、形式上は左大臣の下位にある右大臣のポストであった（ちなみに、麻呂の上位の左大臣に抜擢されたのは孝徳の妃の一人、阿倍小足媛《おたらしひめ》の父である阿倍内麻呂）。

この人事は「皇祖母尊」皇極のはからいによると思われてならない。この女帝は弟の孝徳はともかく、彼女が信任した蝦夷と入鹿をその身内でありながら裏切った麻呂という男を心からゆるしていなかったのではあるまいか。

さらにいえば、麻呂は蘇我氏族長の座を手にしたにも拘わらず、「公共事業」を主宰する権利を結果として手放さざるをえないことになった。だが、これに関して麻呂は当初楽観していたように思われてならない。今後は蘇我氏に代わって天皇家が「公共事業」を直接掌握するといっても、結局、蘇我氏の族長たる麻呂の差配に依存せざるをえないだろうと高を括っていたとみられるからである。はるか後年のことであるが、江戸幕府最後の将軍、徳川慶喜は朝廷に政権を返上した後、新政府が自身を必要とすることを微塵も疑わなかったという。政変後の麻呂の思いは、この時の慶喜のそれと同様だったのではあるまいか。だが、その期待は無惨に打ち砕かれることになる。

蘇我氏はたんなる敗者ではない

政変から約二ヵ月後、蘇我氏が「公共事業」を主宰する基礎となっていた仏法の主宰（蕃神の祭祀）権を天皇家が直接掌握することが孝徳の名のもとに宣言される。ここに大化改新と後世よばれることになる改革が始動することになる。

しかし、この大化改新は蘇我氏が健在のままでも決して実現不可能なものではありえなかった。そもそも大化改新とは、蘇我氏が代々主宰してきた「公共事業」の拡大・強化に向けた変革であったから、それは本来蘇我氏が取り組むべき課題だったということである。

蘇我氏が「公共事業」を主宰していたその全盛期において、改革の必要性はすでに十分に認識されていたとみられる。たとえば、皇極朝における百済大寺や飛鳥板蓋宮の造営を通じて、「公共事業」における物資・労力の徴収・動員の在りかたを大きく変革する必要性については十分に認識され、模索も試みられていたのである。

蝦夷と入鹿が乙巳の変であっけなく滅亡することがなければ、蘇我氏の手で大化改新は行なわれたといっても過言ではない。その意味で蘇我氏は乙巳の変の敗者ではあっても、大化改新における単純な意味での敗者とはいえない。乙巳の変の勝者たる孝徳や麻呂たちは、敗者とされた蘇我氏から改革のプランを横取りした可能性すらある。

以上述べてきたとおり、『日本書紀』以来の蘇我氏による王権簒奪論に典型的なように、蘇我氏が天皇家から何ごとかを奪おうとしたので滅ぼされたというのは事実とは大きく異なるといわねばならない。むしろ、結果的に天皇家の側が蘇我氏から何ごとかを奪い取ったというのが実態に近いといえよう。

天皇家は蘇我氏を滅ぼすことにより、彼らに委託していたはずの「公共事業」の主宰権を力ずくで奪い取ったのである。それらを隠蔽し、さらに正当化するためにも、蝦夷・入鹿の専横や王権簒奪の物語は実に効果的だったといわざるをえない。

蘇我氏は従来、潜在的に天皇家にとっての脅威であったとみなされてきた。このような見方が誤ったものであることは本書で述べてきたとおりである。また、蘇我氏が当該期の王権と国家にとって重要で不可欠の役割を果たしていたことを正当に評価しなければならない。いわゆる蘇我氏の権勢は、たんに群臣を統括する大臣の地位と天皇家との姻戚関係だけで保たれていたのではなかったのである。

初代稲目が仏法の主宰を委任されたのをうけ、二代馬子以降、王権と国家が必要とする「公共事業」を蘇我氏が一手に引き受けていたことが、この一族に比類のない繁栄を約束したのであった。だが、そのような国家的事業の主宰を委託されていたことが、その討滅を正当化する理由として使われてしまったとは歴史の皮肉としかいいようがない。

勝者の内訌と分裂

ところが、勝者間の蜜月も決して長くは続かなかった。

大化五年（六四九）三月、蘇我倉山田石川麻呂は中大兄暗殺未遂の容疑をうけて自殺に追い込まれ、造営途中の山田寺で自害を遂げた。麻呂は最後の最後まで、「願はくは我、生生世世に、君王を怨みじ」と孝徳への忠誠を口にして命を絶ったが、それが孝徳と彼との関係がすでに破綻していたことを物語っている。

孝徳が改革の準備作業のために東国に国司を派遣したことはすでに述べた。この東国の八方面に向けて発遣された国司のうち、多くの者が麻呂の推挙によって任用されたのであるが、彼らの大多数が赴任先において孝徳の命令に背いたとして厳しい処罰・叱責を受けることになった。その結果、孝徳と麻呂とのあいだに容易に修復しがたい確執が生じてしまい、ついに和解が成らなかったのである（遠山美都男「東国国司の構成と孝徳政権」『古代王権と大化改新』所収、雄山閣、一九九九年）。これまで長きにわたり王権に関わる「公共事業」を切り盛りしてきた蘇我氏の族長たる麻呂にすれば、その既得権益がつぎつぎに掘り崩されていくのは堪えがたかったに違いない。

謀反の容疑をうけた麻呂は難波から山田寺のある飛鳥方面に逃走したが、そのさいに麻呂の長子興《こご》志《し》が小墾田宮の焼き討ちを提案している。麻呂はそれを退けたが、後年、皇極が小墾田宮を居所としたことがあるので、この時、「皇祖母尊」皇極が小墾田宮にいた可能性も否定しがたい。そうだとすれば、乙巳の変以来、皇極と麻呂との関係もついに修復できなかったことになろう。

29―「小治田宮」の墨書土器

麻呂の没落後、孝徳は側近というべき巨勢徳太と大伴長徳を左右大臣に起用して政権を立て直そうとする。大化から白雉への改元を行なったのも、政権の刷新を印象づけるためであった。だが、これ以後、『日本書紀』による限り、改革の進行は大幅にペースダウンしたようにみられる。

それが関係しているのであろうか、白雉四年（六五三）、孝徳は前天皇たる皇極に皇位の返還を迫られるのである。孝徳はそれを拒否したが、皇極は中大兄らをしたがえて難波から飛鳥に引き上げてしまう。これが事実上、皇極の皇位復帰（いわゆる重祚《ちょうそ》）とみなしてよいであろう。

翌年十月、孝徳は難波長柄豊碕宮で亡くなる。「皇祖母尊」皇極も中大兄らとともに難波を訪れ、孝徳の葬列を見送った。中大兄や中臣鎌足ら、この時代の歴史の最終的勝者となる彼らは、この間着々とその実力をたくわえていた。

あとがき

この本は著者にとって、大化改新がタイトルに入った本としては三冊目、また蘇我氏をテーマとした本としてもちょうど三冊目となる。ようやく書き上げることができたというのが実感である。本書は予想外の難産のすえに世に出ることになる。

『大化改新』（一九九三年）は古代最大といわれた改革そのものではなく、その契機となった政変（乙巳の変）について、従来あまりにも『日本書紀』の叙述に無批判だったことに疑問を呈し、政変の実態について改めて考察を試みたものであった。政変の中心人物が軽皇子（孝徳天皇）だったという推論は本書でも基本的に変更はない。『古代王権と大化改新』（一九九九年）は『大化改新』のもとになった諸論稿を収めたものである。大化改新とよばれる改革についてはこの本で検討を行ない、その要点は『中大兄皇子』（二〇〇二年。初出は『天智天皇』一九九九年）でも言及している。

他方、乙巳の変で滅ぼされた蘇我氏についてであるが、評伝の一冊として書き下ろした『蘇我氏四代』（二〇〇六年）は、蘇我氏が王権簒奪を企てた「逆賊」だったという認識に修正を迫ることに重点をおいた。蘇我蝦夷・入鹿が天皇家に取って代わろうとしたというのは事実としてはありえないことであり、彼らは一族をあげて尽くした天皇家に裏切られたと見るべきではないかという私見を述べた。ついで『蘇我氏四代の冤罪を晴らす』(二〇〇八年)では、前著の評伝とは異なるスタイルで蘇我氏の再評価を世に問うた。

このように、大化改新や蘇我氏についてはこれまで別々に何度も書いてきたこともあり、今回「敗者の日本史」の一冊として改めて大化改新と蘇我氏を取り上げるにあたっては、前著とまったく同じものを書くわけにはいかないと思うと、なかなか筆は進まなかった。正直、著者より若い俊秀に道を譲るべきではないかと逡巡した日日もあり、そのため執筆には当初の予定以上の時間を要してしまった。これについては関係各位に衷心よりお詫び申し上げるよりない。

蘇我氏が、天皇家から何かを奪おうとしたので滅ぼされたというのが事実ではないとする点は、前著以来繰り返し述べてきたことである。だが、むしろ天皇家のほうが蘇我氏から何ごとかを奪い取ったと考えるべきであるというのは、本書で初めて明確に打ち出すことができた論点であると自負している。それは、本書のタイトルにあるように大化改新と蘇我氏の滅亡(敗北)を結びつけ、改めて史料を読みなおしてみた成果にほかならない。敗者がもっていた可能性を想定しながら歴史を見つめなおすという「敗者の日本史」の枠組みがなければ、この結論には容易にたどり着くことはできなかったと確信している。

本書が蘇我氏への肩入れが過ぎるという批判を免れないことは重々承知している。しかし、彼らに関する情報が勝者の歴史の典型というべき『日本書紀』にしか遺されていないことを思えば、このような極端さも許容されてよいのではないかとひそかに思う次第である。

最後に私事を。今は亡き恩師、黛弘道先生はかつて蘇我氏に関する数少ない専門論文（「ソガおよびソガ氏に関する一考察」）の著者として高名であった。若き日に先生の講筵に列した一人として、蘇我氏を主題にした本を三冊も世に送り出すことができた幸運にひたすら感謝したい。

二〇一三年七月二十一日

遠山美都男

参考文献

荒木敏夫『古代天皇家の婚姻戦略』吉川弘文館、二〇一三年
石上英一『律令国家と社会構造』名著刊行会、一九九六年
市　大樹『飛鳥藤原木簡の研究』塙書房、二〇一〇年
同　『飛鳥の木簡　古代史の新たな解明』中央公論新社、二〇一二年
伊藤　聡『神道とは何か　神と仏の日本史』中央公論新社、二〇一二年
井上光貞・門脇禎二・関晃・直木孝次郎『シンポジウム日本歴史3　大化改新』学生社、一九六九年
井上光貞『大化改新』弘文堂書房、一九七〇年
同　『井上光貞著作集1　日本古代国家の研究』岩波書店、一九八五年
同　『飛鳥の朝廷』講談社、二〇〇四年
遠藤慶太『東アジアの日本書紀　歴史書の誕生』吉川弘文館、二〇一二年
近江俊秀『道が語る日本古代史』朝日新聞出版、二〇一二年
大橋一章『飛鳥の文明開化』吉川弘文館、一九九七年
沖森卓也・佐藤信・矢嶋泉『藤氏家伝　鎌足伝・貞慧伝・武智麻呂伝　注釈と研究』吉川弘文館、一九九九年
小澤　毅『日本古代宮都構造の研究』青木書店、二〇〇三年
加地伸行全訳注『論語　増補版』講談社、二〇〇九年

（ご注意）

・この用紙は、機械で処理しますので、金額を記入する際は、枠内にはっきりと記入してください。また、本票を汚したり、折り曲げたりしないでください。

・この用紙は、ゆうちょ銀行又は郵便局の払込機能付きＡＴＭでもご利用いただけます。

・この払込書を、ゆうちょ銀行又は郵便局の渉外員にお預けになるときは、引換えに預り証を必ずお受け取りください。

・ご依頼人様からご提出いただきました払込書に記載されたおところ、おなまえ等は、加入者様に通知されます。

・この受領証は、払込みの証拠となるものですから大切に保管してください。

収入印紙
課税相当額以上
貼　　付

印

この用紙で「本郷」年間購読のお申し込みができます。

◆この申込票に必要事項をご記入の上、記載金額を添えて郵便局でお払込み下さい。

◆「本郷」のご送金は、４年分までとさせて頂きます。

この用紙で書籍のご注文ができます。

◆この申込票の通信欄にご注文の書籍をご記入の上、書籍代金（本体価格＋消費税）に荷造送料を加えた金額をお払込み下さい。

◆荷造送料は、ご注文１回の配送につき380円です。

◆入金確認まで約７日かかります。ご諒承下さい。

振替払込料は弊社が負担いたしますから無料です。

※領収証は改めてお送りいたしませんので、予めご諒承下さい。

お問い合わせ　〒113-0033・東京都文京区本郷７―２―８
吉川弘文館　営業部
電話03-3813-9151　FAX03-3812-3544

この場所には、何も記載しないでください。

払込取扱票

02 東京

通常払込料金加入者負担

口座記号番号	0 0 1 0 0 - 5 - 244
加入者名	株式会社 吉川弘文館
金額	千 百 十 万 千 百 十 円 ※
料金	
備考	

各票の※印欄は、ご依頼人において記載してください。

ご依頼人・通信欄

フリガナ ※ お名前	
郵便番号	電話
※ ご住所	
※	

◆「本郷」購読を希望します

購読開始　　号 より

1年 1000円（6冊）　3年 2800円（18冊）
2年 2000円（12冊）　4年 3600円（24冊）
（ご希望の購読期間に○印をお付け下さい）

日附印

裏面の注意事項をお読みください。（ゆうちょ銀行）（承認番号東第53889号）

これより下部には何も記入しないでください。

切り取らないでお出しください。

記載事項を訂正した場合は、その箇所に訂正印を押してください。

振替払込請求書兼受領証

口座記号番号	0 0 1 0 0 - 5 通常払込料金加入者負担 244
加入者名	株式会社 吉川弘文館
金額	千 百 十 万 千 百 十 円 ※
ご依頼人	おなまえ ※ 様
料金	日附印
備考	

この受領証は、大切に保管してください。

料金受取人払郵便

本郷局承認

9711

差出有効期間
平成30年7月
31日まで

郵便はがき

1 1 3-8 7 9 0

2 5 1

東京都文京区本郷7丁目2番8号

吉川弘文館 行

愛読者カード

本書をお買い上げいただきまして、まことにありがとうございました。このハガキを、小社へのご意見またはご注文にご利用下さい。

お買上書名

＊本書に関するご感想、ご批判をお聞かせ下さい。

＊出版を希望するテーマ・執筆者名をお聞かせ下さい。

お買上書店名	区市町	書店

◆新刊情報はホームページで　http://www.yoshikawa-k.co.jp/

◆ご注文、ご意見については　E-mail:sales@yoshikawa-k.co.jp

ふりがな ご氏名		年齢　　歳　男・女
〒□□□-□□□□ ご住所	電話	
ご職業	所属学会等	
ご購読 新聞名	ご購読 雑誌名	

今後、吉川弘文館の「新刊案内」等をお送りいたします（年に数回を予定）。
ご承諾いただける方は右の□の中に✓をご記入ください。　□

注文書

月　　日

書名	定価	部数
	円	部
	円	部
	円	部
	円	部
	円	部

配本は、○印を付けた方法にして下さい。

イ．下記書店へ配本して下さい。
（直接書店にお渡し下さい）

（書店・取次帖合印）

書店様へ＝書店帖合印を捺印下さい。

ロ．直接送本して下さい。

代金（書籍代＋送料・手数料）は、お届けの際に現品と引換えにお支払下さい。送料・手数料は、書籍代計1,500円未満530円、1,500円以上230円です（いずれも税込）。

＊お急ぎのご注文には電話、FAXもご利用ください。
電話03－3813－9151（代）
FAX 03－3812－3544

加藤謙吉『蘇我氏と大和王権』吉川弘文館、一九八三年
同　『大和の豪族と渡来人　葛城・蘇我氏と大伴・物部氏』吉川弘文館、二〇〇二年
同　『大和政権とフミヒト制』吉川弘文館、二〇〇二年
門脇禎二『蘇我蝦夷・入鹿』吉川弘文館、一九七七年
同　『「大化改新」史論』上・下、思文閣出版、一九九一年
同　『飛鳥　その古代史と風土』吉川弘文館、二〇一一年
金子裕之編『古代庭園の思想　神仙世界への憧憬』角川書店、二〇〇二年
北村文治『大化改新の基礎的研究』吉川弘文館、一九九〇年
北山茂夫『大化の改新』岩波書店、一九六一年
木下正史・佐藤信編『古代の都1　飛鳥から藤原京へ』吉川弘文館、二〇一〇年
黒崎　直『飛鳥の宮と寺』山川出版社、二〇〇七年
氣賀澤保則編『遣隋使がみた風景』八木書店、二〇一二年
御所市教育委員会編『古代葛城とヤマト政権』学生社、二〇〇三年
坂本太郎『坂本太郎著作集6　大化改新』吉川弘文館、一九九八年
鈴木靖民編『古代東アジアの仏教と王権　王興寺から飛鳥寺へ』勉誠出版、二〇一〇年
関　晃『関晃著作集1・2　大化改新の研究上・下』吉川弘文館、一九九六年
高木　豊『仏教史のなかの女人』平凡社、一九八八年
高島正人『藤原不比等』吉川弘文館、一九九七年

辰巳和弘『聖樹と古代大和の王宮』中央公論新社、二〇〇九年
田中史生『倭国と渡来人』吉川弘文館、二〇〇五年
同『越境の古代史　倭と日本をめぐるアジアンネットワーク』筑摩書房、二〇〇九年
藤堂かほる「天智陵の営造と律令国家の先帝意識」『日本歴史』第六〇二号、一九九八年
遠山美都男『大化改新　六四五年六月の宮廷革命』中央公論社、一九九三年
同『古代王権と大化改新　律令制国家成立前史』雄山閣出版、一九九九年
同『天皇誕生　日本書紀が描いた王朝交替』中央公論新社、二〇〇一年
同『中大兄皇子　戦う王の虚像と実像』角川書店、二〇〇二年
同『天皇と日本の起源　「飛鳥の大王」の謎を解く』講談社、二〇〇三年
同『古代日本の女帝とキサキ』角川書店、二〇〇五年
同『蘇我氏四代　臣、罪を知らず』ミネルヴァ書房、二〇〇六年
同『蘇我氏四代の冤罪を晴らす』学習研究社、二〇〇八年
中村修也『偽りの大化改新』講談社、二〇〇六年
長山泰孝「養民司と養役夫司」『続日本紀研究』第二〇〇号、一九七八年
奈良文化財研究所編『評制下荷札木簡集成』東京大学出版会、二〇〇六年
西川寿勝・相原嘉之・西光慎治『蘇我三代と二つの飛鳥』新泉社、二〇〇九年
野村忠夫『研究史大化改新　増補版』吉川弘文館、一九七八年
浜田清次『孝徳天皇私記』桜楓社、一九八八年

林部　均『古代宮都形成過程の研究』青木書店、二〇〇一年
同　『飛鳥の宮と藤原京』吉川弘文館、二〇〇八年
原秀三郎『日本古代国家史研究　大化改新論批判』東京大学出版会、一九八〇年
日野　昭『日本古代氏族伝承の研究』永田文昌堂、一九七一年
平林章仁『蘇我氏の実像と葛城氏』白水社、一九九六年
古市　晃「聖徳太子の名号と王宮」『日本歴史』第七六八号、二〇一二年
前田晴人『飛鳥時代の政治と王権』清文堂、二〇〇五年
同　『蘇我氏とは何か』同成社、二〇一〇年
前之園亮一『古代王朝交替説批判』吉川弘文館、一九八六年
黛　弘道編『古代を考える　蘇我氏と古代国家』吉川弘文館、一九九一年
黛　弘道『物部・蘇我氏と古代王権』吉川弘文館、一九九五年
三浦佑之『古事記のひみつ　歴史書の成立』吉川弘文館、二〇〇七年
水谷千秋『謎の豪族　蘇我氏』文藝春秋、二〇〇六年
水橋　正「神祇信仰の展開」『日本思想史講座1　古代』所収、ぺりかん社、二〇一二年
水林　彪「律令天皇制の皇統意識（上）」『思想』第九六六号、二〇〇四年
森　公章編『日本の時代史3　倭国から日本へ』吉川弘文館、二〇〇二年
森　公章『古代豪族と武士の誕生』吉川弘文館、二〇一三年
森　博達『日本書紀の謎を解く』中央公論新社、一九九九年

同　　　『日本書紀成立の真実』中央公論新社、二〇一一年
山尾幸久『「大化改新」の史料批判』塙書房、二〇〇六年
吉川真司『飛鳥の都』岩波書店、二〇一一年
吉田一彦『仏教伝来の研究』吉川弘文館、二〇一二年
吉村武彦『聖徳太子』岩波書店、二〇〇二年
同　　　『ヤマト王権』岩波書店、二〇一〇年
同　　　『女帝の古代日本』岩波書店、二〇一二年
和田　萃『飛鳥』岩波書店、二〇〇三年
渡邉義浩『三国志　演義から正史、そして史実へ』中央公論新社、二〇一一年
同　　　『王莽　改革者の孤独』大修館書店、二〇一二年

本書で引用した『日本書紀』は日本古典文学大系（岩波書店）、『続日本紀』は新日本古典文学大系（岩波書店）を参考にした。

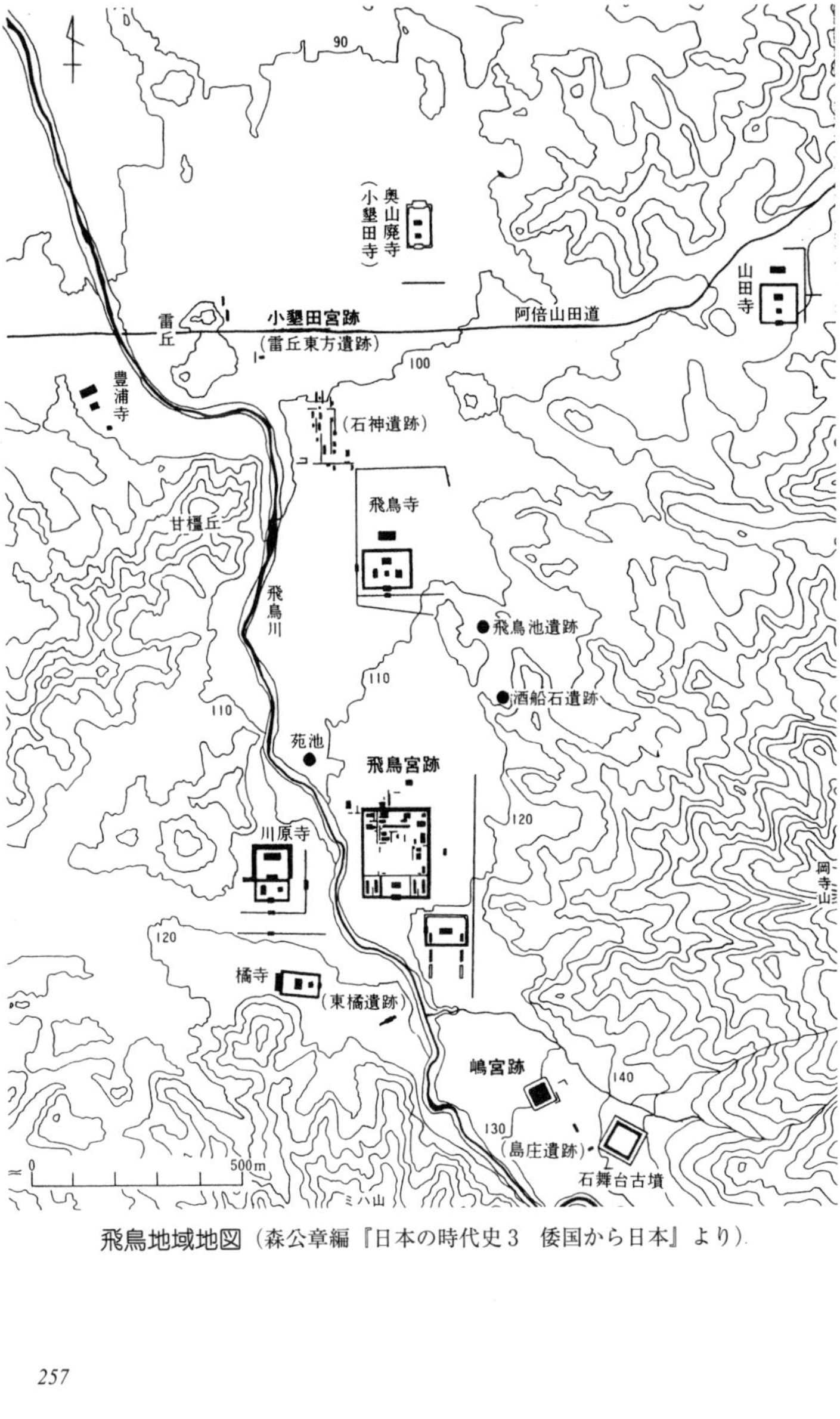

飛鳥地域地図（森公章編『日本の時代史３　倭国から日本』より）

蘇我氏系図

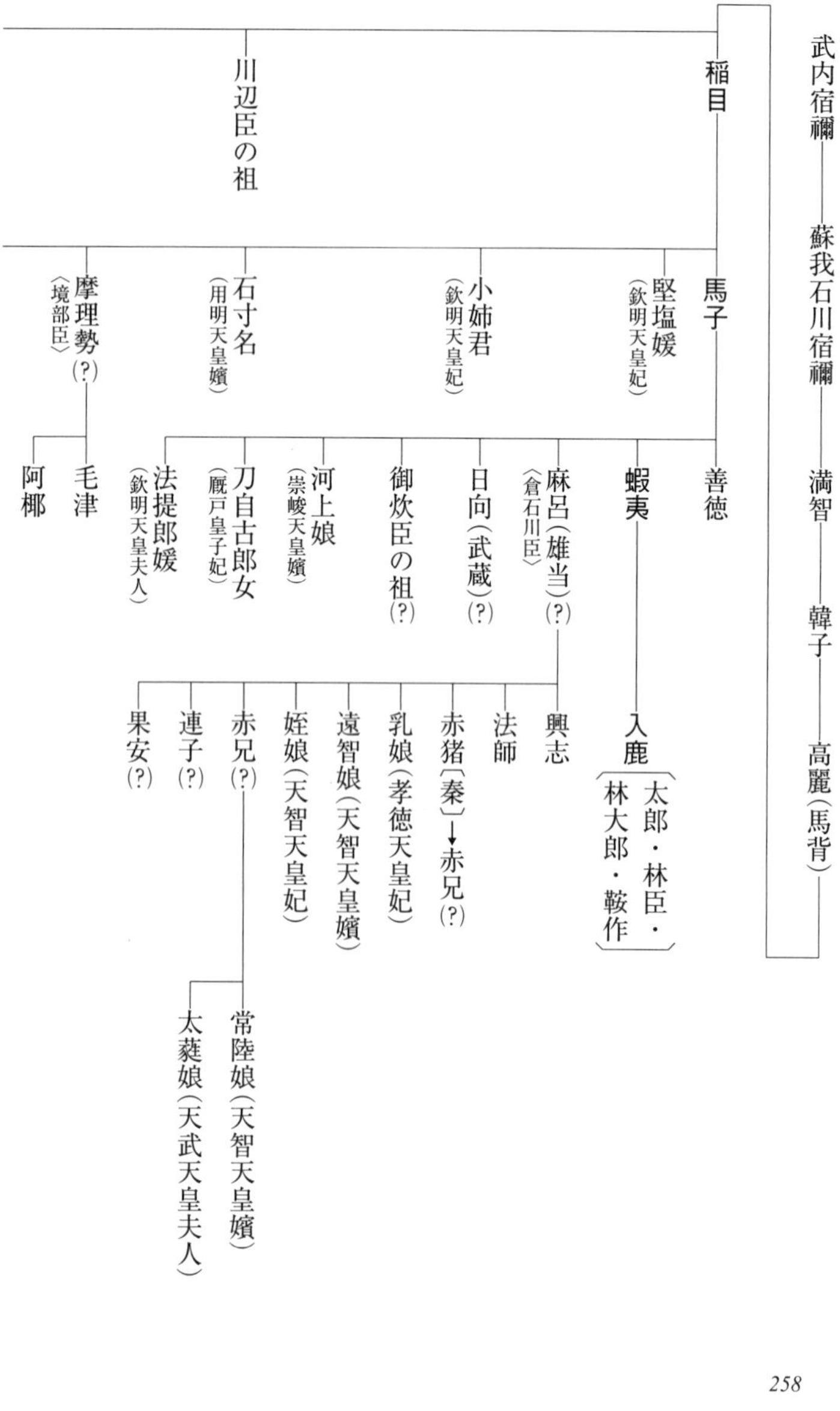

武内宿禰
蘇我石川宿禰
満智
韓子
高麗（馬背）
稲目
川辺臣の祖
馬子
堅塩媛〈欽明天皇妃〉
小姉君〈欽明天皇妃〉
石寸名〈用明天皇嬪〉
摩理勢（?）〈境部臣〉
善徳
蝦夷
麻呂（雄当）（?）〈倉石川臣〉
日向（武蔵）（?）
御炊臣の祖（?）
河上娘〈崇峻天皇嬪〉
刀自古郎女〈厩戸皇子妃〉
法提郎媛〈欽明天皇夫人〉
毛津
阿椰
入鹿〔太郎・林臣・林大郎・鞍作〕
興志
法師
赤猪〔秦〕→赤兄（?）
乳娘（孝徳天皇妃）
遠智娘（天智天皇嬪）
姪娘（天智天皇妃）
赤兄（?）
連子（?）
果安（?）
常陸娘（天智天皇嬪）
太蕤娘（天武天皇夫人）

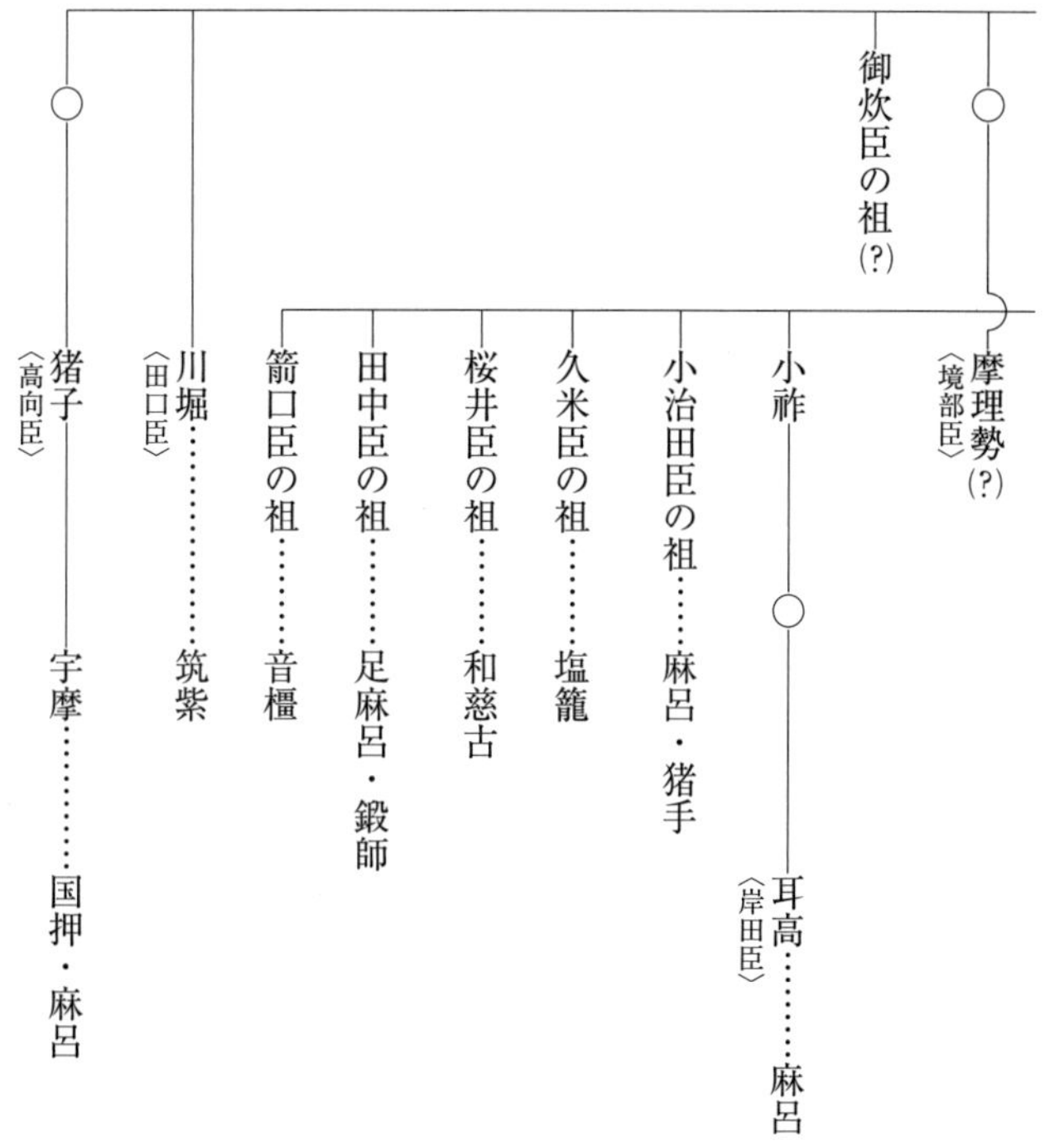

(?)は系譜上の位置に問題があることを示す。
…は世代の省略があることを示す。
〔 〕は異称を示す。
〈 〉は蘇我氏の分家名を示す。

略 年 表

西暦	和 暦	事 項
536	宣化天皇元	2. 蘇我稲目，大臣に任命.
538	3	『元興寺伽藍縁起并流記資財帳』や『上宮聖徳法王帝説』が伝える仏法伝来.
551	欽明天皇12	蘇我馬子，蘇我稲目と葛城氏の女性との間に生まれる.
552	13	10. 『日本書紀』が伝える仏法伝来. 蘇我稲目，百済から送られた仏像を下賜され，「小墾田の家」に安置.
554	15	額田部皇女，堅塩媛の第四子として生まれる.
562	23	1. 「任那の官家」が新羅よって滅ぼされる. 8. 蘇我稲目，高句麗から得た美女媛を妻とする.
570	31	3.1 蘇我稲目，死去.
571	32	5. 欽明天皇，死去.
572	敏達天皇元	4. 敏達天皇が即位. 蘇我馬子，大臣任命.
576	5	3. 額田部皇女が皇后に立てられる.
581	10	2. 北周の禅譲により隋が成立.
584	13	司馬達等の娘嶋女とその弟子2人が出家（我が国初の出家者）.
585	14	2. 蘇我馬子，大野丘の北に塔を建てる（飛鳥寺建立の始まり）. 8. 敏達天皇，死去. 9. 大兄皇子が即位，用明天皇となる.
586	用明天皇元	5. 穴穂部皇子，額田部皇女を襲うが未遂に終わる.
587	2	4. 用明天皇，死去. 6–7. 蘇我馬子，額田部皇女を奉じ，穴穂部皇子・物部守屋らを滅ぼす（丁未の役）. 8. 泊瀬部皇子が即位. 崇峻天皇となる.
588	崇峻天皇元	蘇我馬子，百済から仏舎利・僧・技術者を贈られる.
589	2	1. 隋が陳を滅ぼして中国を統一.
592	5	11. 崇峻天皇，蘇我馬子の刺客東漢直駒により暗殺される. 12. 額田部皇女が即位，推古天皇となる.
593	推古天皇元	4. 厩戸皇子，皇太子に立てられ国政を委任される.
596	4	11. 飛鳥寺塔の建設完了.
600	8	境部臣を大将軍，穂積臣を副将軍に任命，新羅に攻め入る. 隋への使節を派遣（第一次遣隋使）.
601	9	2. 厩戸皇子，斑鳩宮の造営を開始する.

西暦	和　暦	事　　　　　項
602	推古天皇10	2. 来目皇子を撃新羅将軍に任命.
603	11	4. 当摩皇子を征新羅将軍に任命. 10. 推古天皇, 豊浦宮から小墾田宮に遷る.
605	13	4. 推古天皇, 厩戸皇子・蘇我馬子らと発願して飛鳥大仏を造営.
606	14	4. 飛鳥大仏が完成（飛鳥寺の造営が完了).
607	15	7. 隋への使節を派遣（第二次遣隋使).
610	18	7. 新羅使が任那の使者を同道し, 倭国に朝貢. 10. 小墾田宮で新羅・任那の使節を迎える.
612	20	2. 堅塩媛を欽明天皇陵に改葬.
613	21	11. 難波津と小墾田宮を結ぶ直線道路を敷設・整備.
614	22	中臣鎌足, 生まれる.
618	26	3. 隋の二代皇帝煬帝が殺される. 5. 唐が興る.
620	28	10. 欽明天皇陵の周辺を拡張・整備.
621	29	2. 厩戸皇子, 死去.
623	31	新羅出兵を断行する.
624	32	10. 蘇我馬子, 推古天皇に葛城県を請うが許されず.
626	34	5.20 蘇我馬子, 死去. 中大兄皇子, 生まれる.
628	36	3.7 推古天皇, 死去. 4. 唐が中国を統一する. 9. 大臣蘇我蝦夷, 境部摩理勢を滅ぼす.
629	舒明天皇元	1. 田村皇子が即位し, 舒明天皇となる.「天皇記」「国記」の編纂開始.
630	2	1. 宝皇女が皇后に立てられる. 8. 倭国と唐が正式に国交を開く（第一次遣唐使).
636	8	6. 飛鳥岡本宮が焼失.
639	11	7. 百済大宮と百済大寺の造営開始.
641	13	山田寺の造営開始. 10. 舒明天皇, 死去.
642	皇極天皇元	1. 宝皇女が即位し, 皇極天皇となる. 9. 飛鳥板蓋宮を造営する. 蘇我蝦夷,「祖廟」造営に伴い「八佾の儛」によって祖先祭祀を行う. 蝦夷, 国中の民衆を動員し「大陵」（蝦夷の墓）と「小陵」（入鹿の墓）を造営. 高句麗で政変が発生. 百済, 新羅に侵攻し旧伽耶地域を奪還.
643	2	山田寺の金堂を建立. 中臣真人（貞慧), 鎌足の長男と

西暦	和　暦	事　　　　　　　　項
		して生まれる．10．蘇我蝦夷，入鹿に蘇我氏の族長位を譲る．11．入鹿，斑鳩宮を襲撃．山背大兄王一族を滅ぼす．
644	皇極天皇 3	11．蘇我蝦夷・入鹿，甘檮岡に邸宅を造営．
645	大　化　元	2．唐の太宗，高句麗を親征．6.12 飛鳥板蓋宮「三韓進調」の儀式中，蘇我入鹿が暗殺される．6.13 古人大兄皇子が出家．蘇我蝦夷，甘檮岡の邸宅で討たれ，蘇我氏本家が滅亡（乙巳の変）．6.14 皇極天皇，譲位を表明．軽皇子，即位して孝徳天皇となる．蘇我倉山田石川麻呂（雄当），蘇我氏の族長となり右大臣に任命．6.19 年号を大化とする．8.5 東国と倭国の六県に使者を派遣し，人口・土地の調査と武器の収公を行う（東国国司の詔）．鍾匱の制を設置．男女の法を発布．8.8 孝徳，蘇我氏に委託していた仏法を天皇が直接管掌することを宣言．9.12 吉野で古人大兄皇子とその家族が殺害される．9.19 土地兼并禁止の詔．
646	2	1.1 小郡宮で「改新之詔」が発せられる．3.20 中大兄皇子，孝徳天皇の諮問に答える（皇太子奏）．3.22 薄葬令を制定．旧俗矯正の詔．8.14「品部」廃止の詔．
647	3	3．第二次高句麗征討．4.26「庸調」支給の詔．
649	5	評の設置が始まる．2．「八省・百官」を創置．3．蘇我倉山田石川麻呂，中大兄皇子暗殺未遂の容疑により山田寺で自殺に追い込まれる．
653	白　　雉 4	5．第二次遣唐使が派遣され，中臣鎌足の長男貞慧も随行する．皇極前天皇，孝徳天皇に皇位の返還を迫る．
	5	10．孝徳天皇，難波長柄豊碕宮で死去．

著者略歴

一九五七年　東京都に生まれる
一九八六年　学習院大学大学院人文科学研究科史学専攻博士後期課程中退
一九九七年　博士（史学、学習院大学）
現　在　学習院大学・日本大学・立教大学、各非常勤講師

〔主要著書〕
『古代王権と大化改新―律令制国家成立前史』（雄山閣、一九九九年）
『天皇と日本の起源―「飛鳥の大王」の謎を解く』（講談社、二〇〇三年）
『古代日本の女帝とキサキ』（角川書店、二〇〇五年）
『古代の皇位継承―天武系皇統は実在したか』（吉川弘文館、二〇〇七年）
『天平の三姉妹―聖武皇女の矜持と悲劇』（中央公論新社、二〇一〇年）
『日本書紀の虚構と史実』（洋泉社、二〇一二年）

敗者の日本史1

大化改新と蘇我氏

二〇一三年（平成二十五）十一月一日　第一刷発行
二〇一七年（平成二十九）四月一日　第二刷発行

著　者　遠山《とおやま》美都男《みつお》
発行者　吉川道郎
発行所　株式会社　吉川弘文館
郵便番号一一三―〇〇三三
東京都文京区本郷七丁目二番八号
電話〇三―三八一三―九一五一〈代表〉
振替口座〇〇一〇〇―五―二四四
http://www.yoshikawa-k.co.jp/
印刷＝株式会社　三秀舎
製本＝誠製本株式会社
装幀＝清水良洋

ISBN978-4-642-06447-7

敗者の日本史

刊行にあたって

現代日本は経済的な格差が大きくなり、勝ち組と負け組がはっきりとした社会になったといわれ、格差是正は政治の喫緊の課題として声高に叫ばれています。

しかし、歴史をみていくと、その尺度は異なるものの、どの時代にも政争や戦乱、個対個などのさまざまな場面で、いずれ勝者と敗者となる者たちがしのぎを削っていました。歴史の結果からは、ややもすると勝者は時代を切り開く力を飛躍的に伸ばし、敗者は旧体制を背負っていたがために必然的に敗れさった、という二項対立的な見方がなされることがあります。はたして歴史の実際は、そのように善悪・明暗・正反というように対置されるのでしょうか。敗者は旧態依然とした体質が問題とされますが、彼らには勝利への展望はなかったのでしょうか。敗者にも時代への適応を図り、質的変換への懸命な努力があったはずです。現在から振り返り導き出された敗因ではなく、多様な選択肢が消去されたための敗北として捉えることはできないでしょうか。最終的には敗者となったにせよ、敗者の教訓からは、歴史の「必然」だけではなく、これまでの歴史の見方とは違う、豊かな歴史像を描き出すことで、歴史の面白さを伝えることができると考えています。

また、敗北を境として勝者の政治や社会に、敗者の果たした意義や価値観などが変化しながらも受け継がれていくことがあったと思われます。それがどのようなものであるのかを明らかにし、勝者の歴史像にはみられない日本史の姿を、本シリーズでは描いていきたいと存じます。

二〇一二年九月

吉川弘文館